Wissenschaftliche Beiträge aus dem Tectum Verlag

Reihe Rechtswissenschaften

Wissenschaftliche Beiträge
aus dem Tectum Verlag

Reihe Rechtswissenschaften
Band 123

Elizabeth Gutch

Die Geschäftsunfähigkeit Erwachsener in Deutschland und in der Schweiz

Ein Plädoyer für die Anerkennung einer relativen Geschäfts(un)fähigkeit

Tectum Verlag

Elizabeth Gutch
Die Geschäftsunfähigkeit Erwachsener in Deutschland und in der Schweiz
Ein Plädoyer für die Anerkennung einer relativen Geschäfts(un)fähigkeit
Wissenschaftliche Beiträge aus dem Tectum Verlag,
Reihe: Rechtswissenschaften; Bd. 123

Zugleich: Dissertation an der Juristischen Fakultät
der Georg-August-Universität Göttingen 2018

ISBN 978-3-8288-4437-7
ePDF 978-3-8288-7453-4
ISSN 1861-7875

Printed in Germany

Besuchen Sie uns im Internet
www.tectum-verlag.de

Bibliografische Informationen der Deutschen Nationalbibliothek
Die Deutsche Nationalbibliothek verzeichnet diese Publikation
in der Deutschen Nationalbibliografie; detaillierte bibliografische
Angaben sind im Internet über http://dnb.d-nb.de abrufbar.

Inhalt

Danksagung

Die vorliegende Arbeit wurde im Sommersemester 2018 an der Juristischen Fakultät der Georg-August-Universität Göttingen als Dissertation angenommen. Die Literaturnachweise entsprechen dem Stand von Oktober 2019.

Den Personen, die mich bei der Herausforderung der Erstellung dieser Dissertation begleitet und unterstützt haben, möchte ich an dieser Stelle meinen Dank aussprechen:

Mein ganz besonderer und bester Dank gilt meinem verehrten Doktorvater, Herrn Prof. Dr. Andreas Spickhoff, für die Anregung des Themas sowie die freundliche Übernahme der Betreuung des Promotionsvorhabens. Die Möglichkeit zur weitestgehend freien Bearbeitung und die gleichzeitige Hilfestellung durch konstruktive Anregungen, Ratschläge und Hinweise sowie stete Gesprächsbereitschaft, nicht nur in der Zeit als wissenschaftliche Mitarbeiterin am Lehrstuhl, haben die Fertigstellung der Arbeit erst ermöglicht. Nicht nur in fachlicher, sondern auch in menschlicher Hinsicht wird er mir immer ein Vorbild sein.

Ebenfalls herzlich danken darf ich auch Frau Prof. Dr. Barbara Veit für die freundliche Übernahme und zügige Erstellung des Zweitgutachtens sowie der Vorsitzenden der Prüfungskommission meiner Disputatio, Frau Prof. Dr. Inge Kroppenberg, für die angenehme Atmosphäre und Diskussion im Rahmen der Prüfung.

Danken möchte ich außerdem all meinen wegbegleitenden Kolleginnen und Kollegen an den Lehrstühlen in Regensburg und Göttingen sowie in der Verwaltung der Friedrich-Alexander-Universität Erlangen-Nürnberg und des Universitätsklinikums Regensburg.

Last but not least danke ich meiner Familie, allen voran meiner lieben Mutter, Dr. Ulrike Gutch, und meinen Brüdern, Harold und Edward Gutch, die mich auf meinem langen Bildungsweg stets vorbehaltlos und in vielfältiger Weise unterstützt und gefördert haben. Ihnen ist diese Arbeit gewidmet.

Literaturverzeichnis

Abt, Daniel. Ausgewählte Probleme um die Testierfähigkeit, «Information» Nr. 116 der Internationalen Treuhand AG, Basel, Oktober 2004, 17–28

ders. «Fälle, die für jeden prima-vista-Betrachter stinken»: Bundesgericht, quo vadis?, Besprechung von BGer. 5A_748/2008 («Kontaktanzeige») und 5A_12/2009 («Morphium») mit Hinweisen auf BGer. 5A_727/2009 und 4A_394/2009, successio 2010, 195–208

Aebi-Müller, Regina E. Die privatrechtliche Rechtsprechung des Bundesgerichts im Jahr 2005, Veröffentlicht in Band 131, Personenrecht und Erbrecht, ZBJV 2006, 303–324

Aebi-Müller, Regina E./Bienz, Sabrina. Vorsorgeauftrag und Patientenverfügung in der Schweiz, in: Löhnig, Martin/Schwab, Dieter/Henrich, Dieter/Gottwald, Peter/Kroppenberg, Inge (Hrsg.), Vorsorgevollmacht und Erwachsenenschutz in Europa, 2011, 57–86

Aebi-Müller, Regina E. Patientenverfügung und Entscheidungsbefugnisse am Lebensende aus Schweizer Sicht, MedR 2018, 785–790

Aichele, Valentin. Die UN-Behindertenrechtskonvention in der gerichtlichen Praxis, Eine Aufgabe für die Anwaltschaft: Die Rezeption menschenrechtlicher Normen durchsetzen, AnwBl 2011, 727–730

American Psychiatric Association (Hrsg.). Diagnostic and statistical manual of mental disorders, Fifth Edition, DSM-5, 2013 (zitiert: DSM-5)

dies. Diagnostisches und Statistisches Manual Psychischer Störungen DSM-5, Deutsche Ausgabe, Falkai, Peter/Wittchen, Hans-Ulrich (Hrsg.), 2. Auflage 2018

Arnet, Ruth. Freiheit und Zwang beim Vertragsabschluss, Eine Untersuchung zu den gesetzlichen Kontrahierungspflichten und weiteren Schranken der Vertragsabschlussfreiheit im schweizerischen Recht, 2008

Bamberger, Heinz Georg/Roth, Herbert/Hau, Wolfgang/Poseck, Roman (Hrsg.) (zitiert: Bamberger/Roth). Bürgerliches Gesetzbuch, Kommentar, Band 1, §§ 1–480, 4. Auflage 2019

dies. Band 4, §§ 1018–1921, GewSchG, LPartG, VersAusglG, 4. Auflage 2019

Bar, Christian von/Mankowski, Peter. Internationales Privatrecht, Band 1: Allgemeine Lehren, 2. Auflage 2003

Bartels, Hans-Joachim. Methode und Gegenstand intersystemarer Rechtsvergleichung, 1982

Basler Kommentar (zitiert: BaK). Zivilgesetzbuch I, Art. 1–456 ZGB, Geiser, Thomas/Fountoulakis, Christiana (Hrsg.), 6. Auflage 2018

ders. Zivilgesetzbuch II, Art. 457–977 ZGB, Art. 1–61 SchlT ZGB, Geiser, Thomas/Wolf, Stephan (Hrsg.), 6. Auflage 2019

ders. Obligationenrecht I, Art. 1–529 OR, Honsell, Heinrich/Vogt, Nedim Peter/ Wiegand, Wolfgang (Hrsg.), 6. Auflage 2015 (zitiert: BaK-OR)

Baumann, Max. Personenrecht des ZGB, Natürliche Personen, Juristische Personen, Vereine, Stiftungen, Schutz der Persönlichkeit, 2. Auflage 2011

Baumbach, Adolf (Begr.)/Lauterbach, Wolfgang/Albers, Jan/Hartmann, Peter. Zivilprozessordnung mit FamFG, GVG und anderen Nebengesetzen, Kommentar, 77. Auflage 2019

Baumgärtel, Gottfried (Begr.)/Laumen, Hans-Willi/Prütting, Hanns. Handbuch der Beweislast, Band 2, §§ 1–811 BGB, 4. Auflage 2019

Beck, Alexander. Grundriss des schweizerischen Erbrechts, Ein Studienbuch, 2. Auflage 1976

Becker, Ulrich/Roth, Markus (Hrsg.). Das Recht der Älteren, 2013

Berger, Christian. Privatrechtliche Gestaltungsmöglichkeiten zur Sicherung der Patientenautonomie am Ende des Lebens, JZ 2000, 797–805

Berner Kommentar zum schweizerischen Privatrecht (zitiert: BeK). Band I: Einleitung und Personenrecht, 2. Abteilung: Die natürlichen Personen, Erster Teilband: Kommentar zu den Art. 11–26 ZGB, Meier-Hayoz, Arthur (Hrsg.)/ Bucher, Eugen, 3. Auflage 1976

ders. Band I: Einleitung und Personenrecht, 2. Abteilung: Die natürlichen Personen, Zweiter Teilband: Kommentar zu Art. 27 ZGB, Hausheer, Heinz (Hrsg.)/ Bucher, Eugen, 3. Auflage 1993

ders. Zivilgesetzbuch, Die natürlichen Personen, Art. 11–19d ZGB, Rechts- und Handlungsfähigkeit, Aebi-Müller, Regina E./Müller, Christoph (Hrsg.)/ Bucher, Eugen/Aebi-Müller, Regina E., 2. Auflage 2017

ders. Band II: Das Familienrecht, 1. Abteilung: Das Eherecht, 1. Teilband, 1. Hälfte: Die Eheschliessung, Art. 90–136 ZGB, Meier-Hayoz, Arthur (Hrsg.)/Götz, Ernst, 3. Auflage 1964

ders. Band III: Das Erbrecht, 1. Abteilung: Die Erben, 1. Teilband: Die gesetzlichen Erben, Die Verfügungen von Todes wegen, 1. Teil: Die Verfügungsfähigkeit, Die Verfügungsfreiheit, Die Verfügungsarten, Die Verfügungsformen, Art. 457–516 ZGB, Hausheer, Heinz/Walter, Hans Peter (Hrsg.)/ Weimar, Peter, 2. Auflage 2009

ders. Band VI: Das Obligationenrecht, 1. Abteilung: Allgemeine Bestimmungen, Erster Teilband, Unterteilband 1a: Inhalt des Vertrags, Art. 19–22 OR, Meier-Hayoz, Arthur (Hrsg.)/Kramer, Ernst A., 1991

Biderbost, Yvo. Eine Beistandschaft ist eine Beistandschaft?!?, ZVW 2003, 299–316

ders. Der neue Erwachsenenschutz im Überblick, SJZ 2010, 309–320

ders. Beistandschaft nach Mass – das revidierte Handwerkszeug des Erwachsenenschutzrechts, AJP 2010, 3–13

Bienwald, Werner/Sonnenfeld, Susanne/Bienwald, Christa/Harm, Uwe. Betreuungsrecht, – Materielles und Verfahrensrecht, Vergütungsrecht, BtBG und Landesrecht –, Kommentar, 6. Auflage 2016 (zitiert: Bienwald/Sonnenfeld/ Harm)

Binder, Hans. Die Geisteskrankheit im Recht, Ein Beitrag zur Klärung der grundlegenden Begriffe für geistige Störungen im Schweizerischen Zivilgesetzbuch und Strafgesetzbuch, 1952

ders. Die Urteilsfähigkeit in psychologischer, psychiatrischer und juristischer Sicht, 1964

Binder, Rudolf. Das luzide Intervall, Ein juristischer Begriff und seine Bedeutung in der Forensischen Psychiatrie, 1998

Bitter, Georg/Röder, Sebastian. BGB, Allgemeiner Teil, 4. Auflage 2018

Bleckmann, Albert. Neue Aspekte der Drittwirkung der Grundrechte, DVBl 1988, 938–946

Boecken, Winfried. BGB – Allgemeiner Teil, 3. Auflage 2019

Boehm, Laura. Der demenzkranke Erblasser, 2016

Boemke, Burkhard/Ulrici, Bernhard. BGB Allgemeiner Teil, 2. Auflage 2014

Böhmer, Christof. Das Betreuungsgesetz und seine Bedeutung für die Tätigkeit des Standesbeamten, StaZ 1992, 65–70

Böhringer, Peter/Müller, Roger/Münch, Peter/Waltenspühl, Alex (Hrsg.). Prinzipien des Vertragsrechts, 3. Auflage 2015

Bork, Reinhard. Allgemeiner Teil des Bürgerlichen Gesetzbuchs, 4. Auflage 2016

Brah, Bärbel. Die Feststellung der Testierunfähigkeit durch den Notar, 2012

Brandt, Hans. Verkehrssicherheit und Geschäftsunfähigkeit, Eine rechtsvergleichende und gesetzeskritische Studie über die Stellung des unerkennbar Geistesgestörten im bürgerlichen Verkehrsrecht, 1936

Brehm, Wolfgang. Allgemeiner Teil des BGB, 6. Auflage 2008

Breitschmid, Peter. Vorsorgevollmachten, Allgemeiner Vorsorgeauftrag, medizinischer Vorsorgeauftrag, Patientenverfügung, Vertrauenspersonen und persönliches Umfeld – ein dicht gewobenes Netz mit Knoten- und Reissgefahr, ZVW 2003, 269–279

Brox, Hans/Walker, Wolf-Dietrich. Allgemeiner Teil des BGB, 42. Auflage 2018

Brückner, Christian. Das Personenrecht des ZGB (ohne Beurkundung des Personenstandes), 2000

Brunswig, Peter. Die Handlungsfähigkeit der Geisteskranken nach dem Bürgerlichen Gesetzbuche, 1902

Bucher, Andreas. Natürliche Personen und Persönlichkeitsschutz, 4. Auflage 2009

Büchler, Andrea/Jakob, Dominique (Hrsg.). Kurzkommentar ZGB, Schweizerisches Zivilgesetzbuch, 2. Auflage 2018 (zitiert: KK)

Busche, Jan. Privatautonomie und Kontrahierungszwang, 1999

Canaris, Claus-Wilhelm. Grundrechte und Privatrecht, AcP 184 (1984), 201–246

ders. Verstöße gegen das verfassungsrechtliche Übermaßverbot im Recht der Geschäftsfähigkeit und im Schadensersatzrecht, JZ 1987, 993–1004

ders. Zur Problematik von Privatrecht und verfassungsrechtlichem Übermaßverbot – Ein Schlußwort zu den vorstehend abgedruckten Erwiderungen von Ramm und Wieser –, JZ 1988, 494–499

ders. Grundrechtswirkungen und Verhältnismäßigkeitsprinzip in der richterlichen Anwendung und Fortbildung des Privatrechts, JuS 1989, 161–172

Casper, Matthias. Geschäfte des täglichen Lebens – kritische Anmerkungen zum neuen § 105a BGB, NJW 2002, 3425–3430

Chiusi, Tiziana. Gesetzliche Vertretungsmacht für nahe Angehörige? – Kritische Bemerkungen zu dem „Entwurf eines Zweiten Gesetzes zur Änderung des Betreuungsrechts“, ZRP 2004, 119–123

Coester, Michael. Von anonymer Verwaltung zu persönlicher Betreuung – Zur Reform des Vormund- und Pflegschaftsrechts für Volljährige –, Jura 1991, 1–9

Coester-Waltjen, Dagmar. Ehefähigkeit und das Ordnungsinteresse des Staates – zugleich eine Besprechung von BGH, Urteil v. 11.4.2012 – XII ZR 99/10, FamRZ 2012, 1185–1187

Constantinesco, Léotin-Jean. Rechtsvergleichung, Band I, Einführung in die Rechtsvergleichung, 1971 ders. Rechtsvergleichung, Band II, Die rechtsvergleichende Methode, 1972

Cording, Clemens. Die Begutachtung der Testier(un)fähigkeit, Fortschr Neurol Psychiat 2004, 147–159

ders. Die Begutachtung der „freien Willensbestimmung" im deutschen Zivilrecht: Geschäftsfähigkeit, Testierfähigkeit, Prozessfähigkeit, Suizid bei Lebensversicherung, in: Müller, Jürgen/Hajak, Göran (Hrsg.), Willensbestimmung zwischen Recht und Psychiatrie, Krankheit, Behinderung, Berentung, Betreuung, 2005, 37–50

ders. Kriterien zur Feststellung der Testierunfähigkeit, ZEV 2010, 115–121

Cosman, Rudolf. La capacité civile en droit suisse, 1941

Cypionka, Bertram. Die Auswirkungen des Betreuungsgesetzes auf die Praxis des Notars, DNotZ 1991, 571–590

ders. Fortfall der Entmündigung Volljähriger – Auswirkungen auf den Rechtsverkehr, NJW 1992, 207–211

Czeguhn, Ignacio. Geschäftsfähigkeit, beschränkte Geschäftsfähigkeit, Geschäftsunfähigkeit, Grundlagen – Rechtsfolgen – Sonderfragen, 2003

Danz. Sind alle Rechtsgeschäfte eines Geisteskranken nichtig?, JW 1913, 1016–1021

Deschenaux, Henri/Steinauer, Paul-Henri. Personnes physiques et tutelle, 4. Auflage 2001

Deschenaux, Henri/Tercier, Pierre/Werro, Franz. Le mariage et le divorce, La formation et la dissolution du lien conjugal, 4. Auflage 1995

Dethloff, Nina. Familienrecht, Ein Studienbuch, 32. Auflage 2018

Deutsch, Erwin/Spickhoff, Andreas. Medizinrecht, Arztrecht, Arzneimittelrecht, Medizinprodukterecht und Transfusionsrecht, 7. Auflage 2014

Deutsches Institut für Medizinische Dokumentation und Information (DIMDI) (Hrsg.). ICD-10-GM, Version 2019, Internationale statistische Klassifikation der Krankheiten und verwandter Gesundheitsprobleme, 10. Revision – German Modification – (zitiert: ICD-10-GM)

Deutsches Zentrum für Altersfragen (Hrsg.). Gerontopsychiatrie und Alterspsychotherapie in Deutschland, Expertisen zum Dritten Altenbericht der Bundesregierung – Band IV, 2001

Dieckmann, Albrecht. Empfiehlt es sich, das Entmündigungsrecht, das Recht der Vormundschaft und der Pflegschaft über Erwachsene sowie das Unterbringungsrecht neu zu ordnen?, JZ 1988, 789–800

Diederichsen, Uwe. Bemerkungen zu Tod und rechtlicher Betreuung, in: Amelung, Knut/Beulke, Werner/Lilie, Hans/Rosenau, Henning/Rüping, Hinrich/Wolfslast, Gabriele (Hrsg.), Strafrecht – Biorecht – Rechtsphilosophie, Festschrift für Hans-Ludwig Schreiber zum 70. Geburtstag am 10. Mai 2003, 2003, 635–655

Dittmann, Werner. Intelligenz beim Down-Syndrom, Forschungsstand zur Problematik der Intelligenz-Leistungen beim Down-Syndrom, 1982

Dodegge, Georg. Das 2. Betreuungsrechtsänderungsgesetz, NJW 2005, 1896–1899

Druey, Jean Nicolas. Grundriss des Erbrechts, 5. Auflage 2002

Ebert, Kurt Hanns. Rechtsvergleichung, Einführung in die Grundlagen, 1978

Egger, August. Die Rechtsgeschäfte urteilsunfähiger Personen, in: Festschrift für Georg Cohn zu seinem siebenzigsten Geburtstag, 1915, 709–723

Ehrlich, Kurt. Behandlung des Querulanten, SJZ 1952, 329–334

Enderlein, Wolfgang. Geschäftsunfähigkeit und Einwilligungsvorbehalt, JR 1998, 485–491

Erman, Walter (Begr.)/Westermann, Harm Peter/Grunewald, Barbara/Maier-Reimer, Georg (Hrsg.) (zitiert: Erman). Erman, Bürgerliches Gesetzbuch, Handkommentar, Band I, §§ 1–761, AGG, 15. Auflage 2017

dies. Band II, §§ 762–2385, ProdHaftG, ErbbauRG, VersAusglG, VBVG, LPartG, WEG, EGBGB, 15. Auflage 2017

Faust, Florian. Bürgerliches Gesetzbuch, Allgemeiner Teil, 6. Auflage 2018

Flume, Werner. Allgemeiner Teil des Bürgerlichen Rechts, Zweiter Band, Das Rechtsgeschäft, 4. Auflage 1992

Foerster, Klaus. Zur Beurteilung der Testierfähigkeit, in: Möller, Hans-Jürgen/Rohde, Anke (Hrsg.), Psychische Krankheit im Alter, 1993, 579–584

Forster, Balduin (Hrsg.). Praxis der Rechtsmedizin für Mediziner und Juristen, 1986

Fountoulakis, Christiana. Die Teilnahme urteilsunfähiger Erwachsener am Rechtsverkehr, BJM 2015, 189–225

Franzen, Martin. Rechtsgeschäfte erwachsener Geschäftsunfähiger nach § 105a BGB zwischen Rechtsgeschäftslehre und Betreuungsrecht, JR 2004, 221–226

Fröde, Christian. Willenserklärung, Rechtsgeschäft und Geschäftsfähigkeit, 2012

Ganner, Michael. Selbstbestimmung im Alter, Privatautonomie für alte und pflegebedürftige Menschen in Österreich und Deutschland, 2005

ders. Stand und Perspektiven des Erwachsenenschutzes in rechtsvergleichender Sicht, in: Coester-Waltjen, Dagmar/Lipp, Volker/Schumann, Eva/Veit, Barbara (Hrsg.), Perspektiven und Reform des Erwachsenenschutzes, 2013, 41–62

Gebauer, Gerhard. Die Lehre von der Teilgeschäftsunfähigkeit und ihre Folgen, AcP 153 (1954), 332–327

Geiser, Thomas. Erwachsenenschutzrecht, Die Revision im Überblick, ZVW 2003, 227–235

Gleixner-Eberle, Elisabeth. Die Einwilligung in die medizinische Behandlung Minderjähriger, Eine arztrechtliche Untersuchung im Rechtsvergleich mit Österreich und der Schweiz sowie mit Blick auf das Internationale Privat- und Strafrecht, 2014

Glendon, Mary Ann/Carozza, Paolo G./Picker, Colin B. Comparative legal traditions, text, materials and cases on western law, 4th edition 2014

Gottwald, Peter/Würdinger, Markus. Examens-Repetitorium BGB – Allgemeiner Teil, 4. Auflage 2016

Grasmann, Günther/Klingmüller, Ernst/Müller-Gugenberger, Christian/Neumayer, Heinz/et al. Einführung in die großen Rechtssysteme der Gegenwart, 2. deutsche Auflage 1988 auf der Grundlage „les grands systèmes de droit contemporains“, von René David und Camille Jauffret Spinosi, 8. Auflage 1982 (zitiert: David/Grasmann)

Großfeld, Bernhard/Hülper, Markus. Analphabetismus im Zivilrecht, JZ 1999, 430–433

Grunsky, Wolfgang. Testierfähigkeit und Geschäftsfähigkeit, 2009

Guldener, Max. Beweiswürdigung und Beweislast nach schweizerischem Zivilprozeßrecht, 1955

Gutzwiller, Peter Max. Über die Substanz der Urteilsfähigkeit, AJP 2008, 1223–1232

Haas, Raphaël. Die Einwilligung in eine Persönlichkeitsverletzung nach Art. 28 Abs. 2 ZGB, 2007

Habermeyer, Elmar/Saß, Henning. Die überdauernde krankhafte Störung der Geistestätigkeit als Voraussetzung der Geschäftsunfähigkeit, Der Nervenarzt 2002, 1094–1099

dies. Ein am Willensbegriff ausgerichteter symptomorientierter Ansatz zur Prüfung der Geschäftsfähigkeit, Fortschr Neurol Psychiat 2002, 5–10

dies. Voraussetzungen der Geschäfts(-un)fähigkeit – Anmerkungen aus psychopathologischer Sicht, MedR 2003, 543–546

Häfeli, Christoph. Der Entwurf für die Totalrevision des Vormundschaftsrechts, Mehr Selbstbestimmung und ein rhetorisches (?), Bekenntnis zu mehr Professionalität, FamPra.ch 2007, 1–24

Handkommentar zum Schweizer Privatrecht (zitiert: CHK). Personen- und Familienrecht (Art. 1–456 ZGB), Partnerschaftsgesetz (PartG), Breitschmid, Peter/Jungo, Alexandra (Hrsg.), 3. Auflage 2016

ders. Erbrecht (Art. 457–640 ZGB), Breitschmid, Peter/Jungo, Alexandra (Hrsg.), 3. Auflage 2016

ders. Obligationenrecht, Allgemeine Bestimmungen (Art. 1–183 OR), Furrer, Andreas/Schnyder, Anton K. (Hrsg.), 3. Auflage 2016

Hansen, Werner (Hrsg.). Medizin des Alterns und des alten Menschen, 2007

Hausheer, Heinz/Aebi-Müller, Regina E. Das Personenrecht des Schweizerischen Zivilgesetzbuches, 4. Auflage 2016

Hausheer, Heinz/Geiser, Thomas/Aebi-Müller, Regina E. Das Familienrecht des Schweizerischen Zivilgesetzbuches, Eheschliessung, Scheidung, Allgemeine Wirkungen der Ehe, Güterrecht, Kindesrecht, Erwachsenenschutzrecht, eingetragene Partnerschaft, Konkubinat, 6. Auflage 2018

Hegnauer, Cyril/Breitschmid, Peter. Grundriss des Eherechts, 4. Auflage 2000

Heim, Sebastian. Gesetzgeberische Modifizierung der Auswirkungen der Geschäftsunfähigkeit Volljähriger beim Vertragsschluss, JuS 2003, 141–145

Heinsheimer. Anmerkung zum Urteil des Reichsgerichts vom 14. Januar 1922, 481/22 V., JW 1922, 1007–1008

Hirsch, Christoph. BGB, Allgemeiner Teil, 10. Auflage 2019

Hofer, Sibylle/Hrubesch-Millauer, Stephanie. Einleitungsartikel und Personenrecht, 2. Auflage 2012

Hoffmann, Bernd von/Thorn, Karsten. Internationales Privatrecht einschließlich der Grundzüge des Internationalen Zivilverfahrensrechts, 9. Auflage 2007

Höfling, Wolfram. Vertragsfreiheit, Eine grundrechtsdogmatische Studie, 1991

Holzhauer, Heinz. Empfiehlt es sich das Entmündigungsrecht, das Recht der Vormundschaft und der Pflegschaft über Erwachsene sowie das Unterbringungsrecht neu zu ordnen?, Gutachten B (Juristisches Teilgutachten), in: Ständige Deputation des Deutschen Juristentages (Hrsg.), Verhandlungen des siebenundfünfzigsten deutschen Juristentages, Band I (Gutachten), Teil B/C, 1988

ders. Patientenautonomie, Patientenverfügung und Sterbehilfe, FamRZ 2006, 518–528

Homberger, Arthur. Das Schweizerische Zivilgesetzbuch, 2. Auflage 1943

Honsell, Heinrich (Hrsg.). Kurzkommentar OR, Obligationenrecht, 2014 (zitiert: KK-OR)

Hrubesch-Millauer, Stephanie/Jakob, David. Das neue Erwachsenenschutzrecht – insbesondere Vorsorgeauftrag und Patientenverfügung, in: Wolf, Stephan (Hrsg.), Das neue Erwachsenenschutzrecht – insbesondere Urteilsfähigkeit und ihre Prüfung durch die Urkundsperson, 2012, 65–108

Huber, Eugen. Schweizerisches Zivilgesetzbuch, Erläuterungen zum Vorentwurf des Eidgenössischen Justiz- und Polizeidepartements, Erster Band, Einleitung, Personen-, Familien- und Erbrecht, 2. Ausgabe 1914

Huber, Jonas/Schmieder, Andrea/Dengler, Wilhelm. 312-und-20 Jahre (Dreihundertzwölfundzwanzig Jahre), Geschäftsfähig/testierfähig oder fremdbestimmt?, BWNotZ 2012, 150–159

Hürlimann-Kaup, Bettina/Schmid, Jörg. Einleitungsartikel des ZGB und Personenrecht, 3. Auflage 2016

Jaeger, Peter. Der Vertrauensschutz im Verkehr mit handlungsunfähigen Personen, 1946

Jaensch, Michael. Grundzüge des Bürgerlichen Rechts, Mit 64 Fällen und Lösungen, 4. Auflage 2018

Janda, Constanze. Das Rechtsinstitut der Betreuung im Spiegel der allgemeinen Regeln zu Geschäftsfähigkeit und gesetzlicher Vertretung, FamRZ 2013, 16–22

Jarass, Hans D./Pieroth, Bodo. Grundgesetz für die Bundesrepublik Deutschland, Kommentar, 15. Auflage 2018

Jauernig, Othmar (Begr.)/Stürner, Rolf (Hrsg.). Jauernig, Bürgerliches Gesetzbuch mit Rom-I-, Rom-II-VO, EuUnthVO/HUntProt und EuErbVO, Kommentar, 17. Auflage 2018 (zitiert: Jauernig)

Jayme, Erik (Hrsg.). Gesammelte Schriften, Band 2, Rechtsvergleichung – Ideengeschichte und Grundlagen von Emerico Amari zur Postmoderne, Vorträge – Aufsätze – Rezensionen, 2000

Johannsen, Kurt Herbert/Kregel, Wilhelm/Krüger-Nieland, Gerda/Piper, Henning/Steffen, Erich. Das Bürgerliche Gesetzbuch mit besonderer Berücksichtigung der Rechtsprechung des Reichsgerichts und des Bundesgerichtshofes, Kommentar, Band I, §§ 1–240, 12. Auflage 1982 (zitiert: RGRK)

Junker, Abbo. Internationales Privatrecht, 3. Auflage 2019

Jurgeleit, Andreas (Hrsg.). Nomos Kommentar, Betreuungsrecht, Handkommentar, 4. Auflage 2018

Jürgens, Andreas (Hrsg.). Betreuungsrecht, Kommentar, 6. Auflage 2019

juris Praxiskommentar BGB (zitiert: jurisPK). Band 1, Allgemeiner Teil, Vieweg, Klaus (Hrsg.), 8. Auflage 2017

ders. Band 4, Familienrecht, Viefhues, Wolfram (Hrsg.), 9. Auflage 2020

ders. Band 5, Erbrecht, Ludyga, Hannes/Hau, Wolfgang (Hrsg.), 8. Auflage 2017

Kaiser, Gisbert A. Bürgerliches Recht, Basiswissen und Fallschulung für Anfangssemester, 12. Auflage 2009

Keller, Max. Lehrbuch des Eherechts, 1973

Kischel, Uwe. Rechtsvergleichung, 2015

Klockgether, Thomas. Biologie und Klinik der Demenz, in: Schmoeckel, Mathias (Hrsg.), Demenz und Recht, Bestimmung der Geschäfts- und Testierfähigkeit, 2010, 25–30

Klunzinger, Eugen. Einführung in das Bürgerliche Recht, Grundkurs für Studierende der Rechts- und Wirtschaftswissenschaften, 17. Auflage 2019

Knieper, Judith. Geschäfte von Geschäftsunfähigen, 1999

Knittel, Bernhard. Der Beitrag des Bayerischen Obersten Landesgerichts zur Fortentwicklung des Betreuungs- und Unterbringungsrechts, in: Sonnenfeld, Susanne (Hrsg.), Nichtalltägliche Fragen aus dem Alltag des Betreuungsrechts, Festschrift für Werner Bienwald zum 70. Geburtstag am 6. Juli 2006, 2006, 145–175

Koch, Harald/Magnus, Ulrich/Winkler von Mohrenfels, Peter. IPR und Rechtsvergleichung, Ein Studien- und Übungsbuch zum Internationalen Privat- und Zivilverfahrensrecht und zur Rechtsvergleichung, 4. Auflage 2010

Kohler, Josef. Über die Methode der Rechtsvergleichung, in: Zweigert, Konrad/Puttfarken, Hans-Jürgen (Hrsg.), Rechtsvergleichung, 1978, 18–29

Kohler, Jürgen. Glosse, Die Kunst, ein nicht vorhandenes Problem nicht zu lösen – oder: die Smartiegesetzgebung, JZ 2004, 348–349

Köhler, Helmut. BGB, Allgemeiner Teil, Ein Studienbuch, 43. Auflage 2019

Kohte, Wolfhard. Die rechtfertigende Einwilligung, AcP 185 (1985), 105–161

Kommentar zum Schweizerischen Zivilgesetzbuch (zitiert: ZK). I. Band: Einleitung und Personenrecht, Art. 1–89, Egger, August, 2. Auflage 1930 (unveränderter Nachdruck 1978)

ders. II. Band: Das Familienrecht, Erste Abteilung: Das Eherecht, Art. 90–251, Egger, August, 2. Auflage 1936

ders. III. Band: Das Erbrecht, Erste Abteilung: Die Erben, Art. 457–536, Escher, Arnold, 3. Auflage 1959

Kostkiewicz, Jolanta Kren/Wolf, Stephan/Amstutz, Marc/Fankhauser, Roland (Hrsg.), Orell Füssli Kommentar, OR Kommentar, ZGB Kommentar, Schweizerisches Zivilgesetzbuch, 3. Auflage 2016 (zitiert: OFK)

dies. , Schweizerisches Obligationenrecht, 3. Auflage 2016 (zitiert: OFK-OR)

Kretz, Jutta/Albrecht, Andreas/Wittkämper, Ulrich. Betreuungsrecht, Formularbuch, 4. Auflage 2018

Kröber, Hans-Ludwig/Dölling, Dieter/Leygraf, Norbert/Saß, Henning (Hrsg.). Handbuch der forensischen Psychiatrie, Band 5, Forensische Psychiatrie im Privatrecht und Öffentlichen Recht, 2009

Kuhlenbeck, L. Einfluss seelischer Störungen auf die zivilrechtliche Handlungsfähigkeit (und das Ehescheidungsrecht), ZBlFG 1907, 271–296

Lachwitz, Klaus. Übereinkommen der Vereinten Nationen über die Rechte von Menschen mit Behinderung, Auswirkungen auf die Rechte von Menschen mit geistiger Behinderung und/oder psychosozialen Problemen, BtPrax 2008, 143–148

Langenegger, Ernst. Aspekte des Systems der amtsgebundenen behördlichen Maßnahmen des neuen Erwachsenenschutzrechtes erläutert entlang des Übergangs vom geltenden zum neuen Recht, ZVW 2003, 317–330

Leenen, Detlef. BGB Allgemeiner Teil: Rechtsgeschäftslehre, 2. Auflage 2015

Lehmann, Matthias. Der Begriff der Rechtsfähigkeit, AcP 207 (2007), 225–255

Leipold, Dieter. BGB I: Einführung und Allgemeiner Teil, Ein Lehrbuch mit Fällen und Kontrollfragen, 10. Auflage 2019

Lipp, Martin. Examens-Repetitorium Familienrecht, 4. Auflage 2013

Lipp, Volker. Freiheit und Fürsorge: Der Mensch als Rechtsperson, Zu Funktion und Stellung der rechtlichen Betreuung im Privatrecht, 2000

ders. Die neue Geschäftsfähigkeit Erwachsener, FamRZ 2003, 721–729

ders. (Hrsg.). Handbuch der Vorsorgeverfügungen, Vorsorgevollmacht – Patientenverfügung – Betreuungsverfügung, 2009

ders. Betreuungsrecht und UN-Behindertenrechtskonvention, FamRZ 2012, 669–679

ders. Krankheit und Autonomie im Zivilrecht, in: Beck, Susanne (Hrsg.), Krankheit und Recht, Ethische und juristische Perspektiven, 2017, 171–196

Löhnig, Martin/Schärtl, Christoph. Zur Dogmatik des § 105a BGB, AcP 204 (2004), 25–58

Löhnig, Martin. Probleme der Vorsorgevollmacht nach deutschem Recht, in: Löhnig, Martin/Schwab, Dieter/Henrich, Dieter/Gottwald, Peter/Kroppenberg, Inge (Hrsg.), Vorsorgevollmacht und Erwachsenenschutz in Europa, 2011, 15–26

Lorenz, Stephan. Grundwissen Zivilrecht – Rechts- und Geschäftsfähigkeit, JuS 2010, 11–13

Loytved, Helge/Frerichs, Konrad. Zur rechtlichen Handlungsfähigkeit von Menschen mit Behinderung im Verwaltungs- und Gerichtsverfahren, in: Aichele, Valentin (Hrsg.), Das Menschenrecht auf gleiche Anerkennung vor dem Recht, Artikel 12 der UN-Behindertenrechtskonvention, 2013, 121–144

Ludyga, Hannes. Die Stärkung der Rechtsstellung Geschäftsunfähiger – Auslegung von § 105a BGB, FPR 2007, 3–6

Lutz, August. Zum Problem der Urteilsfähigkeit, 1927

Mangoldt, Hermann von (Begr.)/Klein, Friedrich/Starck, Christian/Huber, Peter M./Voßkuhle, Andreas (Hrsg.). Grundgesetz, Band 1: Präambel, Artikel 1 bis 19, Kommentar, 7. Auflage 2018 (zitiert: v. Mangoldt/Klein/Starck)

Mankowski, Peter. Verändert die Neurobiologie die rechtliche Sicht auf Willenserklärungen?, AcP 211 (2011), 153–195

Mansel, Heinz-Peter. Rechtsvergleichung und europäische Rechtseinheit, JZ 1991, 529–534

Maunz, Theodor/Dürig, Günter (Begr.)/Herzog, Roman/Herdegen, Matthias/Scholz, Rupert/Klein, Hans H. (Hrsg.). Grundgesetz, Kommentar, Band I, Texte, Art. 1–5, Loseblattsammlung, 87. Lieferung, März 2019, (zitiert: Maunz/Dürig)

Mayer-Maly, Theo. Eckpunkte einer Privatrechtsphilosophie, in: Honsell, Heinrich/Zäch, Roger/Hasenböhler, Franz/Harrer, Friedrich/Rhinow, René (Hrsg.), Privatrecht und Methode, Festschrift für Ernst A. Kramer, 2004, 21–29

Meier, Sybille M./Deinert, Horst. Handbuch Betreuungsrecht, 2. Auflage 2016

Meroni, Rudolf. Dogmatik und praktische Bedeutung des schweizerischen Eheungültigkeitsrechts, 1984

Monsch, Andreas. Die Beurteilung der Urteilsfähigkeit, insbesondere bei Menschen mit Demenz, in: Wolf, Stephan (Hrsg.), Das neue Erwachsenenschutzrecht – insbesondere Urteilsfähigkeit und ihre Prüfung durch die Urkundsperson, 2012, 1–21

Müller, Christian (Hrsg.). Lexikon der Psychiatrie, Gesammelte Abhandlungen der gebräuchlichsten psychiatrischen Begriffe, 2. Auflage 1986

Müller, Gabriele. Betreuung und Geschäftsfähigkeit, 1998

Müller, Gabriele/Renner, Thomas. Betreuungsrecht und Vorsorgeverfügungen in der Praxis, 5. Auflage 2018

Müller, Jürgen Leo/Nedopil, Norbert. Forensische Psychiatrie, Klinik, Begutachtung und Behandlung zwischen Psychiatrie und Recht, 5. Auflage 2017

Müller, Rainer. Die Beurteilung der Testierfähigkeit – eine empirische Untersuchung –, 1991

Müller-Freienfels, Wolfram. Die Altersvorsorge-Vollmacht, Studie zur Vollmachtserteilung über Minderungen der Geschäftsfähigkeit hinaus, in: Horn, Norbert (Hrsg.), Europäisches Rechtsdenken in Geschichte und Gegenwart, Festschrift für Helmut Coing zum 70. Geburtstag, Band II, 1982, 395–422

Münchener Kommentar zum Bürgerlichen Gesetzbuch (zitiert: MüKo). Band 1, Allgemeiner Teil, §§ 1–240, AllgPersönlR, ProstG, AGG, Schubert, Claudia (Red.), 8. Auflage 2018

ders. Band 9, Familienrecht I, §§ 1297–1588, Versorgungsausgleichsgesetz, Gewaltschutzgesetz, Lebenspartnerschaftsgesetz, Koch, Elisabeth (Red.), 8. Auflage 2019

ders. Band 9, Familienrecht II, §§ 1589–1921, SGB VIII, Schwab, Dieter (Red.), 7. Auflage 2017

ders. Band 10, Erbrecht, §§ 1922–2385, §§ 27–35 BeurkG, Kessal-Wulf, Sybille (Red.), 7. Auflage 2017

ders. Band 11, Internationales Privatrecht I, Europäisches Kollisionsrecht, Einführungsgesetz zum Bürgerlichen Gesetzbuche (Art. 1–26), Hein, Jan von (Red.), 7. Auflage 2018

Muscheler, Karlheinz. Erbrecht, Band I, 2010

Musielak, Hans-Joachim/Hau, Wolfgang. Grundkurs BGB, Eine Darstellung zur Vermittlung von Grundlagenwissen im bürgerlichen Recht mit Fällen und Fragen zur Lern- und Verständniskontrolle sowie mit Übungsklausuren, 16. Auflage 2019

Neuhausen, Matthias. Rechtsgeschäfte mit Betreuten, RNotZ 2003, 158–182

Nieder, Heinrich (Begr.)/Kössinger, Reinhard/Kössinger, Winfried. Handbuch der Testamentsgestaltung, Grundlagen und Gestaltungsmittel für Verfügungen von Todes wegen und vorbereitende Erbfolgemaßnahmen, 5. Auflage 2015 (zitiert: Nieder/Kössinger)

Nomos Kommentar BGB (zitiert: NK). Allgemeiner Teil, EGBGB, Band 1, Heidel, Thomas/Hüßtege, Rainer/Mansel, Heinz-Peter/Noack, Ulrich (Hrsg.), 3. Auflage 2016

ders. Familienrecht, Band 4: §§ 1297–1921, Kaiser, Dagmar/Schnitzler, Klaus/Friederici, Peter/Schilling, Roger (Hrsg.), 3. Auflage 2014 ders. Erbrecht, Band 5: §§ 1922–2385, Kroiß, Ludwig/Ann, Christoph/Mayer, Jörg (Hrsg.), 5. Auflage 2018

Oberhammer, Paul/Domej, Tanja/Haas, Ulrich (Hrsg.). Kurzkommentar ZPO, Schweizerische Zivilprozessordnung, 2. Auflage 2014 (zitiert: KK-ZPO)

Oefele, Konrad von/Saß, Henning. Die forensisch-psychiatrische Beurteilung von freier Willensbestimmung und Geschäftsfähigkeit, VersMed 1994, 167–171

Oefele, Konrad von. Forensische Psychiatrie, Leitfaden für die klinische und gutachtliche Praxis, 2. Auflage 2019

Oftinger, Karl (Begr.)/Stark, Emil W. Schweizerisches Haftpflichtrecht, Erster Band: Allgemeiner Teil, 5. Auflage 1995

Palandt, Otto (Begr.)/Brudermüller, Gerd/Ellenberger, Jürgen/Götz, Isabell/et al. Palandt, Bürgerliches Gesetzbuch mit Nebengesetzen, 78. Auflage 2019 (zitiert: Palandt)

Pawlowski, Hans-Martin. Allgemeiner Teil des BGB, Grundlehren des bürgerlichen Rechts, 7. Auflage 2003

ders. Willenserklärungen und Einwilligungen in personenbezogene Eingriffe, JZ 2003, 66–73

ders. Rechtsfähigkeit im Alter?, JZ 2004, 13–18

Pedrazzini, Mario M./Oberholzer, Niklaus. Grundriss des Personenrechts, 4. Auflage 1993

Petermann, Frank Th. Urteilsfähigkeit, Generelle Aspekte, Urteilsfähigkeit als Ehevoraussetzung, zum Testieren, zum willentlichen Sterben sowie Screening-Tools, 2008

Peters, Bernd. Die Betreuung Volljähriger, Die Reform des zivilrechtlichen Fürsorgerechts für Volljährige aus der Sicht des Betreuers, 1992

Petersen, Jens. Die Geschäftsunfähigkeit, Jura 2003, 97–100

ders. Die Rechtsfähigkeit des Menschen, Jura 2009, 669–670

ders. Examinatorium Allgemeiner Teil des BGB und Handelsrecht, 2013

Pohlenz, Mira. Die gesetzliche Vertretungsmacht für nahe Angehörige, 2007

Pöschl, Barbara. Die Anordnungsvoraussetzungen der Betreuung und des Einwilligungsvorbehalts in ihrem Verhältnis zu den Regelungen der Geschäftsfähigkeit, 1999

Prütting, Hanns/Wegen, Gerhard/Weinreich, Gerd (Hrsg.). Bürgerliches Gesetzbuch, Kommentar, 13. Auflage 2018 (zitiert: PWW)

Rabel, Ernst. Streifgänge im Schweizerischen Zivilgesetzbuch II, in: Leser, Hans G. (Hrsg.), Ernst Rabel, Gesammelte Aufsätze, Band I, Arbeiten zum Privatrecht, 1907–1930, 1965, 239–250

ders. Aufgabe und Notwendigkeit der Rechtsvergleichung, in: Zweigert, Konrad/Puttfarken, Hans-Jürgen (Hrsg.), Rechtsvergleichung, 1978, 85–108

Radbruch, Gustav. Über die Methode der Rechtsvergleichung, in: Zweigert, Konrad/Puttfarken, Hans-Jürgen (Hrsg.), Rechtsvergleichung, 1978, 52–56

Rainer, J. Michael (Hrsg.). Europäisches Privatrecht, Die Rechtsvergleichung, 2. Auflage 2007

Ramm, Thilo. Drittwirkung und Übermaßverbot – Eine Erwiderung auf den Aufsatz von *Canaris* in JZ 1987, S. 933 ff. –, JZ 1988, 489–493

Rauscher, Thomas. Internationales Privatrecht mit internationalem Verfahrensrecht, 5. Auflage 2017

Rehbinder, Manfred. Erkenntnistheoretisches zum Verhältnis von Rechtssoziologie und Rechtsvergleichung, in: Drobnig, Ulrich/Rehbinder, Manfred (Hrsg.), Rechtssoziologie und Rechtsvergleichung, 1977, 56–71

Reihe Alternativkommentare (zitiert: AK). BGB, Kommentar zum Bürgerlichen Gesetzbuch, Band 1, Allgemeiner Teil, §§ 1–240, Damm, Reinhard/Hart, Dieter/Kohl, Helmut/Ott, Claus, 1987

ders. Band 6, Erbrecht, §§ 1922–2385, Buchholz, Stephan/Däubler, Wolfgang/Derleder, Peter/Dubischar, Roland/et al., 1990

Reimann, Wolfgang/Bengel, Manfred/Mayer, Jörg (Hrsg.). Testament und Erbvertrag, Handbuch – Mustertexte – Kommentar, 6. Auflage 2015

Rheinstein, Max. Legal Systems: Comparative Law and Legal Systems, in: Leser, Hans G. (Hrsg.), Max Rheinstein, Gesammelte Schriften, Band 1, Rechtstheorie und Soziologie, Rechtsvergleichung und Common Law (USA), 1979, 210–267

ders. Einführung in die Rechtsvergleichung, 2. Auflage 1987

Riemer, Hans Michael. Bundesgerichtspraxis zum Personenrecht des ZGB, 1979

ders. Personenrecht des ZGB, Studienbuch und Bundesgerichtspraxis, 2. Auflage 2002

Rosch, Daniel. Die Bestimmung der Aufgabenbereiche des Beistandes nach Art. 391 nZGB, ZKE 2010, 184–197

Roth, Andreas. Die Verbindlichkeit der Patientenverfügung und der Schutz des Selbstbestimmungsrechts, JZ 2004, 494–502

Roth, Markus. Die Rechtsgeschäftslehre im demographischen Wandel, Stärkung der Autonomie sowie Schutzkonzepte bei Älteren und Minderjährigen, AcP 208 (2008), 451–489

Sacco, Rodolfo/Rossi, Piercarlo. Einführung in die Rechtsvergleichung, 3. Auflage 2017

Sachsen Gessaphe, Karl August Prinz von. Der Betreuer als gesetzlicher Vertreter für eingeschränkt Selbstbestimmungsfähige, Modell einer mehrstufigen Eingangsschwelle der Betreuung und des Einwilligungsvorbehalts, 1999

Schack, Haimo. BGB – Allgemeiner Teil, 16. Auflage 2019

Schäfers, Bernhard. Einführung in die Soziologie, 2. Auflage 2016

Schellhammer, Kurt. Schuldrecht nach Anspruchsgrundlagen samt BGB Allgemeiner Teil, 10. Auflage 2018

Scherer, Stephan/Lehmann, Daniel. ZEV-Report Zivilrecht, ZEV 2005, 453–456

Schimmel, Roland. Der Schutz des Spielers vor sich selbst, NJW 2006, 958–960

Schmahl, Stefanie. Grund- und menschenrechtliche Anforderungen an den Erwachsenenschutz, in: Coester-Waltjen, Dagmar/Lipp, Volker/Schumann,

Eva/Veit, Barbara (Hrsg.), Perspektiven und Reform des Erwachsenenschutzes, 2013, 11–39

Schmid, Hermann. Einführung in die Beistandschaften (Art. 377–384 VE), ZSR 2010, 311–329

Schmidt, Jan Peter. Grundlagen der Testierfähigkeit in Deutschland und Europa, RabelsZ 76 (2012), 1022–1050

Schmidt, Rolf. BGB – Allgemeiner Teil, Grundlagen des Zivilrechts, Methodik der Fallbearbeitung, 18. Auflage 2019

Schmitthoff, Clive M. Die künftigen Aufgaben der Rechtsvergleichung, JZ 1978, 495–499

Schmoeckel, Mathias/Rückert, Joachim/Zimmermann, Reinhard (Hrsg.). Historisch-kritischer Kommentar zum BGB, Band I, Allgemeiner Teil, §§ 1–240, 2003 (zitiert: HKK)

ders. Einleitendes: Demenzerkrankungen als gesellschaftliche Herausforderung und Aufgabe für Juristen, in: Schmoeckel, Mathias (Hrsg.), Demenz und Recht, Bestimmung der Geschäfts- und Testierfähigkeit, 2010, 13–23

ders. Die Geschäfts- und Testierfähigkeit von Demenzerkrankten, NJW 2016, 433–439

Schneider, Frank/Frister, Helmut/Olzen, Dirk. Begutachtung psychischer Störungen, 3. Auflage 2015

Schnitzer, Adolf F. Vergleichende Rechtslehre, Band I, 2. Auflage 1961

Schreiber, Hans-Ludwig. Ist der Mensch für sein Verhalten rechtlich verantwortlich?, in: Kern, Bernd-Rüdiger/Wadle, Elmar/Schroeder, Klaus-Peter/Katzenmeier, Christian (Hrsg.), Humaniora, Medizin – Recht – Geschichte, Festschrift für Adolf Laufs zum 70. Geburtstag, 2006, 1069–1078

Schulze, Reiner (Schriftleit.). Nomos Kommentar, Bürgerliches Gesetzbuch, Handkommentar, 10. Auflage 2019 (zitiert: NKHK)

Schwab, Dieter. Strukturfragen des geplanten Betreuungsrechts, in: Schwab, Dieter/Giesen, Dieter/Listl, Joseph/Strätz, Hans-Wolfgang (Hrsg.), Staat,

Kirche, Wissenschaft in einer pluralistischen Gesellschaft, Festschrift zum 65. Geburtstag von Paul Mikat, 1989, 881–896

ders. Probleme des materiellen Betreuungsrechts, FamRZ 1992, 493–507

ders. Betreuung und private Fürsorge, in: Lange, Herrmann/Nörr, Knut Wolfgang/Westermann Harm Peter (Hrsg.), Festschrift für Joachim Gernhuber zum 70. Geburtstag, 1993, 815–824

ders. Selbstbestimmung im Alter, ZBJV 2006, 561–579

Schwab, Dieter/Löhnig, Martin. Einführung in das Zivilrecht mit BGB-Allgemeiner Teil, Schuldrecht Allgemeiner Teil, Kauf- und Deliktsrecht, 20. Auflage 2016

Schwab, Dieter. Familienrecht, 27. Auflage 2019

Schweizerisches Privatrecht (zitiert: SPR). Zweiter Band: Einleitung und Personenrecht, Gutzwiller, Max (Hrsg.), 1967

ders. Vierter Band: Erbrecht, Erster Teilband: Erbrecht, 1. Teil, Wolf, Stephan/Genna, Gian Sandro, 2012

ders. Sechster Band: Obligationenrecht, Allgemeiner Teil, Erster Teilband: Einleitung §§ 1–3, Entstehung, allgemeine Charakterisierung, Die Obligation §§ 4–20, Merz, Hans, 1984

Schwenzer, Ingeborg. Schweizerisches Obligationenrecht, Allgemeiner Teil, 7. Auflage 2016

Schwimann, Michael. Die Institution der Geschäftsfähigkeit, Ein Beitrag zu den Grundlagen der rechtsgeschäftlichen Privatautonomie, 1965

Seibert, Ann. Testierfähigkeit und Willensfreiheit, Die Problematik der beweisrechtlichen Vermutung der Testierfähigkeit, 2015

Seichter, Jürgen. Einführung in das Betreuungsrecht, Ein Leitfaden für Praktiker des Betreuungsrechts, Heilberufe und Angehörige von Betreuten, 5. Auflage 2019

Singer, Reinhard. Vertragsfreiheit, Grundrechte und der Schutz des Menschen vor sich selbst, JZ 1995, 1133–1141 ders. Recht und Gerechtigkeit bei Kleists Michael Kohlhaas, in: Häublein, Martin/Utz, Stephen (Hrsg.), Rechtsgeschäft, Methodenlehre und darüber hinaus, Liber Amicorum für Detlef Leenen, 2012, 261–278

Soergel, Theodor (Begr.). Soergel, Kommentar zum Bürgerlichen Gesetzbuch, Bürgerliches Gesetzbuch mit Einführungsgesetz und Nebengesetzen, Band 2, Allgemeiner Teil 2, §§ 104–240, Wolf, Manfred (Red.), 13. Auflage 1999

ders. Band 12, Schuldrecht 10, §§ 823–853, ProdHG, UmweltHG, Spickhoff, Andreas (Red.), 13. Auflage 2005

ders. Band 17/1, Familienrecht 1/1, §§ 1297–1588, Löhnig, Martin (Red.), 13. Auflage 2013

ders. Band 20, Familienrecht 4, §§ 1741–1921, Hohloch, Gerhard (Red.), 13. Auflage 2000

ders. Band 22, Erbrecht 2, §§ 2064–2273, §§ 1–35 BeurkG, Damrau, Jürgen (Red.), 13. Auflage 2003

Sommermann, Karl-Peter. Völkerrechtlich garantierte Menschenrechte als Maßstab der Verfassungskonkretisierung – Die Menschenrechtsfreundlichkeit des Grundgesetzes –, AöR 114 (1989), 391–422

Sonnenfeld, Susanne. Das 2. BtÄndG – Überblick über die wesentlichen zum 1.7.2005 in Kraft tretenden Änderungen –, FamRZ 2005, 941–949

Spickhoff, Andreas. Autonomie und Heteronomie im Alter, AcP 208 (2008), 345–415

ders. (Hrsg.). Medizinrecht, Kommentar, 3. Auflage 2018

ders. Einwilligungsfähigkeit und Geschäftsfähigkeit von Minderjährigen im Kontext medizinischer Behandlungen, FamRZ 2018, 412–425

Stadler, Astrid. Allgemeiner Teil des BGB, 19. Auflage 2017

Statistisches Bundesamt (Destatis) (Hrsg.). Bevölkerung Deutschlands bis 2060, 13. koordinierte Bevölkerungsvorausberechnung, 2015

dass. (Hrsg.). Bevölkerung im Wandel, Annahmen und Ergebnisse der 14. koordinierten Bevölkerungsvorausberechnung, 2019

Staudinger, Julius von (Begr.). J. von Staudingers Kommentar zum Bürgerlichen Gesetzbuch mit Einführungsgesetz und Nebengesetzen, Buch 1, Allgemeiner Teil, §§ 90–124; 130–133 (Allgemeiner Teil 3), Jickeli, Joachim/Knothe, Hans-Georg/Singer, Reinhard/Stieper, Malte, Neubearbeitung 2012

ders. Buch 1, Allgemeiner Teil, §§ 90–124; 130–133 (Sachen und Tiere, Geschäftsfähigkeit, Willenserklärung), Klumpp, Steffen/Singer, Reinhard/Stieper, Malte, Neubearbeitung 2017

ders. Buch 2, Recht der Schuldverhältnisse, Einleitung zum Schuldrecht, §§ 241–243 (Treu und Glauben), Looschelders, Dirk/Olzen, Dirk/Schiemann, Gottfried, Neubearbeitung 2015

ders. Buch 4, Familienrecht, §§ 1896–1921 (Rechtliche Betreuung und Pflegschaft), Bienwald, Werner, Neubearbeitung 2017

ders. Buch 5, Erbrecht, §§ 2064–2196 (Testament 1), Avenarius, Martin/Otte, Gerhard, Neubearbeitung 2013

ders. Buch 5, Erbrecht, §§ 2229–2264 (Errichtung und Aufhebung eines Testaments), Baumann, Wolfgang, Neubearbeitung 2018

Stein, Friedrich/Jonas, Martin (Begr.)/Bork, Reinhard/Roth, Herbert (Hrsg.). Kommentar zur Zivilprozessordnung, Band 3, §§ 148–270, Roth, Herbert, 23. Auflage 2016 (zitiert: Stein/Jonas)

Steinauer, Paul-Henri. Le droit des successions, 2. Auflage 2015

Sury, Kurt von. Wörterbuch der Psychologie und ihrer Grenzgebiete, 4. Auflage 1974

Tuor, Peter (Begr.)/Schnyder, Bernhard/Schmid, Jörg/Jungo, Alexandra. Das Schweizerische Zivilgesetzbuch, 14. Auflage 2015 (zitiert: Tuor/Schnyder)

Ulrici, Bernhard. Alltagsgeschäfte volljähriger Geschäftsunfähiger, Jura 2003, 520–522

ders. Verbotsgesetz und zwingendes Recht, JuS 2005, 1073–1076

Venzlaff, Ulrich (Begr.)/Foerster, Klaus (Hrsg.). Psychiatrische Begutachtung, Ein praktisches Handbuch für Ärzte und Juristen, 4. Auflage 2004

Venzlaff, Ulrich (Begr.)/Foerster, Klaus/Dreßing, Harald/Habermeyer, Elmar (Hrsg.). Psychiatrische Begutachtung, Ein praktisches Handbuch für Ärzte und Juristen, 6. Auflage 2015 (zitiert: Venzlaff/Foerster)

Walter, Ute. Die Vorsorgevollmacht, Grundprobleme eines Rechtsinstituts unter besonderer Berücksichtigung der Frage nach Vorsorge im personalen Bereich, 1997

dies. Das Betreuungsrechtsänderungsgesetz und das Rechtsinstitut der Vorsorgevollmacht, FamRZ 1999, 685–695

Wedemann, Frauke. Die Rechtsfolgen der Geschäftsunfähigkeit, AcP 209 (2009), 668–705

dies. Die Geschäftsunfähigkeit, Jura 2010, 587–594

Weiler, Frank. Die beeinflußte Willenserklärung – Eine Untersuchung der rechtlichen Auswirkungen fremder Einflüsse auf die rechtsgeschäftliche Willensbildung, 2002

Wellenhofer, Marina. Familienrecht, 5. Auflage 2019

Werro, Franz. Concubinage, mariage et démariage, 5. Auflage 2000

Wertenbruch, Johannes. BGB, Allgemeiner Teil, 4. Auflage 2017

Weser, Hans-Herrmann. Die Auswirkungen des Betreuungsgesetzes auf die notarielle Praxis, MittBayNot 1992, 161–172

Wetterling, Tilman. Was hat der Erbrechtler mit Fragen der Medizin zu tun?, ErbR 2010, 345–350

ders. Freier Wille und neuropsychiatrische Erkrankungen, Ein Leitfaden zur Begutachtung der Geschäfts- und Testierfähigkeit, 2016

Widmer Blum, Carmen Ladina. Urteilsunfähigkeit, Vertretung und Selbstbestimmung – insbesondere: Patientenverfügung und Vorsorgeauftrag, 2010

Wieser, Eberhard. Verstößt § 105 BGB gegen das verfassungsrechtliche Übermaßverbot? – Eine Stellungnahme zu der These von Claus-Wilhelm *Canaris* in JZ 1987, S. 993 ff. –, JZ 1988, 493–494

Wilhelm. Geistesstörung und Geschäftsunfähigkeit nach BGB und ZPO, ZAkDR 2 (1935), 228–230

Wittibschlager, Martina. Einführung in das schweizerische Recht, 2000

Wolf, Christian E. Geschäftsunfähigkeit und Behindertenrechtskonvention, Zur Vereinbarkeit von §§ 104 Nr. 2, 105, 131 BGB mit Art. 12 Abs. 2 BRK, 2015

Wolf, Manfred/Neuner, Jörg. Allgemeiner Teil des Bürgerlichen Rechts, 11. Auflage 2016

Wolf, Stephan/Hrubesch-Millauer, Stephanie. Grundriss des schweizerischen Erbrechts, 2017

Wolf, Stephan/Setz, Anna Lea. Handlungsfähigkeit, insbesondere Urteilsfähigkeit, sowie ihre Prüfung durch den Notar, in: Wolf, Stephan (Hrsg.), Das neue Erwachsenenschutzrecht – insbesondere Urteilsfähigkeit und ihre Prüfung durch die Urkundsperson, 2012, 23–64

Zajtay, Imre. Über die Ziele und Methoden der Rechtsvergleichung, in: Kreuzer, Karl F. (Hrsg.), Imre Zajtay, Beiträge zur Rechtsvergleichung – Ausgewählte Schriften –, 1976, 54–66

Zerres, Thomas. Bürgerliches Recht, Eine Einführung in das Zivilrecht und die Grundzüge des Zivilprozessrechts, 8. Auflage 2016

Zimmer, Maximilian. Demenz als Herausforderung für die erbrechtliche Praxis, NJW 2007, 1713–1717

Zimmermann, Theodor. Juristische und psychiatrische Aspekte der Geschäfts- und Testierfähigkeit, BWNotZ 2000, 97–108

Zimmermann, Walter. Das neue Verfahren in Betreuungssachen, FamRZ 1991, 270–279

Zitelmann, Ernst. Aufgaben und Bedeutung der Rechtsvergleichung, in: Zweigert, Konrad/Puttfarken, Hans-Jürgen (Hrsg.), Rechtsvergleichung, 1978, 11–17

Zweigert, Konrad. Die soziologische Dimension der Rechtsvergleichung, in: Drobnig, Ulrich/Rehbinder, Manfred (Hrsg.), Rechtssoziologie und Rechtsvergleichung, 1977, 151–168

Zweigert, Konrad/Kötz, Hein. Einführung in die Rechtsvergleichung auf dem Gebiet des Privatrechts, 3. Auflage 1996

Zweigert, Konrad/Puttfarken, Hans-Jürgen. Zur Vergleichbarkeit analoger Rechtsinstitute in verschiedenen Gesellschaftsordnungen, in: Zweigert, Konrad/Puttfarken, Hans-Jürgen (Hrsg.), Rechtsvergleichung, 1978, 395–42

Kapitel 1: Einführung und rechtsvergleichende Grundlagen

§ 1 Einleitung in die Thematik und Gang der Untersuchung

A. Gesellschaftlicher Wandel seit Inkrafttreten des Bürgerlichen Gesetzbuchs

Die Fortschritte der Medizin und Psychiatrie, die Verbesserung der Lebensverhältnisse sowie die Entwicklung der Gesellschaft seit Beginn des 20. Jahrhunderts führen zu verschiedenen Folgen, die für die Väter des Bürgerlichen Gesetzbuchs[1] nicht absehbar waren. Während die Lebenserwartung um 1900 für Männer ca. 41 Jahre und für Frauen etwa 44 Jahre betrug,[2] liegt sie für 2013 in Deutschland Geborene mit durchschnittlich 81 Jahren[3] fast doppelt so hoch. Gleichzeitig führt der seit 1900 anhaltende Geburtenrückgang[4] und die langfris-

1 Bürgerliches Gesetzbuch v. 18. August 1896 (RGBl. S. 195) m. W. v. 1. Januar 1900 i. d. F. der Bekanntmachung v. 2. Januar 2002 (BGBl. I S. 42, ber. S. 2909, ber. 2003 I S. 730); im Folgenden „BGB".

2 Deutsches Zentrum für Altersfragen, S. 14; *Hansen*, S. 8.

3 Pressemitteilung des Statistischen Bundesamtes (Destatis) Nr. 072/16 v. 4. März 2016.

4 Während eine Frau um 1900 durchschnittlich 4,4 Kinder zur Welt brachte, *Schäfers*, S. 99, stagnierte die Geburtenrate seit Jahrzehnten bei ca. 1,4 Kindern je Frau, Statistisches Bundesamt, Bevölkerung im Wandel, S. 29.

tig niedrige Geburtenrate[5] zu einer Bevölkerungsalterung, die insbesondere in der Zahl der Hochbetagten Niederschlag findet. Bereits in 40 Jahren werden 9–13 % der deutschen Gesamtbevölkerung 80 Jahre und älter sein und die Zahl der altersbedingten geistigen Erkrankungen entsprechend ansteigen.[6] 2013 betrug der Bevölkerungsanteil der über 80-Jährigen demgegenüber etwa 5,4 %.[7] Die u. a. rechtlichen Herausforderungen, die mit dem Wachstum dieser Bevölkerungsgruppe, der sich fast jeder über kurz oder lang zugesellen wird, einhergehen, gilt es zu bewältigen.[8] Sowohl in Bezug auf alte Menschen als auch gegenüber psychisch Kranken und geistig Behinderten hat sich seit dem Jahr 1900 zudem ein gesellschaftlicher Wandel vollzogen, der bis heute andauert. Stigmatisierung und Paternalismus wurden in Anbetracht der allmählichen Anerkennung des Selbstbestimmungsrechts der Betroffenen zurückgedrängt.[9] Ein ausgewogenes Verhältnis zwischen Gleichheit und Autonomie einerseits und Schutz der bzw. Fürsorge für die (nicht nur) geistig Beeinträchtigten andererseits wird angestrebt und in verschiedenen Lebensbereichen umgesetzt. Dabei spielt auch die medizinische Versorgung eine wesentliche Rolle, mit deren Hilfe psychische Krankheiten in gewissen Grenzen eingedämmt bzw. kontrolliert und Rückgänge des Geistes zum Teil verzögert werden können.

5 Trotz des zu beobachtenden allmählichen Anstiegs der Geburtenrate auf 1,5 Kinder pro Frau (bei deutschen Frauen), Statistisches Bundesamt, Bevölkerung im Wandel, S. 31, ist eine Kinderzahl von bestenfalls 1,7 je Frau nur zu realisieren, wenn sich das Geburtenverhalten gravierend ändern würde, Statistisches Bundesamt, Bevölkerung im Wandel, S. 35. Langfristig wird das Reproduktionsniveau von 2,1 Kindern pro Frau also nicht erreicht.

6 Statistisches Bundesamt, Bevölkerung im Wandel, S. 26; die Deutsche Alzheimer Gesellschaft rechnet für das Jahr 2050 mit über zwei Millionen Alzheimer-Patienten, wenn kein Heilmittel gefunden wird, Schmoeckel/*Schmoeckel*, S. 13, und *Klockgether*, S. 25.

7 Statistisches Bundesamt, Bevölkerung Deutschlands bis 2060, S. 6.

8 *Coester* M., Jura 1991, 1, 3, spricht von einem „Altenberg".

9 Coester-Waltjen/Lipp/Schumann/Veit/*Schmahl*, S. 12, und *Ganner*, S. 42.

All diese Entwicklungen führen zu der Frage, ob die seit 1900 sowohl redaktionell als auch dem Verständnis nach größtenteils unverändert gebliebenen Vorschriften des Allgemeinen Teils des BGB noch den zwischenzeitlich veränderten Gegebenheiten und Bedürfnissen der Gesellschaft entsprechen. Im Zusammenhang mit den Personengruppen der aufgrund Behinderung oder Alters geistig Beeinträchtigten sowie der psychisch Kranken ist dabei insbesondere die Anwendung der Regelungen zur Geschäftsunfähigkeit in §§ 104 Nr. 2, 105 Abs. 1 BGB kritisch zu hinterfragen. Um den Blick für alternative Lösungsmöglichkeiten zu öffnen, bietet sich hierfür eine rechtsvergleichende Herangehensweise an.

B. Gang der Untersuchung

Im Folgenden wird daher nach einer kurzen Darlegung der rechtsvergleichenden Hintergründe zunächst die Geschäftsunfähigkeit Erwachsener in der Schweiz vorgestellt, wobei sich der Länderbericht um eine neutrale, wertungs- und kritikfreie Darstellung des fremden Rechts bemüht.[10] Das 3. Kapitel wird sodann die Geschäftsunfähigkeit Erwachsener in Deutschland behandeln und vergleichende Zwischenergebnisse zur schweizerischen Rechtslage enthalten. Die Arbeit mündet in einer rechtsvergleichenden Schlussbetrachtung mit Anregungen zur Fortentwicklung des Verständnisses vom deutschen Institut der Geschäfts(un)fähigkeit.

---

10 Vgl. *Zweigert/Kötz*, § 3 V, S. 42.

§2 Hintergrund zur rechtsvergleichenden Betrachtung

A. Begriff und Aufgaben der Rechtsvergleichung

Rechtsvergleichung ist, wie der Terminus bereits nahelegt, die komparative wissenschaftliche Begutachtung zweier oder mehrerer Rechtsordnungen.[11] Zu der reinen Ermittlung und Beschreibung fremden Rechts (sog. Auslandsrechtskunde)[12] als Vorstufe muss also ein vergleichendes Element hinzukommen.[13] Erst der Vergleich der unterschiedlichen, erprobten Lösungswege führt zu Erkenntnisgewinn – der primären Funktion der Rechtsvergleichung.[14] Der Blick über den nationalen Tellerrand des Rechts hinaus schult die objektiv-kritische Auseinandersetzung mit dem Heimatrecht und kann z. B. aufzeigen, inwiefern und weshalb nationale Rechtsinstitute nicht mehr dem Zeitgeist entsprechen und auf welche Weise andere Rechte das damit verbundene Problem zweckmäßiger und einfacher regeln.[15] Der wissenschaftliche Vergleich mit ausländischen Modellen und die rechtspolitische Verwertung der dabei gewonnenen Erkenntnisse können demnach einen wesentlichen Beitrag zu einem weiteren Zweck der Rechtsvergleichung leisten, nämlich der Kontrolle, Fortentwicklung und Verbesserung des eigenen Rechts.[16] Schließlich dient die Rechtsvergleichung u. a. regelmäßig auch der Vorbereitung und Förderung der internationalen bzw. europäischen Rechtsvereinheitlichung (oder zumindest -harmonisierung), und damit der Erleich-

11 *Koch/Magnus/Winkler v. Mohrenfels*, § 13, S. 277, Rn. 3; *Zweigert/Kötz*, § 1 I, S. 2; *Rainer*, § 1, S. 20.

12 *v. Bar/Mankowski*, § 2, Rn. 95; *Junker*, § 3, S. 36, Rn. 31. Trotz des fehlenden Vergleichsmoments spricht *Zweigert/Kötz*, § 1 III, S. 6 in diesem Zusammenhang von „deskriptiver Rechtsvergleichung".

13 *v. Hoffmann/Thorn*, § 1, S. 22 f., Rn. 95–97; Zweigert/Puttfarken/*Radbruch*, S. 52.

14 *Sacco/Rossi*, § 1, S. 21, Rn. 59 f.; Zweigert/Puttfarken/*Kohler*, S. 28.

15 David/Grasmann/*Neumayer*, S. 36; Zweigert/Puttfarken/*Zitelmann*, S. 14.

16 *Schnitzer*, S. 106 f.; *Rauscher*, § 1 G, S. 37, Rn. 141; *Lipp*, § 8, S. 222; Zweigert/Puttfarken/*Rabel*, S. 93 f.; *Mansel*, JZ 1991, 529 f.

terung des internationalen Rechtsverkehrs sowie der Erhöhung der Rechtssicherheit.[17] Auch wenn die Herbeiführung einer europäischen Rechtseinheit durch Ausarbeitung eines einheitlichen Europäischen Zivilgesetzbuches noch in entfernter (und ungewisser) Zukunft liegt, konnten bisher aufgrund vorbereitender, rechtsvergleichender Untersuchungen punktuelle Einzelfragen auf europäischer[18] und auch internationaler[19] Ebene einheitlich geregelt werden.

Anlass für die vorliegende rechtsvergleichende Untersuchung ist – wie so häufig[20] – eine als unzulänglich empfundene Lösung in der eigenen Rechtsordnung: So erscheint das Institut der Geschäfts(un)fähigkeit von Volljährigen in Deutschland sehr starr und wenig flexibel ausgestaltet. Steht die Geschäftsunfähigkeit eines Erwachsenen fest, kann dieser selbst – von den Fällen der fingierten Wirksamkeit in § 105a BGB einmal abgesehen – kein Rechtsgeschäft wirksam tätigen.[21] Umgekehrt kann ein geistig beeinträchtigter, z. B. das Down-Syndrom aufweisender Volljähriger, der als geschäftsfähig angesehen wird, im Grundsatz jedes noch so kompliziert ausgestaltete Rechtsgeschäft wirksam vornehmen. Liegen keine anderen Nichtigkeits- oder Unwirksamkeitsgründe vor, kann der Handelnde lediglich über die Regeln der Sittenwidrigkeit geschützt werden, die jedoch nur in Extremfällen zur Nichtigkeit des Rechtsgeschäfts führen.[22] Eine Differen-

17 MüKo/*v. Hein*, Einleitung zum Internationalen Privatrecht, Rn. 321; *Kischel*, § 2, S. 68 f., Rn. 41 ff.; *Zajtay*, S. 56; *Schmitthoff*, JZ 1978, 495, 497.

18 Hauptinstrumente der europäischen Rechtsvereinheitlichung bzw. -angleichung sind die unmittelbar wirkende Verordnung sowie die von den Mitgliedstaaten umzusetzende Richtlinie, vgl. z. B. für das Kollisionsrecht: Rom-Verordnungen I–IV; im Bereich des Schuldrechts: die Richtlinien über Haustürgeschäfte, Verbraucherkredite, Pauschalreisen, Verbrauchsgüterkauf.

19 Vgl. z. B. das Wiener Übereinkommen über internationale Kaufverträge v. 1980 (CISG/UN-Kaufrecht); hierzu auch *Kischel*, § 2, S. 69 f., Rn. 45 f.

20 *Zweigert/Kötz*, § 3 II, S. 33.

21 BGHZ 107, 268, 270; Palandt/*Ellenberger*, Überbl v § 104, Rn. 27; *Boecken*, S. 114, Rn. 213; *Hirsch*, § 1, S. 36 f., Rn. 11.

22 *Spickhoff*, AcP 208 (2008), 345, 381; NK/*Baldus*, § 104, Rn. 35, 41; hierzu auch *Roth*, AcP 208 (2008), 451, 472 f.

zierung der Geschäftsfähigkeit anhand der Komplexität und Schwierigkeit des konkreten Rechtsgeschäfts (sog. relative Geschäfts(un) fähigkeit) wird in der deutschen Rechtsprechung[23] und mehrheitlich auch in der Literatur[24] abgelehnt. Bezugspunkt für die Beurteilung der Geschäftsunfähigkeit eines Volljährigen ist also ausschließlich die Person des Handelnden, während das jeweilige Rechtsgeschäft völlig außer Betracht bleibt.[25] Diese in Deutschland vorherrschende Konzeption der Rechtsgeschäftsfähigkeit erscheint realitätsfern und vor dem Hintergrund der rechtspolitischen Bestrebungen, die individuelle Selbstbestimmung geistig beeinträchtigter Erwachsener so weit wie möglich zu bewahren und nur so weit als nötig einzuschränken,[26] fragwürdig. Es ist daher zu untersuchen, ob andere Rechtssysteme das Problem geschickter gelöst haben und ob dies in der Bundesrepublik ebenfalls umsetzbar wäre. Die vorliegende rechtsvergleichende Arbeit verfolgt daher neben dem Erkenntnisgewinn vorwiegend den Zweck der Fortentwicklung und Verbesserung des eigenen Rechts.

---

23 BGH NJW 1953, 1342; BGH NJW 1961, 261; BGH NJW 1970, 1680, 1681; BayObLG NJW 1989, 1678, 1679; a. A.: RG JW 1938, 1590, 1591; OLG Köln NJW 1960, 1389.

24 RGRK/*Krüger-Nieland*, § 104, Rn. 19; NK/*Baldus*, § 104, Rn. 29; Bamberger/Roth/*Wendtland*, § 104, Rn. 10; Soergel/*Hefermehl*, § 104, Rn. 7; *Czeguhn*, S. 31, Rn. 28; *Faust*, § 18, S. 169, Rn. 49; *Wertenbruch*, § 17, S. 242, Rn. 6; *Brehm*, § 9, S. 169, Rn. 276; *Musielak/Hau*, § 5, S. 116, Rn. 324; *Roth*, AcP 208 (2008), 451, 470 f. Für eine relative Geschäfts(un)fähigkeit hingegen Soergel/*Zimmermann*, § 1896, Rn. 25; MüKo/*Spickhoff*, § 104, Rn. 23 ff.; *Flume*, § 13/5, S. 186 ff.; *Schellhammer*, S. 1164 f., Rn. 2305; *Leipold*, § 11, S. 136, Rn. 17; Kröber/Dölling/Leygraf/Saß/*Kern*, S. 4; *Gebauer*, AcP 153 (1954), 332, 361; *Holzhauer*, Gutachten 57. DJT 1988 I, B 113; *Cypionka*, DNotZ 1991, 571, 576; *Neuhausen*, RNotZ 2003, 158, 161 f.; *Spickhoff*, AcP 208 (2008), 381 ff.; nicht abgeneigt scheint auch *Schwab*, ZBJV 2006, 561, 565.

25 *Lipp*, § 4, S. 68; *Gebauer*, AcP 153 (1954), 332, 351.

26 *Spickhoff*, AcP 208 (2008), 345, 355.

B. Methode der privatrechtlichen Rechtsvergleichung

Eine allgemein gültige, feststehende Methode der privatrechtlichen Rechtsvergleichung, wie es beispielsweise bei der Auslegung von Normen der Fall ist, existiert bislang nicht. Sie richtet sich vielmehr nach dem individuellen Gegenstand der Untersuchung. Im Laufe der Zeit haben sich jedoch einige Vorgehensweisen rechtsvergleichenden Arbeitens als empfehlenswerte Hilfestellung erwiesen:[27]

I. Mikrovergleich versus Makrovergleich

Eine Differenzierung nach dem Gegenstand der Untersuchung führt dazu, dass der Vergleich mehrerer Rechtsordnungen auf zwei Weisen erfolgen kann:

Zum einen kann sich die Untersuchung konkreten Rechtsinstituten, speziellen Einzelproblemen oder gewissen Interessenkonflikten zuwenden und analysieren, wie diese in den verschiedenen nationalen Rechtssystemen behandelt und gelöst werden.[28] Diese Art der Rechtsvergleichung wird als Mikrovergleichung bezeichnet.[29] Der konkrete Gegenstand der Untersuchung darf dabei jedoch nicht als isolierte Gegebenheit verstanden werden, sondern muss stets als Teil der jeweiligen Rechtsordnung im Gesamtgefüge der Normen und vor dem jeweiligen kulturellen und soziologischen Hintergrund betrachtet werden.[30] Auf der anderen Seite können einzelne Rechtsordnungen oder sogar Rechtskreise im Ganzen – quasi aus der Vogelperspektive – einander hinsichtlich ihrer strukturellen Grundzüge, systematischen Zusammenhänge, stilprägenden Faktoren sowie den juristischen Denk- und Verfahrensweisen vergleichend gegenübergestellt

27 *Koch/Magnus/Winkler v. Mohrenfels*, § 13, S. 280, Rn. 9; *Ebert*, § 47, S. 141.
28 Zweigert/Puttfarken/*Zweigert/Puttfarken*, S. 401.
29 *Rauscher*, § 1 G, S. 37, Rn. 141; Drobnig/Rehbinder/*Zweigert*, S. 155.
30 Zweigert/Puttfarken/*Rabel*, S. 88 f.; *Rheinstein*, § 4, S. 32; *Bartels*, § 5, S. 129.

werden.[31] Anders als bei der Mikrovergleichung geht es im Rahmen der sog. Makrovergleichung[32] nicht um konkrete Sachprobleme und den Umgang der einzelnen Nationen damit, sondern um die Herausarbeitung der Gemeinsamkeiten und Unterschiede in Bezug auf allgemeine Rechtsmethoden, wie beispielsweise die Gesetzgebungstechniken, die Methoden der Gesetzesauslegung oder die Kodifikationsstile.[33] Die Grenzen dieser beiden rechtsvergleichenden Vorgehensweisen sind fließend und nicht eindeutig trennbar.[34] So können die rechtlichen Auswirkungen eines Einzelproblems oft nur umfassend herausgearbeitet werden, wenn ein Wechsel des Beobachtungsstandpunkts von der Mikro- zur Makroebene erfolgt und die charakteristischen Grundstrukturen sowie Verfahrensweisen der jeweiligen Rechtsordnung beleuchtet und berücksichtigt werden.[35] In einer rechtsvergleichenden Analyse ist daher zumeist auf beide Methoden zurückzugreifen.

Die vorliegende Arbeit befasst sich mit der Geschäfts(un)fähigkeit geistig beeinträchtigter Erwachsener in Deutschland und zieht einen Vergleich zu der schweizerischen Rechtslage. Ausgangspunkt der Untersuchung ist somit ein mikrovergleichender Ansatz, der sich zunächst auf den Schutz geschäftsunfähiger Volljähriger und das damit verbundene Spannungsverhältnis zu den Interessen des Rechtsverkehrs beschränkt. Ein Rückgriff auf die makrovergleichende Vorgehensweise ist jedoch insofern unumgänglich, als die Unterschiede, die sich bei der Behandlung dieses Rechtsinstituts im deutschen und im schweizerischen Recht herauskristallisieren werden, nur nachvollziehbar sind, wenn die juristischen Grundvorstellungen der jeweiligen Rechtsordnungen berücksichtigt werden.

---

31 *Junker*, § 3, S. 36, Rn. 32; *Constantinesco*, Rechtsvergleichung I, S. 259.

32 *Koch/Magnus/Winkler v. Mohrenfels*, § 13, S. 280, Rn. 10; *Junker*, § 3, S. 36, Rn. 32.

33 *Zweigert/Kötz*, § 1 II, S. 4; *Ebert*, § 2, S. 23.

34 *Zweigert/Kötz*, § 1 II, S. 5; Leser/*Rheinstein*, S. 245.

35 *Constantinesco*, Rechtsvergleichung I, 258 f.; *Zweigert/Kötz*, § 1 II, S. 5.

II. Funktionale Rechtsvergleichung

Ausgangspunkt einer rechtsvergleichenden Analyse mit mikrovergleichendem Ansatz ist also eine konkrete Fragestellung, die es aus Sicht der unterschiedlichen Rechtsordnungen zu beleuchten und zu vergleichen gilt. Dabei ist zu bedenken, dass *„man Unvergleichbares nicht sinnvoll vergleichen kann, und im Recht nur vergleichbar ist, was dieselbe Aufgabe, dieselbe Funktion erfüllt"*, wie es *Zweigert/Kötz*[36] einprägsam formuliert. Die Arbeitshypothese der komparativen Arbeit ist daher nach dem der gesamten Rechtsvergleichung zugrundeliegenden Prinzip der Funktionalität zu formulieren.[37] Das bedeutet, dass die Ausgangsfrage der Untersuchung frei von der Dogmatik, Systematik und Terminologie des eigenen, vertrauten Rechts aufzuwerfen ist.[38] Die Brille der eigenen Rechtsordnung, die dem Juristen durch mehrjährige Ausbildung aufgesetzt wurde, muss bewusst abgelegt werden. Losgelöst von den Systembegriffen des Heimatrechts hat der Verfasser einer rechtsvergleichenden Arbeit vielmehr ein konkretes Sachproblem aufzuzeigen, das sich in jeder sozialen Gesellschaft stellt und das als gemeinsame Vergleichsgrundlage herangezogen werden kann.[39] In die Darstellung der verschiedenen Lösungswege der einzelnen Rechtsordnungen sind dann alle Instrumente einzubeziehen, die funktional zur Regelung des sozialen Problems beitragen bzw. beitragen sollen.[40] Dabei ist als Quelle das tatsächlich gelebte Recht (*law in action*)[41] heranzuziehen wie es in der nationalen Rechtswirklich-

36 § 3 II, S. 33.

37 *Zweigert/Kötz*, § 3 II, S. 33; *Ebert*, § 48, S. 147; *Bartels*, § 3, S. 66; zu der Kritik an und den Alternativen zu funktionaler Rechtsvergleichung *Kischel*, § 3, S. 95 ff., Rn. 6 ff.

38 *Zweigert/Kötz*, § 3 II, S. 33 f.; *Ebert*, § 4, S. 29; *Glendon/Carozza/Picker*, p. 12.

39 *Jayme*, S. 13; *Constantinesco*, Rechtsvergleichung II, S. 90 (Fn. 256).

40 *Koch/Magnus/Winkler v. Mohrenfels*, § 13, S. 280, Rn. 11; *Rheinstein*, § 4, S. 33; *Ebert*, § 4, S. 29.

41 Im Gegensatz hierzu steht das sog. *law in the books*, das als überpositives Idealrecht oder gar totes Recht lediglich den Soll-Zustand repräsentiert, vgl. *Ebert*, § 2, S. 22.

keit angewendet und praktiziert wird.[42] Dieses speist sich aus Normen, gerichtlichen und behördlichen Entscheidungen, Gewohnheitsrecht, Rechtspraxis, Verkehrssitten u. v. m.[43]

Vor diesem Hintergrund des Prinzips der funktionalen Rechtsvergleichung ist zunächst der gesellschaftliche Interessenkonflikt herauszuarbeiten, der in Deutschland mithilfe des Rechtsinstituts der Handlungs(un)fähigkeit Erwachsener im rechtgeschäftlichen Bereich zu lösen versucht wird. Im Kern geht es einerseits um die Reichweite und Grenzen der rechtsgeschäftlichen Autonomie von Volljährigen, die aufgrund einer psychischen Krankheit oder geistigen Behinderung geistig oder seelisch beeinträchtigt sind, und andererseits um das Interesse des redlichen Geschäftsverkehrs an Verkehrs- und Rechtssicherheit. Wie begegnen die deutsche und die schweizerische Rechtsordnung der Tatsache, dass Erwachsene mit einer geistigen Störung „einfache" Rechtsgeschäfte durchaus verstehen können, bei „schwierigen" Geschäften aufgrund dieser Beeinträchtigung jedoch völlig überfordert sind? Wie schützen die Rechtssysteme diese Personengruppe auf der einen Seite und wie reagieren sie auf der anderen Seite, um die Autonomie dieser Personen im rechtsgeschäftlichen Bereich so weit wie möglich zu erhalten? Dies führt auch zu der weiteren Frage, wie flexibel das jeweilige Recht auf die Wirklichkeit reagieren kann, insofern als viele Krankheiten, die zu geistigen Beeinträchtigungen bei Erwachsenen führen – z. B. Demenz –, einen schleichenden bzw. schubweisen Verlauf haben bzw. insofern als viele geistige Behinderungen – wie z. B. Trisomie 21 – individuell äußerst unterschiedlich ausgeprägt sind. Der soziale Konflikt, der sich in diesem Zusammenhang in jeder Rechtsordnung stellt, besteht in dem Spannungsverhältnis zwischen rechtsgeschäftlicher Heteronomie und Autonomie geistig beeinträchtigter Erwachsener sowie dem Interesse des Geschäftsverkehrs.[44]

42 Drobnig/Rehbinder/*Rehbinder*, S. 58.

43 *Ebert*, § 2, S. 22; *Bartels*, § 5, S. 132.

44 Hierzu für das deutsche Recht *Spickhoff*, AcP 208 (2008), 345, 346 ff.

C. Auswahl der zu vergleichenden Rechtsordnungen

Schließlich sind die in den Vergleichsprozess einzubeziehenden Rechtsordnungen auszuwählen. Dabei ist es ratsam, sich auf einen begrenzten Kreis von Rechtsordnungen zu konzentrieren und in diese im Rahmen der Forschungsarbeit möglichst intensiv einzudringen.[45]

Wie sich noch herausstellen wird, weichen die Grundvorstellungen zur rechtsgeschäftlichen Handlungs(un)fähigkeit geistig beeinträchtigter Volljähriger im deutschen Rechtskreis trotz der zahlreichen Parallelen in erheblichem Maße voneinander ab. Aus diesem Grund wird die vorliegende Arbeit ausschließlich den Kernbereich der deutschen Rechtsfamilie behandeln, zu dem neben dem deutschen auch das schweizerische Recht zählt.[46] Auf die Darstellung des österreichischen Rechts wird hingegen verzichtet, da es neben dem Schweizer Recht nur einen geringen Erkenntnisgewinn bringt, dessen Ertrag in keinem angemessenen Verhältnis zum Aufwand der empirischen Erfassung des Materials steht.[47] So stellt auch *Zweigert/Kötz*[48] eine Faustregel auf, wonach sich der Rechtsvergleich bei den klassischen Problemen des Zivil- und Vertragsrechts, wozu die Handlungsfähigkeit von Erwachsenen im rechtsgeschäftlichen Bereich zu zählen ist, im deutschen Rechtskreis auf Deutschland und die Schweiz beschränken kann.

---

45 *Rheinstein*, § 10, S. 82.

46 *Koch/Magnus/Winkler v. Mohrenfels*, § 14, S. 290, Rn. 1; *Ebert*, §§ 17–21, S. 57 ff.; *Rheinstein*, § 10, S. 79.

47 *Ebert*, § 47, S. 143.

48 § 3 IV, S. 41.

Kapitel 2: Die Geschäfts(un)fähigkeit Erwachsener in der Schweiz

§ 1 Grundlagen

A. Terminologie: Geschäftsfähigkeit und Urteilsfähigkeit

Das Schweizerische Zivilgesetzbuch vom 1. Januar 1912[49] kennt den Begriff der Geschäftsfähigkeit nicht.[50] Art. 12 ZGB definiert vielmehr positiv die Handlungsfähigkeit als die Fähigkeit, durch eigene Handlungen Rechte und Pflichten zu begründen. Diese besitzt nach Art. 13, 17 ZGB nur, wer volljährig[51] i. S. d. Art. 14 ZGB und urteilsfähig ist sowie nicht unter umfassender Beistandschaft gem. Art. 398 ZGB steht. Nach dem Gesetz ist jede Person urteilsfähig im Sinne des ZGB, der nicht wegen eines in Art. 16 ZGB aufgezählten Zustands die Fähigkeit mangelt, vernunftgemäß zu handeln. Diese Regelungstechnik der doppelten Negation verdeutlicht, dass im Normalfall von der Urteilsfähigkeit

49 Schweizerisches Zivilgesetzbuch v. 10. Januar 1907 (SR 210) m. W. v. 1. Januar 1912; im Folgenden „ZGB".

50 *Brandt*, S. 24; *Lutz*, § 1, S. 13 f.; *Wittibschlager*, § 8, S. 47, Rn. 128.

51 Bis zum 31. Dezember 2012 „mündig".

eines Menschen auszugehen ist.[52] Derjenige, der sich auf Urteilsunfähigkeit beruft, hat daher die Voraussetzungen hierfür zu beweisen.[53]

Der Terminus der Geschäfts- oder Vertragsfähigkeit wird im eidgenössischen Zivilgesetz zwar nicht verwendet, gleichwohl ist diese Fähigkeit, durch eigenes rechtsgeschäftliches Handeln Rechte und Pflichten zu begründen,[54] als Unterart der allgemeinen Handlungsfähigkeit zu qualifizieren (sog. Handlungsfähigkeit i. e. S.)[55].[56] Das Institut der Geschäftsfähigkeit wird in der Schweiz und in Deutschland als Fähigkeit zu selbständiger und eigenverantwortlicher Teilnahme am Rechtsgeschäftsverkehr verstanden. Aufgrund dessen, dass bei der Behandlung der Geschäfts(un)fähigkeit Erwachsener die Volljährigkeit des Handelnden stets gegeben ist, bildet in diesem Zusammenhang die schweizerische Regelung zur Urteilsfähigkeit in Art. 16 ZGB in ihrer rechtsgeschäftlichen Dimension das funktionale Pendant zur deutschen Vorschrift über die Geschäftsunfähigkeit in § 104 Nr. 2 BGB[57].[58]

---

52 BGE 124 III 5, 8; BGer 5C.32/2004 E. 3.3.1; BeK/*Bucher E./Aebi-Müller*, Art. 16 N 11 und N 48; *Hausheer/Aebi-Müller*, § 6, S. 45, Rn. 06.19; *Guldener*, S. 39.

53 BGE 45 II 43, 48; BGE 117 II 231, 234; OFK/*Petermann*, Art 16 N 14; *Hürlimann-Kaup/Schmid*, § 15, S. 164, Rn. 595; *Binder*, S. 21 f.; *Petermann*, S. 11, Rn. 27.

54 OFK/*Schwander*, Art. 12 N 2; KK/*Hotz*, Art. 12 N 4; *Petermann*, S. 13, Rn. 36; *Binder*, S. 1; *Riemer*, § 3, S. 65, Rn. 68; Wolf/*Wolf/Setz*, S. 33.

55 BaK/*Fankhauser*, Art. 12 N 30; *Pedrazzini/Oberholzer*, S. 57; *Wittibschlager*, § 8, S. 47 f., Rn. 128; nach BeK/*Bucher E.*, 1976, Art. 19 N 363 wird „der Begriff der Handlungsfähigkeit nicht [...] konsequent als Oberbegriff der Geschäftsfähigkeit einerseits, der Deliktsfähigkeit andererseits verwendet, sondern meist einengend i. S. d. Geschäftsfähigkeit verstanden".

56 ZK/*Egger*, Art. 12 N 4; Tuor/Schnyder/*Schmid*, § 9, Rn. 17; SPR/Gutzwiller/*Grossen*, § 32, S. 312; *Binder*, S. 1; *Bucher A.*, § 3, S. 8, Rn. 40.

57 § 104 Nr. 2 BGB lautet: Geschäftsunfähig ist, wer sich in einem die freie Willensbestimmung ausschließenden Zustand krankhafter Störung der Geistestätigkeit befindet, sofern nicht der Zustand seiner Natur nach ein vorübergehender ist.

58 KK/*Hotz*, Art. 12 N 4; *Petermann*, S. 13, Rn. 38, S. 22, Rn. 70.

B. Hintergrund, verfassungsrechtlicher Rahmen und Zweck der Urteilsunfähigkeitsregelung

I. Hintergrund

Die Urteilsfähigkeit ist eine Selbstbestimmungsfähigkeit, die in Bezug auf ihren rechtsgeschäftlichen Regelungsgehalt eng mit dem Prinzip der Privatautonomie verknüpft ist.[59] Die Vorstellung, dass jeder seine privatrechtlichen Verhältnisse im Rahmen gewisser Schranken selbstbestimmt in eigener Verantwortung gestalten und Rechtsgeschäfte nach eigenem Willen vornehmen kann, ist auch in der Schweiz das Fundament der gesamten Zivilrechtsordnung.[60] Im Zentrum der Privatautonomie steht dabei neben der Testierfreiheit[61] vor allem die Vertragsfreiheit[62] mit ihren Spezialformen der Assoziations-[63] und Eigentumsfreiheit[64].

Kehrseite dieser Freiheit zur rechtsgeschäftlichen Selbstbestimmung ist das damit einhergehende Einstehen des Handelnden für die rechtlichen Folgen seiner Beteiligung im Geschäftsverkehr. Geht jemand eine vertragliche Vereinbarung ein, so ist er hierdurch grundsätzlich gebunden und gegenüber seinem Vertragspartner zur Erfüllung des

59 *Hofer/Hrubesch-Millauer*, § 10, S. 190, Rn. 10.05.

60 BaK-OR/*Wiegand*, Art. 18 N 1; SPR/*Merz*, § 3, S. 33; CHK/*Kut*, Art. 19–20 OR N 1; *Pedrazzini/Oberholzer*, S. 118; *Hürlimann-Kaup/Schmid*, § 3, S. 14, Rn. 53.

61 BeK/*Kramer*, Art. 19–20 OR N 20; Böhringer/*Müller/Münch/Waltenspühl*, § 1, S. 1, Rn. 1.3; *Pedrazzini/Oberholzer*, S. 119; *Schwenzer*, S. 176, Rn. 25.02.

62 BGE 129 III 276, 281; CHK/*Kut*, Art. 19–20 OR N 1; KK-OR/*Herzog*, Art. 19 N 1; Hürl*imann-Kaup/Schmid*, § 3, S. 14, Rn. 54; *Arnet*, S. 130 f., Rn. 173.

63 BeK/*Kramer*, Art. 19–20 OR N 20; *Schwenzer*, S. 176, Rn. 25.02.

64 BaK-OR/*Huguenin/Meise*, Art. 19/20 N 2; *Schwenzer*, S. 176, Rn. 25.02; *Böhringer/Müller/Münch/Waltenspühl*, § 1, S. 1, Rn. 1.3; in der Schweiz gilt das sog. Kausalprinzip, wonach die Verfügung über das Eigentum wirksam wird, wenn der zugrundeliegende Vertrag wirksam ist, vgl. BaK-OR/*Zellweger-Gutknecht/Bucher*, Vor Art. 1–40 N 22a.

Vertrags verpflichtet.[65] Wie in allen modernen, freiheitlichen Rechtsordnungen gilt aber auch hier der Grundsatz, dass menschliches Verhalten nur rechtliche Bindungswirkung erzielen und zu Rechtsfolgen führen kann, wenn der Handelnde weiß, was er macht und dies auch will, also wenn er zu selbstverantwortlichem Handeln in der Lage ist.[66] Die rechtsgeschäftliche Urteilsfähigkeit ist daher Grundvoraussetzung für die selbständige Teilnahme am Geschäftsverkehr.[67]

II. Verfassungsrechtlicher Rahmen

In der Bundesverfassung[68] ist das Prinzip der rechtsgeschäftlichen Privatautonomie in den Grundrechten der Assoziationsfreiheit (Art. 23 BV), der Wirtschaftsfreiheit (Art. 27 BV), der Ehefreiheit (Art. 14 BV), der Freiheit des Eigentums (Art. 26 Abs. 1 BV), der Rechtsgleichheit (Art. 8 BV),[69] des Rechts auf persönliche Freiheit (Art. 10 Abs. 2 BV)[70] sowie der Menschenwürde (Art. 7 BV) enthalten. Mittel zur Verwirklichung dieser Grundfreiheiten ist in der schweizerischen Rechtsordnung, der das Abstraktionsprinzip fremd ist,[71] regelmäßig der Vertrag. Die Vertragsfreiheit ist daher ein Teilaspekt des jeweiligen Freiheitsrechts und tragender Pfeiler für die Wahrnehmung der privatrechtlichen Grundfreiheiten.[72] Deren klassische Funktion als Abwehrrechte gegen den Staat wird durch Art. 35 Abs. 1 BV ergänzt,

---

65 *Hürlimann-Kaup/Schmid*, § 3, S. 16, Rn. 67; *Petermann*, S. 11, Rn. 30; *Böhringer/Müller/Münch/Waltenspühl*, § 1, S. 1, Rn. 1.2.

66 BeK/*Bucher* E./*Aebi-Müller*, Art. 16 N 1; SPR/Gutzwiller/*Grossen*, § 32, S. 314; *Pedrazzini/Oberholzer*, S. 59; *Deschenaux/Steinauer*, § 4, S. 22, Rn. 69; *Widmer Blum*, § 1, S. 15.

67 CHK/*Breitschmid*, Art. 18 N 1; OFK/*Petermann*, Art. 18 N 1 f.

68 Bundesverfassung der Schweizerischen Eidgenossenschaft v. 18. April 1999 (SR 101) m. W. v. 1. Januar 2000; im Folgenden „BV".

69 Siehe hierzu *Bucher A.*, § 2, S. 6, Rn. 24.

70 *Widmer Blum*, § 1, S. 12 f.

71 BaK-OR/*Zellweger-Gutknecht/Bucher*, Vor Art. 1–40 N 22a.

72 BGE 129 III 276, 281; *Arnet*, S. 121 f., Rn. 158.

der den Grundrechten gleichzeitig eine konstitutiv-institutionelle Wirkung zuweist, die den Staat zum Schutz der darin berührten Güter verpflichtet.[73] Die Rechtsordnung hat daher Personen, die nicht in der Lage sind, privatautonom zu handeln, zu schützen.[74]

Neben den nationalen verfassungsrechtlichen Vorgaben sind auch diejenigen des Völkerrechts, namentlich der Konvention zum Schutze der Menschenrechte und Grundfreiheiten vom 4. November 1950[75] sowie des Übereinkommens der Vereinten Nationen über die Rechte von Menschen mit Behinderungen vom 13. Dezember 2006[76], zu berücksichtigen. Insbesondere in Art. 12 Abs. 2 BRK erkennen die Vertragsstaaten an, dass Menschen mit Behinderungen in allen Lebensbereichen gleichberechtigt mit anderen Rechts- und Handlungsfähigkeit genießen. Beiden Abkommen kommt in der Schweiz Verfassungsrang zu.[77]

III. Normzweck

Sinn und Zweck der Urteilsfähigkeitsregelung in ihrer rechtsgeschäftlichen Dimension ist es, dem voll Selbstverantwortlichen privatautonomes Handeln zu ermöglichen und seine Freiheit zur rechtlichen Gestaltung seiner Lebensverhältnisse zu gewähren.[78] Gleichzeitig dienen die Vorschriften dem Schutz des Urteilsunfähigen vor den Rechtsfolgen seines Handelns.[79] Gem. Art. 18 ZGB vermag er unter Vorbehalt der gesetzlichen Ausnahmen durch seine Handlungen keine rechtliche Wirkung herbeiführen. Seine Rechtshandlungen sind

73 BGE 126 V 70, 73; *Arnet*, S. 98 ff., Rn. 131 ff.
74 *Hofer/Hrubesch-Millauer*, § 10, S. 190, Rn. 10.05.
75 Im Folgenden „EMRK" für Europäische Menschenrechtskonvention.
76 Im Folgenden „BRK" für Behindertenrechtskonvention.
77 Zur EMRK vgl. BGE 134 III 241, 242; *Widmer Blum*, § 1, S. 9 f.
78 *Hausheer/Aebi-Müller*, § 6, S. 42, Rn. 06.06.
79 BaK/*Fankhauser*, Art. 12 N 7; SPR/Gutzwiller/*Grossen*, § 32, S. 314; *Hausheer/Aebi-Müller*, § 6, S. 42, Rn. 06.06; *Brückner*, S. 79, Rn. 264.

also grundsätzlich nichtig.[80] Die Regelung dient allein dem Schutz des Urteilsunfähigen, weshalb das Vertrauen und der gute Glaube des Vertragspartners oder Dritter an seine Urteilsfähigkeit nachrangig ist und diesbezüglich nicht geschützt wird.[81] Auf die Erkennbarkeit der Urteilsunfähigkeit kommt es dabei nicht an.[82]

C. Abgrenzungen

Zum besseren Verständnis des Begriffs der Urteilsfähigkeit im schweizerischen Recht erfolgt zunächst eine Abgrenzung zu anderen rechtlichen Fähigkeiten.

I. Rechtsfähigkeit, Art. 11 ZGB

Abzugrenzen ist die Urteilsfähigkeit zunächst von der Rechtsfähigkeit. Diese wird in Art. 11 ZGB umschrieben als jeder natürlichen Person unmittelbar und in gleicher Weise zukommende Fähigkeit, Rechte und Pflichten zu haben. Es handelt sich also um die voraussetzungslose[83] Kompetenz eines jeden Menschen, Rechtssubjekt oder -träger zu sein bzw. Rechtspersönlichkeit zu besitzen.[84] Sie ist gem. Art. 27 Abs. 1 ZGB

80 BGE 89 II 387, 389; BGE 117 II 18, 24; BaK/*Fankhauser*, Art. 18 N 6.

81 BGE 89 II 387, 389 f.; Uster Mietgericht SJZ 1994, 290, 292; *Bucher A.*, § 4, S. 18, Rn. 87; *Riemer*, Bundesgerichtspraxis, S. 21; *Hürlimann-Kaup/Schmid*, § 15, S. 170, Rn. 617 f.

82 BGE 55 II 157 f.; Tuor/Schnyder/*Schmid*, § 9, Rn. 27; ZK/*Egger* Art. 18 N 3; *Binder*, S. 48; *Pedrazzini/Oberholzer*, S. 68; *Hofer/Hrubesch-Millauer*, § 10, S. 198, Rn. 10.44; hierzu näher *Jaeger*, S. 55 ff., 61.

83 KK/*Hotz*, Art. 11 N 1; *Hausheer/Aebi-Müller*, § 2, S. 6, Rn. 02.05; *Riemer*, § 2, Rn. 29; *Deschenaux/Steinauer*, § 2, S. 13, Rn. 34.

84 OFK/*Schwander*, Art. 11 N 1; *Hürlimann-Kaup/Schmid*, § 14, S. 158, Rn. 567; *Bucher A.*, § 2, S. 5, Rn. 18.

indisponibel[85] und Voraussetzung für die allgemeine Handlungsfähigkeit nach Art. 12 ZGB.[86] Verfahrensrechtliche Parallele der Rechtsfähigkeit ist im Zivilprozess die Parteifähigkeit, vgl. Art. 66 sZPO[87].

II. Handlungsfähigkeit, Art. 12 ZGB

Laut Art. 13, 17 ZGB ist die Urteilsfähigkeit Voraussetzung für die oben angesprochene allgemeine Handlungsfähigkeit nach Art. 12 ZGB. Dabei handelt es sich um eine natürliche, psychologische Eigenschaft, so dass hier auch von dem subjektiven respektive materiellen Element der Handlungsfähigkeit gesprochen wird.[88] Als objektives bzw. formales Kriterium muss zusätzlich Volljährigkeit (Art. 14 ZGB) des Handelnden hinzukommen und dieser darf nicht unter umfassender Beistandschaft i. S. d. Art. 398 ZGB stehen.[89] Die Urteilsfähigkeit ist unerlässlicher Teil der allgemeinen Handlungsfähigkeit. Während gewisse Rechtshandlungen trotz Minderjährigkeit oder umfassender Beistandschaft nach Art. 19–19d ZGB wirksam sind, werden bei fehlender Urteilsfähigkeit vorbehaltlich der gesetzlichen Ausnahmen gem. Art. 18 ZGB grundsätzlich keine Rechtswirkungen entfaltet. Der

---

85 BGE 50 II 481, 486; ZK/*Egger*, Art. 11 N 6; nach BeK/*Bucher E.*, Art. 27 N 31, ist diese Regelung „in ihrem direkten und wörtlichen Aussagegehalt deklaratorisch, d. h. stellt lediglich ohnehin Geltendes fest und ist insofern entbehrlich, wenn auch unschädlich".

86 KK/*Hotz*, Art. 11 N 2; BeK/*Bucher E./Aebi-Müller*, Art. 12 N 21; *Huber*, S. 51.

87 Schweizerische Zivilprozessordnung v. 19. Dezember 2008 (SR 272) m. W. v. 1. Januar 2011.

88 Botschaft des Bundesrates an die Bundesversammlung, zu einem Gesetzesentwurf enthaltend das Schweizerische Zivilgesetzbuch v. 28. Mai 1904 (BBl. 1904 IV 1 ff.), S. 17; Tuor/Schnyder/*Schmid*, § 9, Rn. 18 f.; *Petermann*, S. 13, Rn. 35; *Widmer Blum*, § 3, S. 38; Wolf/*Wolf/Setz*, S. 36.

89 Botschaft des Bundesrates an die Bundesversammlung, zu einem Gesetzesentwurf enthaltend das Schweizerische Zivilgesetzbuch v. 28. Mai 1904 (BBl. 1904 IV 1 ff.), S. 17; KK/*Hotz*, Art. 13 N 1; *Homberger*, § 11, S. 39; *Binder*, S. 1 f.

Betroffene ist voll handlungsunfähig.[90] Im Zivilverfahren entspricht die Prozessfähigkeit nach Art. 67 Abs. 1 sZPO der Handlungsfähigkeit.

III. Delikts- bzw. zivilrechtliche Verschuldensfähigkeit

Den Hauptanwendungsfall der zivilrechtlichen Verschuldensfähigkeit bildet die Deliktsfähigkeit, d. h. die Fähigkeit einer Person, sich durch eigene unerlaubte Handlungen (vgl. Art. 41 ff. OR[91]) schadensersatzpflichtig zu machen.[92] Auch sie ist – wie die Geschäftsfähigkeit – Teil der allgemeinen Handlungsfähigkeit nach Art. 12 ZGB.[93] Art. 19 Abs. 3 ZGB statuiert eine Schadensersatzpflicht auch für urteilsfähige und handlungsunfähige Personen im Bereich der unerlaubten Handlungen.[94] Gemeint sind urteilsfähige Minderjährige sowie Erwachsene, die unter umfassender Beistandschaft stehen, aber hinsichtlich bestimmter Handlungen als urteilsfähig anzusehen sind.[95] Demnach ist Urteilsfähigkeit die einzige Voraussetzung der zivilrechtlichen Verschuldensfähigkeit.[96]

---

90 ZK/*Egger*, Art. 17 N 1; SPR/Gutzwiller/*Grossen*, § 33, S. 315; *Hausheer/Aebi-Müller*, § 6, S. 45, Rn. 06.17; *Deschenaux/Steinauer*, § 2, S. 20, Rn. 57; *Baumann*, S. 15, Rn. 3.1.9.

91 Bundesgesetz betreffend die Ergänzung des Schweizerischen Zivilgesetzbuches (Fünfter Teil: Obligationenrecht) v. 30. März 2011 (SR 220) m. W. v. 1. Januar 2012.

92 Tuor/Schnyder/*Schmid*, § 9, Rn. 17; OFK/*Schwander*, Art. 12 N 2; *Homberger*, § 11, S. 40; *Riemer*, Bundesgerichtspraxis, S. 29; *Hausheer/Aebi-Müller*, § 6, S. 43, Rn. 06.09.

93 BaK/*Fankhauser*, Art. 12 N 32; ZK/*Egger*, Art. 12 N 4; *Wittibschlager*, § 8, S. 47 f., Rn. 128; *Petermann*, S. 11, Rn. 30.

94 Obwohl der Wortlaut sich nur auf deliktisches Verschulden bezieht, umfasst Art. 19 Abs. 3 ZGB die zivilrechtliche Verschuldensfähigkeit an sich, also die Zurechnung u. a. von außervertraglichem und vertraglichem Verschulden sowie von Mitverschulden des Geschädigten, Tuor/Schnyder/*Schmid*, § 9, Rn. 17; BeK/*Bucher E./Aebi-Müller*, Art. 19–19c N 324, 327 ff.; *Bucher A.*, § 4, S. 23, Rn. 103 ff., S. 33 f., Rn. 158 f.

95 KK/*Hotz*, Art. 19 N 3; OFK/*Petermann*, Art. 19 N 7.

96 BGE 90 II 9, 11 f.; BaK/*Fankhauser*, Art. 19 N 47; *Homberger*, § 11, S. 40; *Pedrazzini/Oberholzer*, S. 80; *Oftinger/Stark*, § 5, S. 220, Rn. 112 bezeichnet „die Urteilsfähigkeit als subjektive Seite des Verschuldens".

Urteilsfähig ist der Schädiger, wenn er geistig in der Lage ist, die möglichen Folgen und die Gefährlichkeit sowie das Unrecht seines Verhaltens zu erkennen, und über die Willenskraft verfügt, dieser Einsicht entsprechend zu handeln.[97] Grundlage für die Zurechnung des zivilrechtlichen Verschuldens ist also die Einsichts- und Willensfähigkeit des Betreffenden zum Zeitpunkt der unerlaubten Handlung.[98] Zwar setzt sich die rechtsgeschäftliche Urteilsfähigkeit i. S. d. Geschäftsfähigkeit – wie später noch zu erläutern ist – ebenfalls aus den Elementen der Einsichts- und Willensfähigkeit zusammen, allerdings ist der Bezugspunkt im Bereich des deliktischen Handelns ein anderer. Denn während die Geschäftsfähigkeit die eigene rechtsgeschäftliche Bindung betrifft, entscheidet die Deliktsfähigkeit über die Verantwortlichkeit für gegenüber Dritten zugefügten Schäden.[99] Maßgeblich ist deshalb, ob der Schädiger über Risiko- und Unrechtsbewusstsein in Bezug auf die konkrete Handlung verfügt und über die Willenskraft, das für Dritte schädigende Verhalten zu unterlassen.[100] Im Rahmen der rechtsgeschäftlichen Urteilsfähigkeit kommt es hingegen schon nach der Natur der Sache nicht auf ein Unrechtsbewusstsein an. Trotz des vom Gesetzgeber gewählten einheitlichen Begriffs der Urteilsfähigkeit ist es einhellige Überzeugung, die Geschäftsfähigkeit nach anderen Aspekten zu bewerten als die Delikts- bzw. zivilrechtliche Verschuldensfähigkeit.[101] So wird Letztere vermutungsweise in früherem Alter erreicht als Geschäftsfähigkeit.[102] Ein struktureller Unterschied zwischen Rechtsgeschäfts- und Deliktsfähigkeit besteht zudem darin, dass eine quantitative Abstufung hinsichtlich der Rechtswirkungen im

97 BGE 102 II 363, 367; BeK/*Bucher E./Aebi-Müller*, Art. 16 N 138 ff.; ZK/*Egger*, Art. 16 N 7.

98 OFK-OR/*Fischer*, Art. 41 N 78; BaK/*Fankhauser*, Art. 19 N 47.

99 BeK/*Bucher E./Aebi-Müller*, Art. 16 N 137.

100 BeK/*Bucher E./Aebi-Müller*, Art. 16 N 137–143; *Hausheer/Aebi-Müller*, § 6, S. 48 ff., Rn. 06.35 ff.

101 BeK/*Bucher E./Aebi-Müller*, Art. 16 N 10 und 136.

102 BaK/*Fankhauser*, Art. 16 N 16; *Pedrazzini/Oberholzer*, S. 73; *Hausheer/Aebi-Müller*, § 6, S. 51, Rn. 06.43.

Rahmen der zivilrechtlichen Verschuldensfähigkeit zulässig ist.[103] Dies folgt aus Art. 43 Abs. 1 OR für außervertragliches Verschulden bzw. Art. 99 Abs. 3 OR für vertragliches Verschulden. Es erscheint daher nicht nur möglich, sondern sogar geboten, von beschränkter Verschuldensfähigkeit, und insofern auch von beschränkter Urteilsfähigkeit zu sprechen. Demgegenüber kann die Geschäftsfähigkeit im Hinblick auf das zu prüfende Rechtsgeschäft nur vollständig angenommen oder abgelehnt werden (sog. Alles-oder-Nichts-Prinzip).[104] Ein weiterer Unterschied besteht zudem hinsichtlich der Rechtsfolgen: Während rechtsgeschäftliche Urteilsunfähigkeit stets die Nichtigkeit der Rechtshandlungen des Betroffenen nach sich zieht, kann eine deliktische Haftung urteilsunfähiger Personen entgegen Art. 18 ZGB in Ausnahmefällen, z. B. aus Billigkeitsgründen nach Art. 54 Abs. 1 OR, in Betracht kommen. Art. 54 Abs. 2 OR ermöglicht sogar eine Ersatzpflicht in vollem Umfang, wenn der Schädiger bei Begehung der unerlaubten Handlung lediglich vorübergehend urteilsunfähig war und nicht nachweist, dass dieser Zustand ohne sein Verschulden eingetreten ist.

IV. Einwilligungsfähigkeit

Von der rechtsgeschäftlichen Urteilsfähigkeit ist weiterhin die ebenfalls aus der allgemeinen Handlungsfähigkeit resultierende Einwilligungsfähigkeit zu unterscheiden. Die Ausübung des Selbstbestimmungsrechts bezieht sich hier nicht auf Rechtsgeschäfte, sondern auf Eingriffe in höchstpersönliche Rechte wie z. B. im Rahmen von medizinischen Behandlungen. Diese sind nicht rechtswidrig, wenn der Betroffene wirksam in den Eingriff eingewilligt hat, vgl. Art. 28 Abs. 2 ZGB. Dabei kommt es allein auf die Urteilsfähigkeit des Ein-

103 BGE 102 II 363, 368; *Binder*, S. 37; *Hausheer/Aebi-Müller*, § 6, S. 51, Rn. 06.44, und § 7, S. 66, Rn. 07.15; *Hürlimann-Kaup/Schmid*, § 15, S. 169, Rn. 615.

104 BGE 102 II 363, 368; *Binder*, S. 35 f.; *Deschenaux/Steinauer*, § 4, S. 26, Rn. 83 f.; *Bucher A.*, § 3, S. 17, Rn. 78 f.; *Petermann*, S. 11, Rn. 28.

willigenden an, da auch Minderjährige und Personen unter umfassender Beistandschaft gem. Art. 19c Abs. 1 ZGB höchstpersönliche Rechte selbständig ausüben können, wenn sie insofern urteilsfähig sind.[105] Der Betroffene muss daher in der Lage sein, einerseits die Tragweite des konkreten Eingriffs zu begreifen und die Vor- und Nachteile gegeneinander abzuwägen und andererseits den auf dieser Grundlage gebildeten Willen in Form einer Einwilligung bzw. deren Verweigerung umzusetzen.[106]

D. Unterarten der Geschäftsfähigkeit

Andere rechtliche Fähigkeiten, die ebenfalls Ausprägungen der allgemeinen Handlungsfähigkeit sind,[107] beziehen sich auf besonders geregelte Rechtsgeschäfte und können daher als Unterart der rechtsgeschäftlichen Handlungsfähigkeit, der Geschäftsfähigkeit eingeordnet werden.

I. Verfügungsfähigkeit, insbesondere Testierfähigkeit, Art. 467 ff. ZGB

Unter Verfügungsfähigkeit versteht man generell die Fähigkeit, selbst verbindlich über Rechte zu verfügen, d. h. sie zu übertragen,

105 BGE 134 II 235, 237 f.; *Hürlimann-Kaup/Schmid*, § 18, S. 256, Rn. 898; *Haas*, S. 85, Rn. 260; *Aebi-Müller*, MedR 2018, 785, 786.

106 *Gleixner-Eberle*, S. 147; *Haas*, S. 87, Rn. 265.

107 BeK/*Bucher E./Aebi-Müller*, Art. 11 N 30; BeK/*Weimar*, Die Verfügungsfähigkeit – Vorbem. vor Art. 467 N 1; demgegenüber bezeichnet ZK/*Escher*, Vorbem. zu Art. 467–469 N 3, die Verfügungsfähigkeit als besondere Art der Rechtsfähigkeit; ebenso BGE 60 II 507, 508; entsprechend zur Ehefähigkeit ZK/*Egger*, Art. 96 N 1.; BeK/*Götz*, Art. 96 N 1.

zu belasten oder auf sie zu verzichten.[108] Eine Spezialregelung enthalten Art. 467 ff. ZGB, die die Voraussetzungen der Verfügungsfähigkeit des Erblassers bei Verfügungen von Todes wegen behandeln. Testier- bzw. erbvertragsfähig ist danach jeder, der urteilsfähig ist und das 18. Altersjahr zurückgelegt hat. Die Voraussetzungen stimmen mit denjenigen der vollen Handlungsfähigkeit überein und beziehen sich auf das Testament als einseitiges bzw. auf den Erbvertrag als zweiseitiges Rechtsgeschäft.[109] Die Verfügungsfähigkeit ist daher eine spezielle, erbrechtliche Ausprägung der rechtsgeschäftlichen Handlungsfähigkeit.[110]

II. Ehefähigkeit, Art. 94 Abs. 1 ZGB

Ebenso verhält es sich mit der in Art. 94 Abs. 1 ZGB geregelten Ehefähigkeit, also der Fähigkeit, eine Ehe einzugehen. Auch hierfür müssen die Brautleute das 18. Altersjahr zurückgelegt haben und urteilsfähig sein. Der Bezug zu dem besonderen Rechtsgeschäft der Eheschließung lässt eine Einordnung der Ehefähigkeit als Unterart der Geschäftsfähigkeit zu.[111]

---

108 BeK/*Bucher E.*, 1976, Art. 11 N 34; BaK/*Fankhauser*, Art. 12 N 27; *Hausheer/Aebi-Müller*, § 6, S. 60, Rn. 06.73; *Pedrazzini/Oberholzer*, S. 28.

109 ZK/*Escher*, Die Verfügung von Todes wegen. Einleitung N 5; SPR/ *Wolf/Genna*, § 10, S. 134; BaK/*Breitschmid*, Vor Art. 467–536 N 20.

110 SPR/ *Wolf/Genna*, § 11, S. 181; KK/*Hotz*, Art. 12 N 4; *Riemer*, § 3, S. 65, Rn. 69; *Steinauer*, § 11, S. 199, Rn. 307; Wolf/ *Wolf/Setz*, S. 33.

111 *Deschenaux/Steinauer*, § 7, S. 48, Rn. 154; *Hofer/Hrubesch-Millauer*, § 10, S. 190, Rn. 10.09; Wolf/ *Wolf/Setz*, S. 33.

§ 2 Die Regelung der Geschäfts(un)fähigkeit

A. Anwendungsbereich und Sondervorschriften

Der Anwendungsbereich der rechtsgeschäftlichen Urteilsfähigkeit umfasst sowohl alle privatrechtlichen Rechtsgeschäfte und geschäftsähnlichen Handlungen[112] als auch die vom Willen unabhängigen Realakte.[113] Personen, die von ihrer Urteilsfähigkeit keinen vernunftgemäßen Gebrauch machen oder einer Täuschung bzw. einem Irrtum unterliegen fallen demgegenüber nicht in den Anwendungsbereich des Art. 16 ZGB.[114] Die Rechtsfolgen derartiger Willensmängel sind vielmehr in Art. 23 ff. OR geregelt. Wie bereits erwähnt, bestehen Sondervorschriften zur Geschäftsfähigkeit im Bereich des Familienrechts bei der Eheschließung (Art. 94 ZGB) sowie im Erbrecht bei den Verfügungen von Todes wegen (Art. 467 f. ZGB).

B. Voraussetzungen der rechtsgeschäftlichen Urteilsfähigkeit

Urteilsfähig ist gem. Art. 16 ZGB jede Person, der nicht wegen ihres Kindesalters, infolge geistiger Behinderung, psychischer Störung, Rausch oder ähnlicher Zustände die Fähigkeit mangelt, vernunftgemäß zu handeln. Urteilsunfähigkeit kann daher nur bei Vorliegen zweier kumulativer Voraussetzungen angenommen werden: ein physiologischer Schwächezustand und die kausal darauf beruhende, psychologische Unfähigkeit rationalen Handelns. Liegt nur eine dieser

112 Uster Mietgericht SJZ 1994, 290; BaK/*Fankhauser*, Art. 16 N 11; BeK/*Bucher E./Aebi-Müller*, Art. 16 N 72; *Bucher A.*, § 4, S. 9, Rn. 44 ff.

113 *Bucher A.*, § 4, S. 22, Rn. 96; *Hofer/Hrubesch-Millauer*, § 10, S. 191, Rn. 10.80; *Pedrazzini/Oberholzer*, S. 78 f.; a. A.: BeK/*Bucher E./Aebi-Müller*, Art. 18 N 19, und *Jaeger*, S. 15, die Eigentumserwerb durch Verbindung, Vermischung und Verarbeitung (Art. 726 f. ZGB) auch durch Urteilsunfähige zulassen.

114 *Bucher A.*, § 3, S. 15, Rn. 71.

Voraussetzungen nicht vor, so ist der Betroffene urteilsfähig.[115] Vorstellbar sind Konstellationen des Verlusts der Fähigkeit zu vernunftgemäßem Handeln durch einen in Art. 16 ZGB nicht aufgezählten oder ähnlichen Zustand (beispielsweise Wutanfall oder andere Gefühlsausbrüche)[116] oder des Vorliegens eines solchen Ausnahmezustands ohne darauf beruhenden Verlust der Fähigkeit zu rationalem Handeln.[117]

Der Wortlaut des Art. 16 ZGB beinhaltet eine doppelte Negation und definiert die Urteilsfähigkeit als Nichtvorliegen von Urteilsunfähigkeit. Positiv ausgedrückt handelt es sich um die Fähigkeit einer Person, vernunftgemäß zu handeln.[118] Die Formulierung des Gesetzes ist darauf zurückzuführen, dass die Urteilsfähigkeit eines Menschen, auch vom psychologischen Standpunkt aus betrachtet, als dessen Normalzustand anzusehen ist[119] und grundsätzlich aufgrund allgemeiner Lebenserfahrung vermutet wird.[120] Derjenige, der sich auf Urteilsunfähigkeit beruft, sei es die eigene oder die des Prozessgegners, hat die Voraussetzungen hierfür darzulegen und zu beweisen.[121]

115 BGE 117 II 233; OFK/*Petermann*, Art. 16 N 4; BaK/*Fankhauser*, Art. 16 N 5; *Bucher* A., § 3, S. 12, Rn. 58.

116 SPR/Gutzwiller/*Grossen*, § 33, S. 319; *Bucher A.*, § 3, S. 12, Rn. 59; *Oftinger/Stark*, § 5, S. 221, Rn. 114; *Deschenaux/Steinauer*, § 4, S. 23, Rn. 74.

117 *Bucher A.*, § 3, S. 12, Rn. 59; *Deschenaux/Steinauer*, § 4, S. 23, Rn. 73.

118 CHK/*Breitschmid*, Art. 16 N 2; ZK/*Egger*, Art. 16 N 3; *Pedrazzini/Oberholzer*, S. 63; *Hürlimann-Kaup/Schmid*, § 15, S. 165, Rn. 601; *Petermann*, S. 18, Rn. 57.

119 *Hausheer/Aebi-Müller*, § 6, S. 45, Rn. 06.19; *Guldener*, S. 39; *Hofer/Hrubesch-Millauer*, § 10, S. 196, Rn. 10.37; *Abt*, successio 2010, 195, 198.

120 BGE 98 Ia 324 E. 3; BGE 118 Ia 236, 238; BGE 124 III 5, 8; Tuor/Schnyder/*Schmid*, § 9, Rn. 30; BeK/*Bucher E./Aebi-Müller*, Art. 16 N 11; *Deschenaux/Steinauer*, § 4, S. 29, Rn. 94.

121 BGE 45 II 43, 48; BGE 117 II 231, 234; BGer 5C.32/2004 E 3.1.1; CHK/*Breitschmid*, Art. 16 N 11; ZK/*Egger*, Art. 16 N 16; *Pedrazzini/Oberholzer*, S. 68; *Binder*, S. 21 f.; *Aebi-Müller*, ZBJV 2006, 303, 315; *Abt*, successio 2010, 195, 198.

I. Schwächezustände

Art. 16 ZGB regelt, welche physiologischen Ursachen zur Urteilsunfähigkeit im Rechtssinne führen können. Die Bejahung eines derartigen gesetzlichen Schwächezustands bewirkt jedoch nicht zwangsläufig den Verlust der Urteilsfähigkeit.[122] Vielmehr muss der Zustand einer juristischen Würdigung unterzogen und im Einzelfall entschieden werden, ob hierdurch im maßgeblichen Zeitpunkt die psychologische Fähigkeit vernunftgemäßen Handelns beeinträchtigt war.[123]

1. Lebensalter

Das Gesetz erwähnt in Bezug auf das Lebensalter einer Person lediglich den Schwächezustand des Kindesalters, wobei hier – anders als in der deutschen Rechtsordnung in § 104 Nr. 1 BGB – aufgrund der noch zu erläuternden Relativität der Urteilsfähigkeit bewusst keine starren Altersgrenzen aufgestellt werden.[124] Mit Eintritt der Volljährigkeit, also mit Vollendung des 18. Lebensjahres (Art. 14 ZGB), endet der gesetzliche Schwächezustand des Kindesalters.

Das Greisenalter wird schon aus Gründen der Altersdiskriminierung zu Recht nicht als Schwächezustand im Gesetz aufgeführt, denn auch betagte Menschen wollen und sollen ungehindert am Rechtsverkehr teilnehmen können.[125] Anders als das Kindesalter, bei dem gewisse Erfahrungssätze hinsichtlich verschiedener Altersstufen unabhängig vom individuellen Entwicklungsstand auf die geistige Reife schließen lassen,[126] ist ein hohes Alter jenseits gewisser Grenzen an sich auch nicht geeignet, als *prima-facie*-Beweis der Urteilsunfähig-

122 *Hauheer/Aebi-Müller*, § 6, S. 51, Rn. 06.41; *Hofer/Hrubesch-Millauer*, § 10, S. 194, Rn. 10.24.

123 *Hofer/Hrubesch-Millauer*, § 10, S. 194 f., Rn. 10.29.

124 KK/*Hotz*, Art. 16 N 3; OFK/*Petermann*, Art. 16 N 8; *Bucher A.*, § 3, S. 13, Rn. 63; *Deschenaux/Steinauer*, § 4, S. 27, Rn. 85; *Pedrazzini/Oberholzer*, S. 73.

125 BaK/*Fankhauser*, Art. 16 N 22.

126 BeK/*Bucher E.*, 1976, Art. 16 N 134.

keit zu dienen.[127] Zwar ist auch hier erfahrungsgemäß mit einem allmählichen Nachlassen und Rückgang der geistigen Kräfte zu rechnen, allerdings ist dieser altersbedingte Abbau der kognitiven Fähigkeiten derart individuell, dass sich generalisierende Rückschlüsse auf die Urteilsfähigkeit alter und sehr alter Menschen verbieten.[128] Vielmehr ist auch hier die Fähigkeit vernunftgemäßen Handelns grundsätzlich zu vermuten.[129]

Gleichwohl zählt der altersbedingte sukzessive Abbau der Geisteskräfte, insbesondere aufgrund der immer höher werdenden Lebenserwartung und der damit zusammenhängenden, stetig steigenden Zahl von Demenzkranken, zu den häufigsten Gründen der von der Umwelt oft unerkannten Urteilsunfähigkeit einer Person.[130] Dies ist einerseits auf den schleichenden klinischen Verlauf von Demenzkrankheiten zurückzuführen und andererseits darauf, dass die Kognition der Erkrankten erheblichen Schwankungen unterliegt.[131] Die Umgebung nimmt langsame Veränderungen der Persönlichkeit des Betroffenen gerade in Angelegenheiten des Alltags, in denen sich das Gedächtnis in fest eingefahrenen Bahnen bewegt und daher zunächst noch erhalten bleibt, nur schwer wahr und projiziert unbewusst das Bild des früheren Charakters in die aktuelle Vorstellung.[132] Mit dem Alter des Betroffenen wächst also wegen der grundsätzlichen Vermutung seiner Urteilsfähigkeit das Risiko der (zunächst) unerkannten Urteilsunfähigkeit infolge des Rückgangs seiner kognitiven Fähigkeiten sowie die Gefahr der übermäßigen Suggestivität und Fremdsteuerung seines Willens – gerade hinsichtlich der Testierfähigkeit.[133] Nichtsdestotrotz kommt die Aufnahme des Schwächezustands „Grei-

127 OGer ZH ZR 1978, 110, 111; BeK/*Bucher E./Aebi-Müller*, Art. 16 N 96; BeK/*Weimar*, Art. 467 N 11.
128 BeK/*Bucher E.*, 1976, Art. 16 N 134.
129 OGer ZH ZR 1978, 110, 111; BaK/*Fankhauser*, Art. 16 N 22.
130 BeK/*Bucher E./Aebi-Müller*, Art. 16 N 96; BeK/*Weimar*, Art. 467 N 11.
131 Vgl. Schmoeckel/*Klockgether*, S. 29.
132 BGE 44 II 107, 125; BeK/*Bucher E./Aebi-Müller*, Art. 16 N 170.
133 BaK/*Fankhauser*, Art. 16 N 22.

senalter" in Art. 16 ZGB aus den oben genannten Gründen nicht in Betracht. Hierfür besteht auch kein Bedarf, da jedenfalls der häufigste Grund für den altersbedingten Wegfall der Urteilsfähigkeit, nämlich die Altersdemenz, unter den Ausnahmezustand der geistigen Behinderung bzw. psychischen Störung subsumiert werden kann.[134]

2. Geistige Behinderung und psychische Störung

Der Begriff der „geistigen Behinderung" löste mit Inkrafttreten des neuen Erwachsenenschutzrechts zum 1. Januar 2013 den stigmatisierenden und veralteten Terminus der „Geistesschwäche" ab. An die Stelle der nach altem Recht verwendeten Begrifflichkeit „Geisteskrankheit" trat der medizinisch zeitgemäße und umfassendere Terminus der „psychischen Störung".[135] Es handelt sich dabei um eine redaktionelle Anpassung des Art. 16 ZGB im Zuge der Revision des bis dahin geltenden Vormundschaftsrechts (vgl. Art. 390 Abs. 1 Nr. 1 ZGB).[136] Große inhaltliche Auswirkungen im Bereich der Urteilsfähigkeit zieht die Änderung des Wortlauts nicht nach sich, so dass die bisherige Rechtslage hinsichtlich Geisteskrankheit und -schwäche auf die Schwächezustände der psychischen Störung und geistigen Behinderung übertragen werden kann.[137]

134 OFK/*Petermann*, Art. 16 N 8.

135 Botschaft zur Änderung des Schweizerischen Zivilgesetzbuches (Erwachsenenschutz, Personenrecht und Kindesrecht) v. 28. Juni 2006 (BBl. 2006, 7001 ff.), im Folgenden „Botschaft Erwachsenenschutz", S. 7094; KK/*Hotz*, Art. 16 N 5; *Hürlimann-Kaup/Schmid*, § 15, S. 166, Rn. 606; *Häfeli*, FamPra.ch 2007, 1, 8; *Biderbost*, SJZ 2010, 309, 311.

136 Botschaft Erwachsenenschutz, S. 7094; *Petermann*, S. 17, Rn. 54.

137 *Hofer/Hrubesch-Millauer*, § 10, S. 194, Rn. 10.28.

a) Überschneidung von Medizin, Psychiatrie und Recht

Beide Begriffspaare stammen ursprünglich aus den Fachgebieten der Psychiatrie und Medizin.[138] Sie sind an die in diesen Bereichen entwickelten Krankheitsbilder angelehnt, stimmen aber in der juristischen Fachsprache nicht unbedingt damit überein.[139] Vielmehr sind die medizinischen bzw. psychologischen Fachtermini bzw. die diagnostizierten Krankheitsbilder stets einer juristischen Würdigung zu unterziehen.[140]

Einerseits ist die juristische Terminologie enger als das medizinische Begriffsverständnis:[141] Zweifelsohne wird für die Annahme einer rechtlich relevanten geistigen Behinderung oder psychischen Störung oft zunächst ein geistiges oder psychisches Problem im medizinischen Sinne vorliegen.[142] Allerdings sind diese beiden Schwächezustände des Art. 16 ZGB aus juristischer Sicht mit Blick auf den *telos* der Regelung – die Selbstbestimmung einer Person nur insoweit einzuschränken als dies zu ihrem Schutz notwendig ist[143] – zu würdigen und zu interpretieren.[144] Maßgeblich ist daher nicht die Diagnose eines medizinischen Krankheitsbildes, sondern vielmehr dessen Auswirkungen auf die Fähigkeit des Betroffenen, vernunftgemäß zu handeln.[145] Eine geistige Behinderung oder psychische Störung ist daher rechtlich im Rahmen der Urteilsfähigkeit nur von Bedeutung, wenn der abnorme

138 SPR/Gutzwiller/*Grossen*, § 33, S. 319; *Deschenaux/Steinauer*, § 4, S. 27, Rn. 87; *Bucher A.*, § 3, S. 14, Rn. 64.

139 SPR/Gutzwiller/*Grossen*, § 33, S. 319; *Deschenaux/Steinauer*, § 6, S. 37, Rn. 122; *Binder*, S. 73; *Bucher A.*, § 3, S. 14, Rn. 64.

140 BGE 88 IV 111, 114; KK/*Hotz*, Art. 16 N 6; *Bucher A.*, § 3, S. 14, Rn. 64; *Hofer/Hrubesch-Millauer*, § 10, S. 195, Rn. 10.29 a. E.; *Hürlimann-Kaup/Schmid*, § 15, S. 166, Rn. 606; *Hausheer/Aebi-Müller*, § 6, S. 51 f., Rn. 06.46.

141 BGE 117 II 231, 235; CHK/*Breitschmid*, Art. 16 N 6; BeK/*Bucher E.*, 1976, Art. 16 N 74; *Deschenaux/Steinauer*, § 4, S. 28, Rn. 88.

142 *Deschenaux/Steinauer*, § 6, S. 37, Rn. 122.

143 *Hofer/Hrubesch-Millauer*, § 10, S. 190, Rn. 10.05, S. 194 f., Rn. 10.29.

144 KK/*Hotz*, Art. 16 N 6; *Deschenaux/Steinauer*, § 4, S. 27, Rn. 87.

145 BGE 88 IV 111, 114; ZK/*Egger*, Art. 16 N 13; CHK/*Breitschmid*, Art. 16 N 6; *Pedrazzini/Oberholzer*, S. 73 f.; *Deschenaux/Steinauer*, § 4, S. 27, Rn. 87.

Zustand derart ausgeprägt ist, dass dadurch die Fähigkeit vernunftgemäßen Handelns beeinträchtigt werden kann, und wenn dies bei Vornahme des konkreten Rechtsgeschäfts tatsächlich geschehen ist.[146] Das medizinisch konstatierte Vorliegen einer geistigen Behinderung oder psychischen Krankheit als solches hebt somit weder notwendigerweise gemeinhin die Urteilsfähigkeit auf noch kommt es diesbezüglich zu einer Beweislastumkehr.[147] Es ist – insbesondere aufgrund der noch zu behandelnden Relativität der Urteilsfähigkeit – durchaus vorstellbar, dass ein geistig behinderter oder psychisch kranker Erwachsener ein Geschäft tätigt, auf das sich der Schwächezustand nicht auswirkt.[148]

Auf der anderen Seite geht die juristische Terminologie insofern weiter als die medizinische, als Handlungs- und Verhaltensweisen, die völlig jenseits der Norm liegen und in ihrem Wesen und ihren Auswirkungen vom sogenannten Durchschnittsbürger als uneinfühlbar empfunden werden, auf eine schwere Beeinträchtigung der Fähigkeit vernunftgemäßen Handelns schließen lassen können.[149] Die Diagnose des Schwächezustands durch einen sachverständigen Experten ist nicht zwingend vorgeschrieben (wenngleich es natürlich in der Praxis regelmäßig angezeigt sein wird), um das Verhalten eines Betroffenen unter den juristischen Tatbestand der geistigen Behinderung oder psychischen Störung zu subsumieren. So kann beispielsweise der Rechtsprechung folgend bei der Entscheidung darüber, ob ein Kläger als psychopathischer Querulant einzustufen ist, ausnahmsweise von der Beiziehung eines Psychiaters abgesehen werden, wenn das über Jahre fortwährende und allgemein bekannte prozessuale Verhalten der Partei zu der zwingenden Schlussfolgerung führt, dass die fragli-

146 BaK/*Fankhauser*, Art. 16 N 25 f., N 29; *Bucher A.*, § 3, S. 14, Rn. 64; *Hofer/Hrubesch-Millauer*, § 10, S. 194 f., Rn. 10.29.

147 BGE 88 IV 111, 114; Tuor/Schnyder/*Schmid*, § 9, Rn. 30; *Hürlimann-Kaup/Schmid*, § 15, S. 166, Rn. 606; *Hausheer/Aebi-Müller*, § 6, S. 51 f., Rn. 06.46.

148 ZK/*Egger*, Art. 16 N 13; BeK/*Bucher E./Aebi-Müller*, Art. 16 N 100.

149 OGer ZH ZR 1979, 129; CHK/*Breitschmid*, Art. 16 N 6; OFK/*Petermann*, Art. 16 N 9; BaK/*Fankhauser*, Art. 16 N 26; *Pedrazzini/Oberholzer*, S. 74.

chen Handlungen auf keinerlei rationalen Erwägungen beruhen, sondern schlechthin nur als Erscheinungsformen einer schweren psychischen Störung bewertet werden können.[150]

Letztendlich kommt es bei den genannten Schwächezuständen zu Überschneidungen, aber nicht zu einem Gleichlauf zwischen Medizin, Psychologie und Recht. Eine geistige Behinderung oder psychische Störung im medizinischen Sinn ist zwar ein Tatbestandselement der Urteilsunfähigkeit, reicht aber für sich allein genommen nicht aus, um die Fähigkeit vernunftgemäßen Handelns zu verneinen. Grobe Absonderlichkeiten, die weder aus einer psychischen Störung noch einer geistigen Behinderung im medizinischen Sinne resultieren, sind hingegen nicht von vornherein ungenügend, um Urteilsunfähigkeit zu begründen.[151]

b) Abgrenzung geistige Behinderung – psychische Störung

Ob die Urteilsunfähigkeit auf dem Schwächezustand der geistigen Behinderung oder demjenigen der psychischen Störung beruht, ist auch nach neuem Recht praktisch nicht von Bedeutung.[152] Die bisherigen Begriffe der „Geistesschwäche“ und „Geisteskrankheit“ waren schwer voneinander abzugrenzen und weder in der modernen Psychiatrie noch in der Rechtspraxis zu Art. 16 ZGB a. F. wurden diese unterschieden.[153] Bei der Geistesschwäche handelte es sich – im Gegensatz zur Geisteskrankheit – nicht um eine Krankheit, sondern um eine angeborene oder erworbene Schwäche der kognitiven Fähigkeiten.[154]

150 BGE 98 Ia 324, 325; BGE 118 Ia 236, 238; BGer 5A_88/2013 E. 3.3.2; OGer ZH ZR 1999, 311; *Pedrazzini/Oberholzer*, S. 74 f.; *Ehrlich*, SJZ 1952, 329, 334.

151 OGer ZH ZR 1979, 129.

152 KK/*Hotz*, Art. 16 N 6; *Widmer Blum*, § 3, S. 45.

153 BaK/*Fankhauser*, Art. 16 N 29; *Hausheer/Aebi-Müller*, § 6, S. 53, Rn. 06.48a; *Pedrazzini/Oberholzer*, S. 75; *Deschenaux/Steinauer*, § 4, S. 28, Rn. 90.

154 CHK/*Breitschmid*, Art. 16 N 7; OFK/*Petermann*, Art. 16 N 10; *Hausheer/Aebi-Müller*, § 6, S. 52, Rn. 06.48; *Häfeli*, FamPra.ch 2007, 1, 8.

aa) Geistige Behinderung

Unter den Begriff der geistigen Behinderung fallen dauerhafte und physisch nachweisbare Intelligenzdefizite unterschiedlichen Schweregrades, unabhängig davon, ob sie angeboren oder im Laufe des Lebens, z. B. unfall- oder altersbedingt, eingetreten sind.[155] Neben den Fähigkeiten des Verstandes können auch das Gefühlsleben und die Impulskontrolle gestört sein.[156] Letztlich kann jeder dauerhafte, abnorme Geisteszustand, der die Besorgung eigener Angelegenheiten unmöglich macht, unter die Voraussetzung der geistigen Behinderung subsumiert werden.[157] Dies entspricht dem früher verwendeten Begriff der Geistesschwäche.[158]

So wurde beispielsweise die degenerative, krankhafte Neigung zum Schwindeln und Lügen, die sog. pseudologica phantastica – besser bekannt als Münchhausen-Syndrom –, als Geistesschwäche eingestuft.[159] Ebenso erging es einer sich im Grenzbereich zwischen schwerster Debilität und Imbezillität („Schwachsinn") befindenden Erwachsenen mit dem intellektuellen Niveau eines Kindergartenkindes, die psychische Auffälligkeiten wie Ängstlichkeit, mangelndes Selbstvertrauen und fehlende Selbständigkeit entwickelt hatte.[160] Einen Fall der Geistesschwäche bzw. der geistigen Behinderung kann auch das Down-Syndrom bilden, bei dem es aufgrund einer Genommutation zu einer Verlangsamung der kognitiven Entwicklung der Betroffenen und individuell äußerst unterschiedlich ausgeprägten Intelligenzdefiziten kommt.[161] Ein stark fortschreitendes psychoorganisches Syndrom einer 86-Jährigen, das sich durch Verwirrtheit, Desorientiertheit, Agitiertheit und daraus folgender Selbstgefährdung sowie deutlich

155 Botschaft Erwachsenenschutz, S. 7043; KK/*Hotz*, Art. 16 N 4; BaK/*Fankhauser*, Art. 16 N 26.

156 *Binder*, Die Geisteskrankheit im Recht, S. 78 f.; *Pedrazzini/Oberholzer*, S. 75.

157 *Pedrazzini/Oberholzer*, S. 75.

158 KK/*Hotz*, Art. 16 N 4.

159 BGE 97 II 302, 303.

160 BGE 109 II 273, 276.

161 *Dittmann*, S. 61; vgl. *Petermann*, S. 28 f., Rn. 89 und 94.

beschränkter Erinnerungs-, Merk- und Denkfähigkeit äußerte, wurde ebenfalls als Geistesschwäche im Rechtssinne behandelt.[162] Auch die verschiedenen Formen der Demenz, also die Krankheitsbilder, die mit einem schleichenden Verlust der geistigen Funktionen und der Urteilskraft einhergehen und schließlich dazu führen, dass Aktivitäten des täglichen Lebens nicht mehr eigenständig durchgeführt werden können,[163] werden von der Definition der geistigen Behinderung umfasst.[164] Gleichwohl wurde die Demenz, insbesondere die Altersdemenz, in der Botschaft Erwachsenenschutz vom 28. Juni 2006 zu dem Schwächezustand der psychischen Störung gezählt.[165] Diese Streitfrage ist allerdings nebensächlich, da die Abgrenzung zwischen geistiger Behinderung und psychischer Störung (bzw. Geistesschwäche und Geisteskrankheit) unscharf und es im Ergebnis unerheblich ist, welcher der beiden Schwächezustände im Einzelfall einschlägig ist.

bb) Psychische Störung, insbesondere der querulatorische Wahn

Von dem Schwächezustand der psychischen Störung werden die anerkannten Krankheitsbilder der Psychiatrie, d. h. Psychosen und Psychopathien erfasst.[166] Zu den typischen psychischen Störungen zählen u. a. pathologische Zwangsvorstellungen, Wahnideen von gewisser Dauer

162 BGE 124 III 5, 15.

163 Schmoeckel/*Klockgether*, S. 25 f.

164 BGer 5C.259/2002 E. 3; KK/*Hotz*, Art. 16 N 5; CHK/*Breitschmid*, Art. 16 N 7.

165 Botschaft Erwachsenenschutz, S. 7043.

166 Botschaft Erwachsenenschutz, S. 7043; KK/*Hotz*, Art. 16 N 5; *Häfeli*, FamPra.ch 2007, 1, 8; vgl. hierzu auch die von der Weltgesundheitsorganisation (WHO) als weltweit anerkanntes Diagnoseklassifikationssystem der Medizin zuletzt 2019 herausgegebene International Statistical Classification of Diseases and Related Health Problems, ICD-10, in der vom Deutschen Institut für Medizinische Dokumentation und Information (DIMDI) für Deutschland veröffentlichten Fassung ICD-10-GM (German Modification) sowie das von der American Psychiatric Association als nationales Klassifikationssystem der USA für psychische Erkrankungen zuletzt im Mai 2013 veröffentlichte Diagnostic and Statistical Manual of Mental Disorders, im Folgenden DSM-5; siehe auch *Petermann*, S. 25 ff., Rn. 77 ff.

(z. B. Verfolgungswahn)[167] sowie Schizophrenien[168]. Akute (z. B. postnatale) Depressionen und postoperative Störungen der Aufmerksamkeit (z. B. Verwirrtheitszustände) fallen ebenfalls hierunter.[169] Auch Suchtkrankheiten, wie beispielsweise Alkohol-, Drogen- oder Medikamentenabhängigkeit, werden als psychische Störung anerkannt.[170] Eine Differenzierung zwischen auf körperlichen, beispielsweise organischen, Ursachen beruhenden und anderen psychischen Störungen erfolgt nicht.[171] Dies erklärt, warum die Altersdemenz auch unter den Begriff der psychischen Störung gefasst werden kann.[172]

Sonderfall einer psychischen Störung ist das Phänomen der psychopathischen Querulanz.[173] Die Rechtsprechung definiert einen krankhaften Querulanten als eine Person, die aufgrund einer pathologischen Persönlichkeitsentwicklung zu abnormen Reaktionen neigt und das eigene (vermeintliche oder tatsächliche) Recht in exzessiver und rücksichtsloser Art und Weise mit Rechtsmitteln durchzusetzen versucht, die in keiner angemessenen Relation zum erreichbaren Ziel stehen.[174] Der Rechtsuchende ist in derart ungewöhnlichem Maße prozesssüchtig,[175] dass es in Bezug auf die Prozessführung an Urteilsfähigkeit i. S. d. Art. 16 ZGB mangelt.[176] Die Prozessfähigkeit, d. h. die Fähigkeit selbständig einen Prozess zu führen, setzt jedoch nach Art. 67 Abs. 1 sZPO Handlungsfähigkeit i. S. d. Art. 12, 13 ZGB, und damit auch Urteilsfähigkeit voraus. Sie ist das prozessrechtliche Pendant zur materiell-rechtlichen Geschäftsfähigkeit. Der psychopa-

167 BGE 117 II 231, 234; KK/*Hotz*, Art. 16 N 5.

168 BGE 96 II 369, 371; KK/*Hotz*, Art. 16 N 5.

169 KK/*Hotz*, Art. 16 N 5.

170 Botschaft Erwachsenenschutz, S. 7043.

171 Botschaft Erwachsenenschutz, S. 7043; KK/*Hotz*, Art. 16 N 5.

172 Botschaft Erwachsenenschutz, S. 7043; KK/*Hotz*, Art. 16 N 5; *Biderbost*, AJP 2010, 3, 6.

173 *Ehrlich*, SJZ 1952, 329, 330.

174 BGE 96 IV 55; BGE 118 Ia 236, 237 f.; OGer ZH ZR 1999, 311; *Hausheer/Aebi-Müller*, § 6, S. 57, Rn. 06.60.

175 OGer ZH ZR 1999, 311.

176 *Hausheer/Aebi-Müller*, § 6, S. 57, Rn. 06.60.

thische Querulant ist somit regelmäßig prozessunfähig,[177] wobei sich diese prozessuale Urteilsunfähigkeit auf bestimmte Rechtsstreitigkeiten beschränken kann.[178] Als Prozessvoraussetzung ist die Prozessfähigkeit der Parteien gem. Art. 59 Abs. 2 lit. c, 60 sZPO von Amts wegen zu prüfen. Solange deren Bestehen streitig und nicht endgültig durch das Bundesgericht geklärt ist, muss der betreffenden Partei jedenfalls diesbezüglich die Möglichkeit der Prozessführung verbleiben.[179] Oben wurde bereits erwähnt, dass das Gericht in Ausnahmefällen – nämlich wenn das Verhalten der Partei keine andere Schlussfolgerung als die der wahnhaften Querulanz zulässt – sogar von der Beiziehung eines Psychiaters absehen und selbst das Vorliegen einer die Urteilsfähigkeit ausschließenden, psychischen Störung annehmen kann. Selbstverständlich ist aber nicht jeder, der sein Recht mit allen Mitteln durchsetzen will und damit die Geduld und Ausdauer von Behörden und Gerichten übermäßig in Anspruch nimmt, gleich als wahnhaft querulatorisch und prozessunfähig einzustufen.[180] Zudem betonte das Bundesgericht, dass die übertriebene Belastung der Gerichte allein noch kein Grund für die Verneinung der Prozessfähigkeit sei, da es andere Möglichkeiten gäbe, einen gut funktionierenden Justizapparat zu gewährleisten.[181] So können beispielsweise nach Art. 132 Abs. 3 sZPO querulatorische und rechtsmissbräuchliche Eingaben zurückgeschickt oder im Fall von bös- oder mutwilliger Prozessführung gem. Art. 128 Abs. 3 sZPO Ordnungsbußen verhängt werden.[182]

177 OGer ZH ZR 1999, 311.
178 BGE 118 Ia 236, 238.
179 BGE 118 Ia 236, 240; KK-ZPO/*Domej*, Art. 67 N 17.
180 BGE 118 Ia 236, 238.
181 BGer 5A_88/2013 E. 3.3.2.
182 BGer 5A_88/2013 E. 3.3.2. Dabei ist zu bedenken, dass diese Möglichkeiten im gesamten eidgenössischen Bundesstaat erst seit dem Inkrafttreten der Schweizerischen Zivilprozessordnung am 1. Januar 2011 bestehen, denn bis dahin war das Prozessrecht der unteren Instanzen Sache der Kantone, was zur Zersplitterung des Verfahrensrechts führte.

Eine Prozessunfähigkeit wegen wahnhafter Querulanz wurde beispielsweise bei einem verurteilten Beschwerdeführer angenommen, der die Behörden und Gerichte sowie die an der Verurteilung und dem Vollzug beteiligten Personen mehr als zehn Jahre lang mit straf- und zivilrechtlichen Verfahren überschüttete.[183] Unter Berücksichtigung der großen Anzahl aussichtsloser, dieselbe Angelegenheit betreffender Verfahren – darunter allein beim Bundesgericht 70 Rechtsmittel – konnte das Gericht sein prozessuales Verhalten vernünftigerweise nur als Erscheinungsform einer schweren psychischen Störung würdigen.

In einem anderen Fall[184] hatte der Rekurrent die öffentlichen Stellen seit fast 20 Jahren mit zahllosen unsinnigen Rechtsanliegen beschäftigt, die allesamt mit der Scheidung seiner Ehe und einem Zivilprozess wegen Lieferung von angeblich mangelhaftem Draht zusammenhingen. Er unterstellte den Behörden, gegen ihn zu arbeiten, so dass ihm permanent Unrecht geschehe, und verteilte Broschüren mit diesen Anschuldigungen an die Öffentlichkeit. Ein psychiatrisches Gutachten bescheinigte ihm eine seelische Traumatisierung durch die Ehescheidung. Die fixe Idee, ihm sei damals Unrecht widerfahren, hatte sich zu einem querulatorischen Wahn entwickelt, der auch den Drahtlieferungsprozess erfasste. In diesen beiden Problemkreisen war dem Beschwerdeführer eine Beurteilung nur im Rahmen seiner pathologischen Denkweise und wahnhaften Überzeugung möglich. Er war insofern nicht in der Lage, der Vernunft entsprechend zu handeln, und daher auch betreibungs- sowie prozessunfähig.

Als für Querulanten geradezu typisches Verhalten charakterisierte das Obergericht Zürich[185] das Verhalten eines Klägers, der die Prozessleitung an sich riss, den Prozessgegner und Dritte ohne die geringste Zurückhaltung kritisierte sowie die gebotene sachliche Distanz vermissen ließ. U. a. erklärte er die Richter der ersten Instanz nicht nur für geisteskrank, sondern verglich sie auch mit dem Hitlerregi-

183 BGE 118 Ia 236 ff.; *Hausheer/Aebi-Müller*, § 6, S. 57, Rn. 06.61.

184 BGE 99 III 4, 6 ff.

185 OGer ZH ZR 1999, 311 ff.

me und unterstellte ihnen als Schreibtischtäter kriminelle Machenschaften sowie die Terrorisierung seiner Familie. Des Weiteren stellte er maßlos überzogene Genugtuungs- und Schadensersatzansprüche und versuchte diese mit prozess- und materiellrechtlich ausschweifenden Schriftsätzen zu begründen.

3. Rausch

Der Terminus der „Trunkenheit" in Art. 16 ZGB a. F. wurde durch den umfassenderen Begriff „Rausch" ersetzt.[186] Dieses Tatbestandsmerkmal beschreibt einen Zustand veränderter Wahrnehmung und Befindlichkeit, der durch verschiedene Substanzen herbeigeführt werden kann und die geistigen Fähigkeiten beeinträchtigt.[187] Erfasst sind alle Arten vorübergehender toxischer Bewusstseinsstörung, also durch Alkohol-, Drogen- oder Medikamentenkonsum hervorgerufene Rauschzustände.[188] Der Schwächezustand des Rauschs führt damit regelmäßig zu einem vorübergehenden Zustand der Urteilsunfähigkeit.[189] Liegt bei dem Handelnden hingegen eine chronische Sucht nach diesen Rauschmitteln, also eine psychische Abhängigkeit vor, so handelt es sich um einen Dauerzustand und es ist – wie oben schon erwähnt – an den Schwächezustand der psychischen Störung zu denken.[190] Laut Botschaft zum Erwachsenenschutzrecht sollen unter den Terminus des Rauschs auch durch Hypnose ausgelöste Willensbeeinträchtigungen fallen.[191] Allerdings passt dieser Zustand aufgrund der fehlenden toxikologischen Wirkung sprachlich besser unter das Tatbestandsmerkmal des ähnlichen Zustands als unter das-

186 Botschaft Erwachsenenschutz, S. 7094; *Hofer/Hrubesch-Millauer*, § 10, S. 194, Rn. 10.28.

187 KK/*Hotz*, Art. 16 N 7; BaK/*Fankhauser*, Art. 16 N 31.

188 Botschaft Erwachsenenschutz, S. 7094; BeK/*Bucher E./Aebi-Müller*, Art. 16 N 104.

189 OFK/*Petermann*, Art. 16 N 11; CHK/*Breitschmid*, Art. 16 N 8; *Deschenaux/Steinauer*, § 4, S. 29, Rn. 92; *Bucher A.*, § 3, S. 15, Rn. 68.

190 BeK/*Bucher E./Aebi-Müller*, Art. 16 N 107; BaK/*Fankhauser*, Art. 16 N 29.

191 Botschaft Erwachsenenschutz, S. 7094; *Pedrazzini/Oberholzer*, S. 76.

jenige des Rauschs.[192] Praktische Bedeutung kommt dieser Differenzierung freilich nicht zu.

Maßgeblich ist lediglich, dass die Fähigkeit, vernunftentsprechend zu handeln, durch den Rauschzustand im Zeitpunkt der Vornahme eines Rechtsgeschäfts aufgehoben ist. Das hängt insbesondere von der körperlichen Verfassung der betreffenden Person, der Quantität und auch Qualität des Rauschmittels sowie der Art der erfolgten Handlung ab.[193] Auch wenn es darauf nicht ankommt, wird diese durch den Rausch herbeigeführte Urteilsunfähigkeit für den Geschäftspartner regelmäßig erkennbar sein.[194] Anders als bei der Deliktsfähigkeit nach Art. 54 Abs. 2 OR gibt es im Rahmen der Geschäftsfähigkeit keine der strafrechtlichen *actio libera in causa* entsprechende Regelung. Für die vertragliche Haftung ist es daher unerheblich, ob der Betreffende den Zustand der Urteilsunfähigkeit freiwillig und schuldhaft herbeigeführt hat.[195]

4. Ähnliche Zustände

Die in Art. 16 ZGB letztgenannten „ähnlichen Zustände“ bilden einen Auffangtatbestand für weitere die Fähigkeit vernunftgemäßen Handelns ausschließende Ursachen, die nicht unter die aufgezählten Schwächezustände subsumiert werden können, mit diesen aber vergleichbar sind und ähnliche Wirkungen entfalten.[196] Hierzu gehören beispiels-

192 KK/*Hotz*, Art. 16 N 7; CHK/*Breitschmid*, Art. 16 N 8; OFK/*Petermann*, Art. 16 N 11.

193 *Bucher A.*, § 3, S. 14, Rn. 66; *Lutz*, § 10, S. 80.

194 BeK/*Bucher E./Aebi-Müller*, Art. 16 N 105.

195 BeK/*Bucher E.*, 1976, Art. 16 N 79; *Pedrazzini/Oberholzer*, S. 76.

196 KK/*Hotz*, Art. 16 N 8; OFK/*Petermann*, Art. 16 N 11 bezieht den Begriff der „ähnlichen Zustände“ demgegenüber nur auf den vorübergehenden Schwächezustand des Rauschs.

weise Bewusstlosigkeit,[197] Fieberdelirium,[198] Schlaf[199] und Schlafwandeln,[200] Aufregungs- und Schockzustände,[201] Narkose[202] sowie Hypnose[203]. Extremfälle von Unerfahrenheit und Misswirtschaft sollen ebenso hierunter fallen wie seltene Formen körperlicher Behinderung (z. B. schwere Lähmung oder Kombination von Blindheit und Taubheit).[204]

Als Auffangtatbestand ist der Terminus der „ähnlichen Zustände" zwar grundsätzlich weit zu verstehen.[205] Allerdings besteht in der Lehre überwiegend Einigkeit, dass die Schwächezustände, die zu Urteilsunfähigkeit führen können, in Art. 16 ZGB abschließend geregelt sind. Die als „ähnlich" bezeichneten Zustände dürfen daher nicht beliebig ausgedehnt werden.[206] Leidenschaftliche Gefühle wie z. B. Zorn, Wut, Hass, blinde Liebe, Angst oder Kummer sind nicht unter dieses Tatbestandsmerkmal zu subsumieren.[207] Zum Teil wird diese restriktive Auslegung des Auffangtatbestands damit begründet, dass die

197 BaK/*Fankhauser*, Art. 16 N 33; OFK/*Petermann*, Art. 16 N 11; *Brückner*, S. 50, Rn. 152; *Bucher A.*, § 3, S. 14, Rn. 67; *Riemer*, § 3, S. 61, Rn. 51.

198 CHK/*Breitschmid*, Art. 16 N 8; Tuor/Schnyder/*Schmid*, § 9, Rn. 25; SPR/Gutzwiller/*Grossen*, § 33, S. 318; *Homberger*, § 11, S. 39; *Deschenaux/Steinauer*, § 4, S. 29, Rn. 92.

199 *Bucher A.*, § 3, S. 14, Rn. 67; *Brückner*, S. 50, Rn. 152; *Riemer*, § 3, S. 61, Rn. 51; *Deschenaux/Steinauer*, § 4, S. 29, Rn. 92.

200 KK/*Hotz*, Art. 16 N 8; BaK/*Fankhauser*, Art. 16 N 33; OFK/*Petermann*, Art. 16 N 11; *Deschenaux/Steinauer*, § 4, S. 29, Rn. 92.

201 Tuor/Schnyder/*Schmid*, § 9, Rn. 25; *Brückner*, S. 50, Rn. 152; *Riemer*, § 3, S. 61, Rn. 51.

202 SPR/Gutzwiller/*Grossen*, § 33, S. 318; Tuor/Schnyder/*Schmid*, § 9, Rn. 25; *Brückner*, S. 50, Rn. 152; *Riemer*, § 3, S. 61, Rn. 51.

203 CHK/*Breitschmid*, Art. 16 N 8; BeK/*Bucher E./Aebi-Müller*, Art. 16 N 108; SPR/Gutzwiller/*Grossen*, § 33, S. 318; *Pedrazzini/Oberholzer*, S. 76; *Bucher A.*, § 3, S. 14, Rn. 67.

204 Botschaft Erwachsenenschutz, S. 7043; *Biderbost*, AJP 2010, 3, 6.

205 Botschaft Erwachsenenschutz, S. 7043; KK/*Hotz*, Art. 16 N 8.

206 BaK/*Fankhauser*, Art. 16 N 33a; CHK/*Breitschmid*, Art. 16 N 8; OFK/*Petermann*, Art. 16 N 11.

207 KK/*Hotz*, Art. 16 N 8; BaK/*Fankhauser*, Art. 16 N 33a; CHK/*Breitschmid*, Art. 16 N 8; OFK/*Petermann*, Art. 16 N 11.

Fähigkeit vernunftgemäßen Handelns zumindest auch teilweise auf physiologischen Ursachen beruhen muss.[208] Angesichts der Tatsache, dass nun auch extreme Unerfahrenheit oder Misswirtschaft als „ähnliche Zustände" einzustufen sind, erscheint dieses Abgrenzungskriterium aufgeweicht und es kann wohl nicht mehr darauf zurückgegriffen werden. Nichtsdestotrotz ist der Auffangtatbestand aufgrund der Vermutung der Urteilsfähigkeit sowie aus Gründen der Rechtssicherheit einschränkend auszulegen.[209]

II. Fähigkeit vernunftgemäßen Handelns

Das Gesetz verwendet den Begriff der Urteilsfähigkeit zwar als einheitliches Institut.[210] Nach ständiger Rechtsprechung[211] und einhelliger Auffassung in der Literatur[212] teilt sich die für die rechtsgeschäftliche Urteilsfähigkeit erforderliche Fähigkeit vernunftgemäßen Handelns jedoch in zwei Elemente: Zum einen erfordert sie die Fähigkeit, Beweggründe, Bedeutung und Konsequenzen des eigenen Handelns zu erkennen und zu würdigen sowie danach einen eigenen reflektierten Willen frei und unbeeinflusst zu bilden (sog. Einsichts- oder Willensbildungsfähigkeit)[213].[214] Dies bildet die kognitive bzw. verstandesmäßige Komponente der Urteilsfähigkeit.[215] Darüber hinaus setzt

208 *Gutzwiller*, AJP 2008, 1223, 1225.

209 KK/*Hotz*, Art. 16 N 9.

210 *Pedrazzini/Oberholzer*, S. 70.

211 BGE 117 II 231, 232; BGE 124 III 5, 7 f.; BGE 134 II 235, 239; OGer ZH ZR 1979, 129; BGer 4C.55/2000 E. 2; BGer 5A_748/2008 E. 3.1.

212 OFK/*Petermann*, Art. 16 N 5; BaK/*Fankhauser*, Art. 16 N 6; SPR/Gutzwiller/*Grossen*, § 33, S. 318; Tuor/Schnyder/*Schmid*, § 9, Rn. 25; *Deschenaux/Steinauer*, § 4, S. 24, Rn. 76; *Petermann*, S. 18, Rn. 59; *Hürlimann-Kaup/Schmid*, § 15, S. 165, Rn. 602 ff.; *Abt*, successio 2010, 195, 197.

213 CHK/*Breitschmid*, Art. 16 N 2; *Riemer*, § 3, S. 61, Rn. 51; *Petermann*, S. 18 f., Rn. 60 f.; *Hausheer/Aebi-Müller*, § 6, S. 46, Rn. 06.22; Wolf/*Wolf/Setz*, S. 37 f.

214 *Petermann*, S. 18 f., Rn. 60 f.; *Deschenaux/Steinauer*, § 4, S. 24, Rn. 77; *Hausheer/Aebi-Müller*, § 6, S. 46, Rn. 06.22; *Abt*, successio 2010, 195, 197.

215 KK/*Hotz*, Art. 16 N 1; *Petermann*, S. 18, Rn. 60; *Riemer*, § 3, S. 61, Rn. 51.

sie die Fähigkeit voraus, entsprechend dieser gewonnenen Einsicht und dem gebildeten Willen zu handeln (sog. Willens(-umsetzungs) fähigkeit)[216].[217] Hierbei spricht man von der affektiven bzw. voluntativen Seite der Urteilsfähigkeit.[218] Im Rahmen der Urteilsfähigkeit ist somit einzig und allein entscheidend, ob der Betroffene grundsätzlich in der Lage ist, einen vernünftigen Willen zu bilden und danach zu handeln. Es geht also nicht um reflektorische Verhaltensweisen, sondern um bewusstes und willensgesteuertes Handeln.[219] *Bucher E.* will daher den Schwerpunkt der Prüfung im Bereich der Geschäftsfähigkeit auf die Fähigkeit vernunftgemäßer Willensbildung legen. Die Fähigkeit, entsprechend diesem Willen zu handeln, soll lediglich sekundär berücksichtigt werden.[220] Richtig ist zwar, dass ein großer Teil der Probleme in Zusammenhang mit der Urteilsfähigkeit im Bereich der Einsichtsfähigkeit anzusiedeln ist, allerdings sind durchaus Konstellationen vorstellbar, in denen die Willensumsetzungsfähigkeit des Betroffenen vordergründig in Frage steht. So kann beispielsweise ein sehr hohes Alter dazu führen, dass diese Person über das normale Maß hinaus beeinflussbar ist und ihren eigenen, rational gebildeten Willen gegenüber Drittpersonen nicht durchsetzen

216 CHK/*Breitschmid*, Art. 16 N 2; *Hausheer/Aebi-Müller*, § 6, S. 46, Rn. 06.22; *Petermann*, S. 19, Rn. 62.

217 CHK/*Breitschmid*, Art. 16 N 2; KK/*Hotz*, Art. 16 N 1; *Deschenaux/Steinauer*, § 4, S. 24, Rn. 79; *Abt*, successio 2010, 195, 197.

218 KK/*Hotz*, Art. 16 N 1. *Deschenaux/Steinauer*, § 4, S. 24, Rn. 79; *Riemer*, § 3, S. 61, Rn. 51; *Abt*, successio 2010, 195, 197.

219 BeK/*Bucher E./Aebi-Müller*, Art. 16 N 37.

220 BeK/*Bucher E.*, 1976, Art. 16 N 37 f.; die auf Buchers Text aufbauende Formulierung in BeK/*Bucher E./Aebi-Müller*, Art. 16 N 37 f. tendiert nun hingegen zu einer zweistufigen Prüfung: „Erst wenn die Fähigkeit der Wilensbildung feststeht, ist anschliessend die Fähigkeit des Handelns (nämlich entsprechend dem eigenen, vernunftgemässen Willen) mit einzubeziehen.“.

kann.[221] Insbesondere bei den in der Praxis nicht selten vorkommenden last-minute-Testamenten ist hieran zu denken.[222]

Die menschliche Urteilsfähigkeit enthält eine Vielzahl an schwer zu fassenden psychologischen Faktoren. Es ist daher nicht möglich, die Voraussetzungen der Fähigkeit vernunftgemäßen Handelns präzise in einer allgemeingültigen Norm zu umschreiben.[223] Art. 16 ZGB wurde vielmehr als gesetzliche Generalklausel formuliert und gibt lediglich die allgemeine Konnotation des Begriffs der Urteilsfähigkeit wieder.[224] Diese unbestimmte Norm gilt es mit Rückgriff auf außergesetzliche Erkenntnisquellen im Einzelfall zu konkretisieren, vgl. Art. 1 ZGB. Der Richter hat also im konkreten Einzelfall stets ein Werturteil zu treffen, ob die subjektiven Umstände ausreichen, dem Betroffenen sein Handeln im rechtsgeschäftlichen Bereich eigenverantwortlich zuzurechnen.[225] Gegenstand der Beurteilung ist dabei allein die Urteilsfähigkeit des Betroffenen, also ob er bei Vertragsschluss in der Lage war, in Bezug auf das vorgenommene Geschäft einen ungestörten Willen zu bilden und danach zu handeln. Auf die Vernünftigkeit oder Unvernünftigkeit des in Frage stehenden Verhaltens aus Sicht eines Außenstehenden kommt es hingegen nicht an.[226] Vielmehr fallen Personen, die von ihrer Urteilsfähigkeit keinen vernunftgemäßen Gebrauch machen oder einer Täuschung bzw. einem Irrtum unterliegen, schon gar nicht in den Schutzbereich des Art. 16 ZGB.[227] Ledig-

221 KK/*Hotz*, Art. 16 N 1; BaK/*Fankhauser*, Art. 16 N 12; nach *Abt*, «Information» Nr. 116, 17, 19, ist am Willens- bzw. Charakterelement „mehr Fleisch am Knochen" als an der intellektuellen Komponente.

222 *Petermann*, S. 48 f., Rn. 149 ff.; *Abt*, successio 2010, 195, 200; *ders.*, «Information» Nr. 116, 17, 19.

223 BeK/*Bucher E./Aebi-Müller*, Art. 16 N 14; *Pedrazzini/Oberholzer*, S. 64; *Petermann*, S. 17, Rn. 56.

224 *Petermann*, S. 17, Rn. 56; *Gutzwiller*, AJP 2008, 1223, 1228.

225 BeK/*Bucher E./Aebi-Müller*, Art. 16 N 14; *Pedrazzini/Oberholzer*, S. 64.

226 BGE 43 II 744; CHK/*Breitschmid*, Art. 16 N 2; ZK/*Escher*, Art. 467 N 5; KK/*Hotz*, Art. 16 N 1; OFK/*Petermann*, Art. 16 N 5; *Deschenaux/Steinauer*, § 4, S. 25 f., Rn. 82.

227 *Bucher A.*, § 3, S. 15, Rn. 71.

lich wenn bereits Zweifel an der Urteilsfähigkeit des Betroffenen bestehen, kann die Absurdität einer konkreten Handlung oder Verfügung als Indiz dafür herangezogen werden, dass der Betroffene diesbezüglich nicht in der Lage war, vernunftgemäß zu handeln.[228] Andernfalls würde die Prüfung des Gültigkeitserfordernisses der Urteilsfähigkeit zur Inhaltskontrolle der Entscheidung ausgeweitet.[229] Dies kann jedoch unter der Prämisse, die individuelle Selbstbestimmung so weit wie möglich zu bewahren und nur soweit wie nötig einzuschränken, nicht richtig erscheinen.[230] Maßgeblich ist daher allein, ob die Entscheidung ein von der Persönlichkeit des Rechtssubjekts getragenes Ergebnis der Willensbildung und -umsetzung darstellt.[231]

1. Einsichts- oder Willensbildungsfähigkeit

Zur Konkretisierung der Einsichtsfähigkeit kann diese ihrerseits in weitere Unterfähigkeiten aufgespalten werden. Es handelt sich dabei um Aspekte einer psychischen Gesamterscheinung, die sich nicht exakt voneinander abgrenzen lassen, sondern vielmehr ineinander übergehen und sich überschneiden.[232]

228 BGer SJZ 1911, 244, 245; BGE 117 II 231, 233; BGE 124 III 5, 17 f.; BGer 4C.55/2000 E. 2b; KK/*Hotz*, Art. 16 N 1; OFK/*Petermann*, Art. 16 N 5; *Petermann*, S. 20, Rn. 64; *Pedrazzini/Oberholzer*, S. 69 f.

229 BeK/*Bucher E./Aebi-Müller*, Art. 16 N 78; KK/*Hotz*, Art. 16 N 1; *Pedrazzini/Oberholzer*, S. 69; Wolf/*Wolf/Setz*, S. 40.

230 Vgl. Art. 388 Abs. 2 ZGB; KK/*Hotz*, Art. 16 N 1; *Hofer/Hrubesch-Millauer*, § 10, S. 190, Rn. 10.05.

231 CHK/*Breitschmid*, Art. 16 N 2.

232 BeK/*Bucher E./Aebi-Müller*, Art. 16 N 42; *Hausheer/Aebi-Müller*, § 6, S. 46, Rn. 06.23. Die Untergliederung in Teilfähigkeiten erfolgt zudem nicht einheitlich, vgl. die Einteilungen bei BeK/*Bucher E./Aebi-Müller*, Art. 16 N 49 ff.; *Hausheer/Aebi-Müller*, § 6, S. 46 ff., Rn. 06.23 ff. oder *Pedrazzini/Oberholzer*, S. 70 ff.; kritisch hierzu *Brückner*, S. 51, Rn. 158, der feststellt, dass die Treffsicherheit der Rechtsanwendung durch die begriffliche Unterteilung in separate Fähigkeiten kaum vergrößert wird.

a) Intellektuelles Urteilsvermögen

Zunächst erfordert die Fähigkeit zur Willensbildung ein gewisses Minimum an verstandesmäßiger Einsichts- und rationaler Beurteilungsfähigkeit, d. h. an Denk- und Urteilsvermögen, was die Konsequenzen verschiedener möglicher Verhaltensweisen in einer konkreten Lage anbelangt.[233] Der Betroffene muss die ökonomische und lebensgestaltende Bedeutung seiner Beteiligung am Rechtsverkehr erfassen können.[234] Freilich kann für die Annahme von Urteilsfähigkeit letztlich kein hoher Intellekt verlangt werden,[235] ein Mindestmaß an Verstand ist aber grundlegende Voraussetzung.[236] Im Rahmen von Intelligenzminderungen könnte zur Abgrenzung zwischen Urteilsfähigkeit und der diesbezüglichen Unfähigkeit die Höhe des Intelligenzquotienten herangezogen werden wie es in der deutschen Rechtsprechung Usus ist.[237] Das Orientieren an einem absoluten, psychometrischen Richtwert widerspricht jedoch dem noch zu erläuternden Prinzip der Relativität der Urteilsfähigkeit,[238] wonach die Anforderungen an das intellektuelle Urteilsvermögen im Einzelfall von verschiedenen Faktoren wie der Schwierigkeit und Komplexität des konkreten Rechtsgeschäfts sowie der Dauer und dem Umfang der rechtlichen Bindung abhängen.[239] Weitere zu berücksichtigende Faktoren sind der aktuelle Geisteszustand des Betroffenen sowie die jeweiligen Einflüsse der Umgebung[240] Regelmäßig setzt die rechtsgeschäftliche Ausübung des

233 CHK/*Breitschmid*, Art. 16 N 3; OFK/*Petermann*, Art. 16 N 6; *Petermann*, S. 18 f., Rn. 60; *Hausheer/Aebi-Müller*, § 6, S. 46, Rn. 06.24; *Pedrazzini/Oberholzer*, S. 70.

234 *Hausheer/Aebi-Müller*, § 6, S. 46, Rn. 06.24.

235 KK/*Hotz*, Art. 16 N 1.

236 *Petermann*, S. 19, Rn. 60; *Hausheer/Aebi-Müller*, § 6, S. 46, Rn. 06.24.

237 OLG Köln MDR 1975, 1017; OLG Düsseldorf VersR 1996, 1493; *Cording*, Fortschr Neurol Psychiat 2004, 147, 151, wobei zwischen einer angeborenen oder früh erworbenen Beeinträchtigung der Intelligenz (sog. Oligophrenie) und derjenigen, die erst in einem höheren Lebensalter aufgetreten ist, zu differenzieren ist.

238 *Petermann*, S. 28, Rn. 89.

239 CHK/*Breitschmid*, Art. 16 N 2; BeK/*Bucher E./Aebi-Müller*, Art. 16 N 50; *Bucher A.*, § 3, S. 15, Rn. 69.

240 CHK/*Breitschmid*, Art. 16 N 2.

intellektuellen Urteilsvermögens auch gewisse positive Sachkenntnisse voraus.[241] Damit ist freilich nicht spezielles Fachwissen für die Annahme von Urteilsfähigkeit erforderlich, wohl aber gegebenenfalls die Einsicht, dass die Aneignung derartigen Wissens bzw. die Einholung fachkundigen Rats für die Entscheidungsfindung notwendig ist.[242] Natürlich ist nicht schon jedes Rechtsgeschäft, das eine Person ohne ausreichende Entscheidungsgrundlagen oder Sachaufklärung vornimmt, mangels intellektuellen Beurteilungsvermögens nichtig.[243] Entscheidend ist vielmehr, ob dem Betroffenen das Nichteinholen der maßgeblichen Informationen zuzurechnen ist, da er in der Lage war, deren Notwendigkeit zu erkennen.[244]

Auch wenn für die Ablehnung der Urteilsfähigkeit selten rein kognitive Mängel den Ausschlag geben,[245] sind Konstellationen denkbar, in denen die Fähigkeit zur Willensbildung allein aufgrund intellektueller Defizite des Handelnden gestört sein kann. Man denke beispielsweise an einen Erwachsenen mit Down-Syndrom oder Morbus Alzheimer, der nicht unter Beistandschaft steht und dem von einem Notar ein kompliziert ausgestalteter Vertrag über eine Grundstücksübertragung oder eine letztwillige Verfügung mit komplexen und schwer zu durchschauenden Erbeinsetzungen und Vermächtnissen zur Unterschrift vorgelegt wird. Ist er aufgrund der Krankheit bzw. Behinderung geistig nicht im Stande, die Erläuterungen des Fachmanns sowie die sich aus dem Rechtsgeschäft ergebenden Folgen für seine Lebensgestaltung zu begreifen, so kann er keinen eigenen freien Willen bilden und die Urteilsfähigkeit schon wegen fehlenden intellektuellen Denkvermögens entfallen.

241 BeK/*Bucher E./Aebi-Müller*, Art. 16 N 110; BeK/*Weimar*, Art. 467 N 6; *Pedrazzini/Oberholzer*, S. 70.

242 BGE 77 II 97, 99; KK/*Hotz*, Art. 16 N 1; SPR/Gutzwiller/*Grossen*, § 33, S. 318; *Petermann*, S. 19, Rn. 60; Wolf/*Wolf/Setz*, S. 23, 38.

243 BeK/*Bucher E./Aebi-Müller*, Art. 16 N 111.

244 BGE 77 II 97 ff.; BeK/*Bucher E./Aebi-Müller*, Art. 16 N 111; BeK/*Weimar*, Art. 467 N 6.

245 *Cording*, Fortschr Neurol Psychiat 2004, 147.

b) Realitätsbezug des Urteilsvermögens

Verstandesmäßige Einsichts- und Beurteilungsfähigkeit allein reicht jedoch nicht aus. Vernünftig ist das Denk- und Urteilsvermögen vielmehr nur, wenn es hinreichenden Realitätsbezug aufweist, d. h. wenn der zu fassende Entschluss „realistisch" ist.[246] Dies setzt die Fähigkeit voraus, Vorgänge der Außenwelt in ihren Realitäten zu erfassen.[247]

aa) Pathologische Gedächtnisschwäche, insbesondere Demenz

Hieran mangelt es insbesondere bei Personen mit pathologischer Gedächtnisschwäche wie z. B. Demenz, Amnesie.[248] Vor allem im Rahmen von Testamentserrichtungen bzw. -änderungen, die naturgemäß oft erst im fortgeschrittenen Alter durchgeführt werden, zählt der krankheitsbedingte Gedächtnisverlust vermutlich zu den häufigsten Ursachen der Urteilsunfähigkeit.[249] Im Fall einer Altersdemenz kann sich der Betroffene aufgrund der schweren Schädigung der Nervenzellen des Gehirns nicht alle für den Entschluss wesentlichen Erfahrungen und Momente ins Gedächtnis rufen und diese bewerten.

Dies wirft die Frage auf, ob die Erinnerungs- und Merkfähigkeit zu den notwendigen Elementen der Urteilsfähigkeit zählt. Schließlich führt die später noch zu erläuternde Relativität der Urteilsfähigkeit dazu, dass sich die Fähigkeit vernunftgemäßen Handelns stets auf eine konkrete, und vor allem gegenwärtige Situation beziehen muss.[250] Allerdings kann ein vernünftiger Wille nur auf der Grundlage des Erinnerungsvermögens realistisch gebildet werden, wenn sich die zu treffende Entscheidung des Betroffenen auf ein in der Vergangenheit

246 BeK/*Bucher E./Aebi-Müller*, Art. 16 N 51; CHK/*Breitschmid*, Art. 16 N 3; *Hausheer/Aebi-Müller*, § 6, S. 46, Rn. 06.25; *Deschenaux/Steinauer*, § 4, S. 24, Rn. 78.

247 ZK/*Egger*, Art. 16 N 5; *Pedrazzini/Oberholzer*, S. 71; *Petermann*, S. 19, Rn. 60.

248 BeK/*Bucher E./Aebi-Müller*, Art. 16 N 54; *Pedrazzini/Oberholzer*, S. 70; *Hofer/Hrubesch-Millauer*, § 10, S. 195, Rn. 10.33.

249 BeK/*Bucher E./Aebi-Müller*, Art. 16 N 54.

250 *Gutzwiller*, AJP 2008, 1223, 1231, zählt die Erinnerungsfähigkeit daher grundsätzlich nicht zu den notwendigen Bestandeilen der Urteilsfähigkeit.

begründetes Geschehen bezieht.[251] Dies muss sich der Handelnde ins Gedächtnis rufen können, damit er die gegenwärtige Situation verstehen und eine persönlichkeitsadäquate Entscheidung treffen kann.[252] Realitätsbezug des Urteilsvermögens kann daher nur vorliegen, wenn die Summe früherer Erkenntnisse, Erfahrungen und Beobachtungen aktuell abrufbar ist und auf dieser Grundlage eine normative Entscheidung erfolgt.[253] Das Erinnerungsvermögen ist somit unerlässlicher Bestandteil der Urteilsfähigkeit.[254]

Auch das Bundesgericht[255] lehnte die Urteilsfähigkeit einer beklagten Veräußerin eines Grundstücks ab, die Symptome einer weit fortgeschrittenen Altersdemenz aufwies. Weder erschien das Rechtsgeschäft unvernünftig noch war der Preis unangemessen. Auch hatte sich die Verkäuferin mit Dritten in verständiger Weise über den Immobilienverkauf ausgetauscht. Dennoch deuteten ihre Gedächtnisschwäche, das Nachlassen der Willenskraft, die Unentschlossenheit sowie die Schwierigkeit, einfachste Ideen zu kombinieren, darauf hin, dass sich die Einsichts- und Willensbildungsfähigkeit der Betroffenen nicht mehr an der Wirklichkeit orientierten.

bb) Wahnvorstellungen und Zwänge

Ähnlich verhält es sich bei Personen, die an wahnhaften Fehleinschätzungen der Umwelt, fixen Ideen, Zwangsvorstellungen oder krankhafter Furcht leiden und sich beispielsweise verfolgt oder bedroht fühlen.[256]

251 *Gutzwiller*, AJP 2008, 1223, 1231 f.

252 BeK/*Bucher E./Aebi-Müller*, Art. 16 N 52; *Hausheer/Aebi-Müller*, § 6, S. 46, Rn. 06.25; *Pedrazzini/Oberholzer*, S. 70; auch *Gutzwiller*, AJP 2008, 1223, 1231 f., erkennt in derartigen Konstellationen das Erinnerungsvermögen als notwendigen Bestandteil der Urteilsfähigkeit an.

253 BeK/*Weimar*, Art. 467 N 5.

254 So auch in BGE 44 II 107, 119 f.; BGE 124 III 5, 15; BeK/*Weimar*, Art. 467 N 5.

255 SJZ 1907/08, 240.

256 BeK/*Bucher E./Aebi-Müller*, Art. 16 N 55; ZK/*Egger*, Art. 16 N 5; BaK/*Fankhauser*, Art. 16 N 8; SPR/Gutzwiller/*Grossen*, § 33, S. 318.

Alle rechtsgeschäftlichen Handlungen, die auf dieser Basis ausgeführt werden, sind mangels hinreichendem verstandesmäßigem Realitätsbezug nicht zurechenbar.[257] Dies gilt auch, wenn die Entscheidungen an sich konsequent und verstandesgemäß korrekt erscheinen.[258] So konnte sich der depressive Käufer einer Liegenschaft erfolgreich auf seine Urteilsunfähigkeit bei Vertragsschluss berufen.[259] Die Depression hatte sein Fühlen, Denken und Wollen völlig dominiert und in ihm einen inneren Zwang ausgelöst, sein Vaterhaus zu verkaufen und die Liegenschaft der Beklagten zu erwerben. Nach Ansicht des Gerichts beeinflusste die pathologische Veränderung des Gemütslebens das Handeln derart stark, dass eine Orientierung an der Realität nicht mehr möglich war.

Der notwendige Realitätsbezug des Urteilsvermögens ist hingegen offenbar nicht in der Richtung zu verstehen, dass nur wahrnehmbare oder von der Mehrheit als existent anerkannte Faktoren der Außenwelt als Entscheidungsgrundlage herangezogen werden dürfen. Selbstverständlich lassen Beweggründe des Handelnden, die naturwissenschaftlich als unrealistisch angezweifelt bzw. sogar negiert werden, die Urteilsfähigkeit nicht per se entfallen. Verkauft also jemand seine Immobilie, weil er der Überzeugung ist, dass es darin spukt, ist er deshalb noch nicht urteilsunfähig.[260] Anders verhält es sich, wenn diese Hirngespinste ihn zur Übertragung seines Hauses gedrängt hätten, da es dann an der hierfür notwendigen Urteilsfähigkeit fehlt.[261]

c) Bildung einfühlbarer Motive

Die für die Willensbildung sowie für den Entschluss maßgeblichen Motive müssen außerdem nachvollziehbar sein, d. h. sie dürfen den all-

257 BeK/*Bucher E./Aebi-Müller*, Art. 16 N 55.
258 BeK/*Bucher E./Aebi-Müller*, Art. 16 N 55.
259 OGer Solothurn SJZ 1917/18, 77 f.
260 Vgl. *Huber*, S. 54.
261 *Huber*, S. 54 f.

gemein anerkannten, elementaren Wertvorstellungen der Gesellschaft nicht in extremer Weise widersprechen.[262] Erscheinen die Handlungsmotive nämlich nicht nur unvernünftig und unannehmbar, sondern sind sie in keinster Weise menschlich nachvollziehbar und vielmehr Ausdruck völlig verschobener bzw. „ver-rückter", d h. krankhafter Wertmaßstäbe und Handlungsregeln, so ist die Urteilsfähigkeit dieser Person anzuzweifeln.[263]

Dabei geht es freilich nicht um die Diskriminierung alternativer Lebensgestaltungen.[264] Wie bereits erwähnt, kann der Tatsache, dass die Handlung des Betroffenen aus Sicht eines Durchschnittsbürgers unvernünftig oder nicht sozialadäquat erscheint, höchstens Indizwirkung zukommen. Zudem sind die Beweggründe und Handlungsmotive einer Person Ausfluss der ihr eigenen Emotionalität und ihres individuellen Charakters. Aufgrund ihrer Komplexität und Verwurzelung in der höchstpersönlichen Anlage des Individuums können sie objektiv weder als richtig noch als falsch bewertet werden.[265] Schließlich kann auch eine geistige und emotional ausgeglichene Person im Rahmen ihrer autonomen Selbstbestimmung willentlich gegen Wertvorstellungen der Gesellschaft verstoßen ohne hierdurch die Fähigkeit vernunftgemäßen Handelns zu verlieren.[266] Vielmehr ist Urteilsunfähigkeit wegen Unvereinbarkeit der Motive mit der sozialen Konvention nur in extremen Ausnahmenfällen anzunehmen.[267]

Allgemeingültige Regeln können für diese Extremfälle nicht aufgestellt werden, da der Maßstab der sozialen Konventionen dehn- und wandelbar ist und die jeweiligen Umstände des konkreten Einzelfalls

262 BeK/*Bucher E./Aebi-Müller*, Art. 16 N 58 und 67; CHK/*Breitschmid*, Art. 16 N 3; *Hausheer/Aebi-Müller*, § 6, S. 46, Rn. 06.26; *Pedrazzini/Oberholzer*, S. 71; *Bucher A.*, § 3, S. 13, Rn. 60.

263 BeK/*Bucher E./Aebi-Müller*, Art. 16 N 58; *Hausheer/Aebi-Müller*, § 6, S. 46 f., Rn. 06.26; *Pedrazzini/Oberholzer*, S. 71.

264 *Hausheer/Aebi-Müller*, § 6, S. 47, Rn. 06.27.

265 BeK/*Bucher E./Aebi-Müller*, Art. 16 N 57.

266 *Binder*, S. 70.

267 BeK/*Bucher E./Aebi-Müller*, Art. 16 N 61.

unvorhersehbar sind. Ist bereits kein Realitätsbezug des Urteilsvermögens gegeben, wird wohl oft auch die Fähigkeit zur Bildung annehmbarer Beweggründe und zur Bestimmung des eigenen Verhaltens durch vernunftgemäß erkannte Motive fehlen.[268] Typischerweise wird die Fähigkeit zur Bildung nachvollziehbarer Motive bei Handlungen in Frage gestellt, die den Suizid einer Person bezwecken oder mit dessen Realisierung unmittelbar zusammenhängen.[269] Dabei ist die Testierfähigkeit des Suizidenten durch die selbstzerstörerische Neigung nicht notwendigerweise beeinträchtigt.[270] In gewissen Situationen, wie z. B. im Fall einer unheilbaren und schmerzhaften Krankheit, ist das Verlangen nach dem Tod hingegen durchaus menschlich nachvollziehbar. Es kann dann nicht von vornherein von der Urteilsunfähigkeit des Betroffenen ausgegangen werden.[271] Im Übrigen sind Rechtsgeschäfte, die direkt und unmittelbar auf den Erfolg der physischen Selbstvernichtung gerichtet sind, ohnehin nach Art. 20 Abs. 1 OR nichtig.[272] Auch Handlungen, die zur totalen wirtschaftlichen Selbstvernichtung des Betroffenen führen, werden als Beispiele für eine gestörte Motivbildung angeführt.[273] Derjenige, der grundlos sein gesamtes Vermögen hingibt und das Fundament seiner wirtschaftlichen Existenz gefährdet, ist vor sich selbst zu schützen. Vernunftgemäßes Handeln setzt schließlich auch ein Minimum an ökonomischem Egoismus voraus.[274] Eine Entscheidung über die Urteilsfähigkeit ist in derartigen Konstellationen jedoch hinfällig, da Art. 27 Abs. 2 ZGB zum Schutz

268 BGE 44 II 107, 120.

269 BeK/*Bucher E./Aebi-Müller*, Art. 16 N 59; *Hausheer/Aebi-Müller*, § 6, S. 47, Rn. 06.27; *Bucher A.*, § 3, S. 13, Rn. 60.

270 BeK/*Bucher E./Aebi-Müller*, Art. 16 N 60.

271 *Hausheer/Aebi-Müller*, § 6, S. 47, Rn. 06.27.

272 *Hausheer/Aebi-Müller*, § 6, S. 47, Rn. 06.27.

273 BeK/*Bucher E.*, 1976, Art. 16 N 53; *Hausheer/Aebi-Müller*, § 6, S. 47, Rn. 06.27; *Bucher A.*, § 3, S. 13, Rn. 60.

274 BeK/*Bucher E.*, 1976, Art. 16 N 53.

vor übermäßiger Bindung auch bei Gefährdung der wirtschaftlichen Existenz Anwendung findet.[275]

Das Bundesgericht[276] sprach einer geistig beeinträchtigten 86-jährigen Erblasserin u. a. aufgrund der Unfähigkeit zur Bildung einfühlbarer Motive die Testierfähigkeit ab. Diese hatte ihr 15 Jahre zuvor verfasstes Testament, das auch gemeinnützige Vermächtnisse zugunsten kirchlicher Institutionen sowie eine Anordnung zum eigenen Seelenheil („*Bei meinem Tode sollen zu meinem Seelenheil 30 hl. Messen [...] gelesen werden.*") enthielt, widerrufen. Auch wenn der Widerruf eines Testaments an sich noch nicht außergewöhnlich ist, konnte das Gericht keinerlei Motivation für die ungewöhnliche Aufhebung der für das eigene Seelenheil getroffenen Auflagen erkennen. Dieses Verhalten war nach der allgemeinen Erfahrung vielmehr keineswegs nachvollziehbar und konnte nicht als gesunder Gedankengang eines verständigen Menschen gewertet werden.

d) Kritische Motivabwägung und Verhaltenskontrolle

Einsichtsfähigkeit erfordert zudem die Fähigkeit, unter verschiedenen Handlungsmotiven eine verstandesgeleitete Auswahl im Wege der kritischen Motivabwägung zu treffen und dadurch das eigene Handeln zu kontrollieren.[277] Das menschliche Verhalten wird aufgrund seiner Vielschichtigkeit und Komplexität wesentlich durch Triebe, Impulse und Emotionen beeinflusst und gesteuert. Die Kontrolle dieses Verhaltens erfolgt dann auf der geistigen Ebene.[278] Indem er die Konsequenzen der unterschiedlich motivierten Verhaltensweisen durchdenkt und alle in Betracht kommenden Gesichtspunkte in Erwägung zieht, trifft der Handelnde eine bedachte und selbstbestimmte Ent-

---

275 BGE 123 III 337, 345 f.; KK/*Hotz*, Art. 27 N 5; *Hausheer/Aebi-Müller*, § 6, S. 47, Rn. 06.27.

276 BGE 124 III 5, 18, 24.

277 BeK/*Bucher E./Aebi-Müller*, Art. 16 N 64; *Hausheer/Aebi-Müller*, § 6, S. 47, Rn. 06.28.

278 *Hausheer/Aebi-Müller*, § 6, S. 47, Rn. 06.29.

scheidung.[279] Folgt er hingegen wegen mangelnder Selbstbeherrschung blindlings seinen Impulsen und Trieben und lässt er sich bei wichtigen Entscheidungen unreflektiert vom vordergründigsten Motiv leiten, so ist jedenfalls bei Verpflichtungen mit großer rechtlicher Tragweite Urteilsunfähigkeit anzunehmen.[280] Als Beispiel wird der Kauf eines kostspieligen Melkroboters durch einen Bauern, dessen Viehbestand lediglich zehn Kühe umfasst, angeführt. War dieser nicht in der Lage, seine Motive für und gegen das konkrete Rechtsgeschäft kritisch abzuwägen und sein Verhalten verstandesgeleitet zu kontrollieren, fehlt es an der für den Kaufvertrag erforderlichen Urteilsfähigkeit.[281]

e) Willensbildungsfähigkeit i. e. S.

Die Willensbildungsfähigkeit i. e. S. beschreibt die Fähigkeit einer Person, sich nach Abwägung des Für und Wider zu einer möglicherweise irreversiblen Entscheidung durchzuringen und diese nach außen hin verbindlich zu treffen.[282] Bloßer Wankelmut und Unentschlossenheit allein reichen für deren Ablehnung nicht aus. Vielmehr darf dem Handelnden gar nicht bewusst sein, dass seine Erklärung nach außen als sozial verbindlicher Entschluss wahrgenommen wird, an den er sich trotz Stimmungsschwankungen und Meinungsänderungen halten muss.[283] Er ist dann nicht in der Lage, die Bedeutung und Tragweite seiner Entscheidung zu erfassen, und daher urteilsunfähig. Klassisches Beispiel hierfür sind tägliche Testamentsänderungen.[284]

---

279 BeK/*Bucher E./Aebi-Müller*, Art. 16 N 65; *Hausheer/Aebi-Müller*, § 6, S. 47 f., Rn. 06.29.

280 BeK/*Bucher E./Aebi-Müller*, Art. 16 N 66; *Hausheer/Aebi-Müller*, § 6, S. 48, Rn. 06.30; vgl. auch *Binder*, S. 16.

281 *Hausheer/Aebi-Müller*, § 6, S. 48, Rn. 06.31; Grenzfälle sollen die „Mustermesse-euphorie" oder die „Ausverkaufswut" (= Vorliebe für Aktions-Geschäfte) sein.

282 BeK/*Bucher E./Aebi-Müller*, Art. 16 N 70; *Hausheer/Aebi-Müller*, § 6, S. 48, Rn. 06.32; *Pedrazzini/Oberholzer*, S. 72.

283 BeK/*Bucher E./Aebi-Müller*, Art. 16 N 71; *Pedrazzini/Oberholzer*, S. 72.

284 *Hausheer/Aebi-Müller*, § 6, S. 48, Rn. 06.32.

2. Willens(umsetzungs)fähigkeit[285]

Neben diesen Anforderungen an die Fähigkeit zur Willensbildung, erfordert Urteilsfähigkeit auch die Fähigkeit, den frei gebildeten Willen umzusetzen und dementsprechend zu handeln.[286] Der Handelnde muss einer Fremdbestimmung und übermäßigen Beeinflussung seines Willens in normalem Umfang widerstehen können.[287] Der geäußerte Wille hat also dem eigenen Willen des Erklärenden zu entsprechen.[288] Dabei geht es nicht darum, leichtgläubige oder wankelmütige Personen im Rechtsverkehr zu schützen. Lässt sich der Handelnde bei der Entscheidungsfindung von anderen Ansichten überzeugen oder beugt er sich aus Gefälligkeit einem fremden Willen, so äußert er letztendlich trotzdem seinen eigenen Willen.[289] Anders ist dies im Fall einer charakterbedingten Willensschwäche, bei der entweder kritiklos ein fremder Wille übernommen oder trotz anders gebildeten Willens der Suggestion eines Dritten gehorcht wird. In beiden Konstellationen wird nicht der eigene, sondern ein fremder Wille geäußert, der der willensschwachen Person nicht zugerechnet werden kann.[290] Dabei müssen die Empfänglichkeit für Suggestion sowie der Mangel an Widerstandskraft das normale Maß übersteigen, d. h. der Wille des Erklärenden muss durch die Willensbestimmung des Dritten derart in den Hintergrund gedrängt werden, dass sein Verhalten nicht

285 Die Terminologie ist nicht einheitlich, so verwendet beispielsweise BeK/*Bucher E./Aebi-Müller*, Art. 16 N 37 den Begriff „Willensfähigkeit" für die Fähigkeit vernunftgemäßer Willensbildung.

286 Tuor/Schnyder/*Schmid*, § 9, Rn. 25; CHK/*Breitschmid*, Art. 16 N 4; OFK/*Petermann*, Art. 16 N 7; *Petermann*, S. 19, Rn. 62; *Bucher A.*, § 3, S. 13, Rn. 61.

287 BGE 55 II 225, 229; SPR/Gutzwiller/*Grossen*, § 33, S. 318; KK/*Hotz*, Art. 16 N 1; ZK/*Egger*, Art. 16 N 5; *Homberger*, § 11, S. 39; *Deschenaux/Steinauer*, § 4, S. 24 f., Rn. 80 ff.

288 BaK/*Fankhauser*, Art. 16 N 11; KK/*Hotz*, Art. 16 N 1a; *Hausheer/Aebi-Müller*, § 6, S. 48, Rn. 06.33.

289 BeK/*Bucher E./Aebi-Müller*, Art. 16 N 74.

290 BeK/*Bucher E./Aebi-Müller*, Art. 16 N 74.

mehr persönlichkeitsadäquat erscheint.[291] Erst dann ist die Urteilsfähigkeit mangels Willens(umsetzungs)fähigkeit zu verneinen, auch wenn das Verhalten an sich möglicherweise vernünftig scheint. Dieser Mangel an Widerstandskraft muss sich außerdem auf das rechtsgeschäftliche Handeln des Betroffenen auswirken, d. h. bei der Entscheidungsfindung muss tatsächlich eine Beeinflussung durch Dritte ausgeübt worden sein.[292] Dabei ist die Verwendung unzulässiger Mittel, wie z. B. die Ausübung von Druck oder Drohung, nicht Voraussetzung. Vielmehr reicht bei Vorliegen einer Willensschwäche jegliche Einflussnahme aus, um die Urteilsunfähigkeit zu aktualisieren.[293]

Von einer derartigen Fremdbestimmung ging das Bundesgericht[294] z. B. im Fall eines altersdementen Testators aus, der von einem Zusammenbruch geschwächt durch seinen Vermieter dahingehend bearbeitet worden war, ein Vermächtnis zu dessen Gunsten anzuordnen. Obwohl das Verhältnis nicht von Freundschaft geprägt war, nahm er bereits einen Tag später vor einer Urkundsperson unter Zeugen[295] die entsprechende Anordnung vor. Zwar war unklar, ob die Altersdemenz des Erblassers zum Zeitpunkt der Testamentserrichtung bereits einen Grad erreicht hatte, der für sich die Annahme von Testierunfähigkeit

291 BGE 39 II 197 ff.; CHK/*Breitschmid*, Art. 16 N 4; OFK/*Petermann*, Art. 16 N 7; *Hausheer*/*Aebi-Müller*, § 6, S. 48, Rn. 06.33.

292 BGE 77 II 97, 100; BeK/*Bucher E.*/*Aebi-Müller*, Art. 16 N 76.

293 BGE 77 II 97, 100; BaK/*Fankhauser*, Art. 16 N 13; BeK/*Bucher E.*/*Aebi-Müller*, Art. 16 N 77.

294 BGE 39 II 190 ff.; ähnlich in der von BaK/*Fankhauser*, Art. 16 N 12, erwähnten Entscheidung BGE i.S. Th. C. Hoirie Th. v. 13. September 1984, wo eine wenig intelligente und an Arterienverkalkung leidende Frau nicht in der Lage war, den Pressionen Widerstand zu leisten, und grundlos Liegenschaften an die Kinder ihres Mannes aus erster Ehe verkauft hatte.

295 Die Mitwirkung der Zeugen bei der öffentlichen Verfügung ist heute in Art. 501 ZGB geregelt. Nach Abs. 2 haben diese auf der Urkunde mit ihrer Unterschrift zu bestätigen, (1) dass der Erblasser in ihrer Gegenwart die Erklärung i. S. d. Abs. 1 abgegeben hat, wonach er die Urkunde durchgelesen hat und diese seine letztwillige Verfügung enthält, sowie (2) dass er dabei nach ihrer Wahrnehmung verfügungsfähig war. Den Inhalt der letztwilligen Verfügung müssen die Zeugen hierfür nicht kennen.

rechtfertigte. Nach Ansicht des Gerichts fehlte es aber jedenfalls an der Willensumsetzungsfähigkeit des Verstorbenen, da er der Willensbeeinflussung und übermäßigen Suggestion durch seinen Vermieter nicht in normalem Maß widerstehen konnte. Den Wahrnehmungen der Urkundsperson und der Zeugen kann dabei selbst bei Einstimmigkeit nur Indizwirkung zukommen.

III. Kausalität

Nach Art. 16 ZGB ist urteilsunfähig, wer wegen eines aufgezählten Schwächezustands der Fähigkeit mangelt, vernunftgemäß zu handeln. Schon der Wortlaut der Vorschrift setzt voraus, dass das Fehlen der Fähigkeit zu vernunftentsprechendem Handeln zumindest teilweise auf einem Ausnahmezustand beruht.[296] Zwischen dem physiologischen Zustand und der psychologischen Unfähigkeit rationalen Handelns muss also ein gewisser Kausalzusammenhang gegeben sein. Dies ist aufgrund des noch zu erläuternden Prinzips der Relativität der Urteilsfähigkeit für jede Rechtshandlung erneut zu untersuchen. Der Schwächezustand und die hierdurch hervorgerufene Unfähigkeit vernunftgemäßen Handelns müssen sich konkret in dem Rechtsgeschäft ausgewirkt haben. Es ist daher unumgänglich, das konkrete Rechtsgeschäft in die Betrachtung mit einzubeziehen und eine Relation zum jeweiligen Schwächezustand sowie seinen Auswirkungen herzustellen.

296 SPR/Gutzwiller/*Grossen*, § 33, S. 319; *Bucher A.*, § 3, S. 13, Rn. 62; *Pedrazzini*/*Oberholzer*, S. 72 f.

IV. Reichweite der rechtsgeschäftlichen Urteils(un)fähigkeit: Grundsatz der Relativität der Urteils(un)fähigkeit

Wie oben schon mehrfach angesprochen, gilt im schweizerischen Recht der Grundsatz der Relativität der Urteils- und Handlungs(un)fähigkeit. Dies führt zu einer relativen Geschäfts(un)fähigkeit.

1. Rechtsgrundlage

Eine rechtliche Grundlage für die Relativität der Urteils(un)fähigkeit ist im Gesetz nicht zu finden. Vielmehr wurzelt dieses Prinzip in der eidgenössischen Rechtstradition.[297] Dem Einfluss der französischen Lehre folgend[298] ging die schweizerische Rechtsprechung bereits unter dem HFG[299], dem Vorläufer des ZGB, von einer relativen Urteilsfähigkeit aus.[300] Auch heute halten ständige Rechtsprechung[301] und Lehre[302] einhellig an diesem Grundsatz fest. Hierdurch wird der Tatsache Rechnung getragen, dass die gesetzlich geregelten Schwächezustände, insbesondere die geistige Behinderung und die psychische Störung, die unterschiedlichsten Grade und Ausprägungen aufweisen können.[303] Gleichzeitig wird das strenge, dem Art. 16 ZGB zugrunde liegende Alles-oder-Nichts-Prinzip abgeschwächt. Zwar ist eine Per-

297 BGE 44 II 447, 449; BeK/*Bucher E.*/*Aebi-Müller*, Art. 16 N 114; vgl. ZK/*Egger*, Art. 16 N 6.

298 ZK/*Egger*, Art. 16 N 6; Staudinger/*Knothe*, 2012, Vorb. zu §§ 104–115, Rn. 119.

299 Handlungsfähigkeitsgesetz von 1884.

300 AS 32 II 749; BGE 39 II 190, 196; BGE 44 II 447, 449; ZK/*Egger*, Art. 16 N 6.

301 BGE 44 II 447, 449; BGE 90 II 9, 12; BGE 134 II 235, 239; BGE 124 III 5, 8; OGer ZH ZR 1978, 110; OGer ZH ZR 1979, 129.

302 BeK/*Bucher E.*/*Aebi-Müller*, Art. 16 N 114; ZK/*Escher*, Art. 467 N 6; SPR/Gutzwiller/*Grossen*, § 33, S. 319; BaK/*Fankhauser*, Art. 16 N 34 ff.; *Deschenaux*/*Steinauer*, § 4, S. 25, Rn. 81; *Hürlimann-Kaup*/*Schmid*, § 15, S. 166 f., Rn. 608 f.; *Pedrazzini*/*Oberholzer*, S. 64; *Hausheer*/*Aebi-Müller*, § 6, S. 54 f., Rn. 06.50 ff.; *Riemer*, § 3, S. 62, Rn. 55; *Cosman*, S. 50 f.; *Bucher A.*, § 3, S. 15, Rn. 69; *Hofer*/*Hrubesch-Millauer*, § 10, S. 195, Rn. 10.30.

303 ZK/*Egger*, Art. 16 N 6.

son entweder urteilsfähig oder nicht, dies wird jedoch mit Blick auf den vorliegenden Schwächezustand für jede einzelne Rechtshandlung gesondert überprüft und entschieden. Aufgrund dieser überzeugenden Sachlogik besteht aus Sicht der Schweizer Rechtsordnung keinerlei Veranlassung, dieses grundlegende Prinzip in Frage zu stellen.[304] Die Vorstellung einer Relativität der Urteils(un)fähigkeit ist vielmehr derart selbstverständlich und zentral für das Schweizer Recht, dass es sogar versäumt bzw. nicht für notwendig erachtet wurde, diesen Grundsatz in das neu geschaffene ZGB von 1910 aufzunehmen bzw. im Rahmen der 2013 in Kraft getretenen Reform des Erwachsenenschutzrechts und der redaktionellen Anpassung des Art. 16 ZGB im Gesetz festzuschreiben.[305]

2. Inhalt des Grundsatzes

Inhaltlich geht der Grundsatz der Relativität der Urteils(un)fähigkeit von der Prämisse aus, dass die Urteils(un)fähigkeit einer Person nicht abstrakt-generell und schlechthin bezüglich ihrer gesamten Handlungen zu beurteilen ist.[306] Bezugspunkt für die Feststellung der Urteils(un)fähigkeit ist vielmehr der konkret-individuelle Rechtsakt zum Zeitpunkt seiner Vornahme sowie der zu diesem Zeitpunkt bestehende konkrete Zustand der beteiligten Personen.[307] In BGE 90 II 9, 12 heisst es: „*Cette capacité est relative. Le juge doit rechercher in concreto, pour un acte déterminé ou une série d'actes, si le défendeur la possédait [...]*". Die Urteils(un)fähigkeit ist also relativ.[308] Bei Zweifeln an der Fähigkeit vernunftgemäßen Handelns ist im Einzelfall danach zu fragen,

304 BeK/*Bucher E./Aebi-Müller*, Art. 16 N 114; *Egger*, FS Cohn 1915, S. 714.

305 KK/*Hotz*, Art. 16 N 10.

306 BaK/*Fankhauser*, Art. 16 N 34; ZK/*Escher*, Art. 467 N 6; SPR/Gutzwiller/*Grossen*, § 33, S. 319; *Binder*, S. 31; *Pedrazzini/Oberholzer*, S. 64.

307 BGE 44 II 447, 449; KK/*Hotz*, Art. 16 N 10; OFK/*Petermann*, Art. 16 N 12; BeK/*Weimar*, Art. 467 N 8; *Hofer/Hrubesch-Millauer*, § 10, S. 195, Rn. 10.30.

308 BGE 44 II 449; ZK/*Egger*, Art. 16 N 6; BeK/*Bucher E./Aebi-Müller*, Art. 16 N 112; *Homberger*, § 11, S. 39; *Lutz*, § 5, S. 37; Leser/*Rabel*, S. 221 f.

wie anspruchsvoll der Inhalt des konkreten Rechtsgeschäfts für den Betroffenen zum Zeitpunkt der Vornahme war.[309] Das bedeutet, dass dieselbe Person für ein Rechtsgeschäft als urteilsfähig, gleichzeitig aber für ein anderes Rechtsgeschäft als urteilsunfähig angesehen werden kann.[310] Auch kann sie in einem Zeitpunkt in der Lage sein, vernunftgemäß zu handeln, zu einem anderen Zeitpunkt jedoch für dasselbe Rechtsgeschäft als urteilsunfähig eingestuft werden.[311] Die Relativität der Urteils(un)fähigkeit kann sich somit in sachlicher und in zeitlicher Hinsicht auswirken.[312] Dabei greift die Feststellung der Urteilsunfähigkeit wegen des vorausgesetzten Schwächezustands zwar auf den geistigen oder körperlichen Zustand des rechtsgeschäftlich Handelnden zurück, Bezugspunkt für die Konstatierung der Urteilsunfähigkeit ist allerdings nicht nur die Person, sondern vielmehr auch der Rechtsakt, dessen Wirksamkeit unter handlungsfähigkeitsrechtlichen Gesichtspunkten streitig ist.[313] Urteilsfähigkeit ist daher keine Eigenschaft, sondern in Bezug auf ein konkretes Rechtsgeschäft gegeben oder nicht.[314]

a) Sachliche Komponente, insbesondere Maß an Urteilsfähigkeit

Die Urteilsfähigkeit ist in sachlicher Hinsicht, nämlich in Bezug auf einen konkreten Rechtsakt relativ. Die verschiedenen Rechtshandlungen erfordern jeweils ein anderes Maß an Urteilsfähigkeit des Handelnden.[315] Je nach Komplexität, Art und Tragweite des konkreten

---

309 KK/*Hotz*, Art. 16 N 10.

310 BGE 76 IV 142, 143; BGer 5A_912/2014 E. 3.2.1; Tuor/Schnyder/*Schmid*, § 9, Rn. 28; OFK/*Petermann*, Art. 16 N 12; *Oftinger*/*Stark*, § 5, S. 222, Rn. 118 f.; *Riemer*, § 3, S. 63, Rn 58; *ders.*, Bundesgerichtspraxis, S. 19; *Egger*, FS Cohn 1915, S. 714.

311 BeK/*Weimar*, Art. 467 N 8; BaK/*Fankhauser*, Art. 16 N 36.

312 BGer 5A_912/2014 E. 3.2.1; ZK/*Escher*, Art. 467 N 6; *Widmer Blum*, § 3, S. 41; Wolf/*Wolf*/*Setz*, S. 41; *Riemer*, § 3, S. 62 f., Rn. 56, 58.

313 BeK/*Bucher E.*/*Aebi-Müller*, Art. 16 N 113; *Lutz*, § 5, S. 37.

314 BeK/*Weimar*, Art. 467 N 8; *Bucher A.*, § 3, S. 20, Rn. 89.

315 BeK/*Bucher E.*/*Aebi-Müller*, Art. 16 N 115; *Binder*, S. 46; *Pedrazzini*/*Oberholzer*, S. 64; *Hofer*/*Hrubesch-Millauer*, § 10, S. 195, Rn. 10.30; *Petermann*, S. 17, Rn. 56.

Rechtsakts sind unterschiedliche Anforderungen an die Willensbildung und die Entschlusskraft zur Umsetzung dieses Willens zu stellen.[316] Bei der Beurteilung, wie hoch oder niedrig diese anzusetzen sind, ist stets der Grundsatz der Verhältnismäßigkeit zu beachten. Welches Maß an Urteilsfähigkeit für ein konkretes Rechtsgeschäft objektiv erforderlich ist, ist daher in Ansehung des Einzelfalls zu bewerten.[317] Dabei ist sowohl die konkrete Schutzbedürftigkeit des Handelnden zu berücksichtigen[318] als auch zwischen Rechtsgeschäften höchstpersönlicher und sonstiger Art zu differenzieren.[319]

aa) Allgemeine rechtsgeschäftliche Urteilsfähigkeit

Versucht man die Anforderungen an das im rechtsgeschäftlichen Bereich notwendige Maß an Urteilsfähigkeit allgemein zu formulieren, so muss der Betreffende, der sich in einem Schwächezustand befindet, in der Lage sein, die tatsächliche Tragweite seines Verhaltens, vor allem die wirtschaftlichen Konsequenzen zu durchschauen.[320] Bei einfachen Lebenssachverhalten (z. B. das Entgegennehmen eines Geschenks; die Begründung eines Wohnsitzes) und Geschäften des täglichen Lebens (z. B. der Kauf von Zeitungen oder Lebensmitteln) ist hiervon regelmäßig auszugegangen, während bei komplizierten und schwierig zu beurteilenden Geschäften (z. B. die Unterzeichnung eines komplexen Gesellschaftsvertrags; das Eingehen einer Bürgschaft) durchaus Zweifel aufkommen können, da letztere grundsätzlich ein höheres Maß an Einsichts- und Willensfähigkeit erfordern.[321]

316 BeK/*Bucher E./Aebi-Müller*, Art. 16 N 115; BaK/*Fankhauser*, Art. 16 N 35; *Deschenaux/Steinauer*, § 4, S. 25, Rn. 82.

317 *Hofer/Hrubesch-Millauer*, § 10, S. 195, Rn. 10.30.

318 Vgl. BaK/*Fankhauser*, Art. 16 N 35; *Bucher A.*, § 3, S. 17, Rn. 76.

319 BeK/*Bucher E./Aebi-Müller*, Art. 16 N 122; *Petermann*, S. 32, Rn. 102; *Binder*, S. 128 f.

320 ZK/*Egger*, Art. 16 N 7.

321 BeK/*Bucher E./Aebi-Müller*, Art. 16 N 115; *Hausheer/Aebi-Müller*, § 6, S. 54, Rn. 06.51; *Riemer*, § 3, S. 63, Rn. 58.

Das vom Einzelfall abhängige konkrete Schutzbedürfnis des Betroffenen ist umfassend in die Entscheidung über die Anforderungen an die Urteilsfähigkeit einzubeziehen.[322] Dem Verhältnismäßigkeitsprinzip folgend sind daher im Allgemeinen umso höhere Ansprüche an die Urteilsfähigkeit zu stellen, je bedeutender die Auswirkungen der rechtsgeschäftlichen Handlung sind.[323]

bb) Urteilsfähigkeit bei höchstpersönlichen Rechtsgeschäften

Ein anderer Maßstab ist allerdings bei der rechtsgeschäftlichen Ausübung höchstpersönlicher Rechte anzulegen. Höchstpersönlich sind Rechte, die einer Person um ihrer Persönlichkeit willen zustehen, vgl. Art. 19c Abs. 1 Hs. 1 ZGB. Aufgrund ihres persönlichkeitsbezogenen Kerngehalts handelt es sich dabei um Rechte, die nicht primär und direkt vermögensrechtlicher Natur sind.[324] Sie sind vielmehr untrennbar mit der Person des Rechtsträgers verbunden und müssen – Urteilsfähigkeit vorausgesetzt – gem. Art. 19c Abs. 1 Hs. 1 ZGB von dieser selbständig – ggf. mit Zustimmung des gesetzlichen Vertreters, vgl. Art. 183 Abs. 2, Art. 260 Abs. 2 ZGB – ausgeübt werden.[325] Urteilsfähige handlungsunfähige Personen sind daher im Rahmen ihrer höchstpersönlichen Rechte voll geschäftsfähig.[326] Dabei handelt es sich im vorliegenden Kontext um Erwachsene, die unter umfassender Beistandschaft stehen. Auch wenn eine solche Beistandschaft gem. Art. 398 Abs. 1 ZGB nur bei besonderer Hilfsbedürftigkeit des Betroffenen, insbesondere bei dauernder Urteilsunfähigkeit errichtet wird, darf die für die höchstpersönliche Rechtgeschäfte erforderliche

322 *Hofer/Hrubesch-Millauer*, § 10, S. 195, Rn. 10.31.

323 *Widmer Blum*, § 3, S. 41 f.; Wolf/*Monsch*, S. 16; *Hofer/Hrubesch-Millauer*, § 10, S. 195, Rn. 10.31; *Wolf/Hrubesch-Millauer*, § 13, S. 96, Rn. 329.

324 KK/*Hotz*, Art. 19c N 1; *Bucher A.*, § 4, S. 32 f., Rn. 154.

325 OFK/*Petermann*, Art. 19 N 6; KK/*Hotz*, Art. 19c N 4; *Hausheer/Aebi-Müller*, § 7, S. 67, Rn. 07.21; *Bucher A.*, § 4, S. 31, Rn. 144, *Riemer*, § 3, S. 70, Rn. 79.

326 KK/*Hotz*, Art. 19c N 2; BeK/*Bucher E./Aebi-Müller*, Art. 19–19c N 227; *Pedrazzini/Oberholzer*, S. 87.

Urteilsfähigkeit in diesen Fällen nicht generell verneint werden.[327] Der Grundsatz der Relativität der Urteilsfähigkeit gebietet es vielmehr, sie stets für jedes konkrete Rechtsgeschäft zu prüfen.

Höchstpersönliche Rechte sind grundsätzlich nicht der Vertretung zugänglich.[328] Dabei ist jedoch der Rechtsprechung[329] und der überwiegenden Lehre[330] folgend zwischen absolut und relativ höchstpersönlichen Rechten zu differenzieren: Absolut höchstpersönliche Rechte sind derart exklusiv und unmittelbar mit der Person und ihrem Leben verbunden, dass im Fall der Urteilsunfähigkeit des Betroffenen ein Handeln des gesetzlichen Vertreters im Bereich der Willensbildung und -ausübung nicht möglich ist, vgl. Art. 19c Abs. 2 ZGB. Die vertretungsweise Ausübung dieser Rechte ist völlig ausgeschlossen und im Fall der Urteilsunfähigkeit des Betroffenen können sie daher von niemandem ausgeübt werden.[331] *De facto* führt dies bei dauerhafter Urteilsunfähigkeit zu einem Entzug der Rechtsfähigkeit des Betroffenen im absolut höchstpersönlichen Bereich.[332] Diese folgenschwere Wirkung kann jedoch aufgrund des zu beachtenden Verhältnismäßigkeitsprinzips nicht alle persönlichkeitsrelevanten Rechte betreffen. Aus diesem Grund sind relativ höchstpersönliche Rechte in gewissen Schranken, nämlich bei Urteilsunfähigkeit des Handelnden, der vertretungsweisen Ausübung zugänglich, vgl. Art. 19c Abs. 2 ZGB. Das konkrete Schutzbedürfnis des Urteilsunfähigen, insbesondere sein

327 BaK/*Breitschmid*, Art. 467/468 N 4.

328 OFK/*Petermann*, Art. 19 N 6; *Hausheer/Aebi-Müller*, § 7, S. 67, Rn. 07.23; SPR/Gutzwiller/*Grossen*, § 35, S. 328; *Bucher A.*, § 4, S. 31, Rn. 143; *Riemer*, § 3, S. 70, Rn. 79.

329 BGE 117 II 6 E. 1b; BGE 116 II 387; vgl. Botschaft Erwachsenenschutz, S. 7096.

330 Tuor/Schnyder/*Schmid*, § 9, Rn. 40 ff.; *Binder*, S. 56; *Hürlimann-Kaup/Schmid*, § 15, S. 176, Rn. 635 ff.; *Hofer/Hrubesch-Millauer*, § 10, S. 199, Rn. 10.47; *Baumann*, S. 12 f., Rn. 3.1.7; a. A. *Deschenaux/Steinauer*, § 8, S. 69 f., Rn. 223.

331 BGE 78 II 99; BGE 114 Ia 362; Botschaft Erwachsenenschutz, S. 7096; BeK/*Bucher E./Aebi-Müller*, Art. 19–19c N 240 und 268; *Hausheer/Aebi-Müller*, § 7, S. 68, Rn. 07.29; *Binder*, S. 56.

332 BGE 117 II 7/8; SPR/Gutzwiller/*Grossen*, § 32, S. 313; KK/*Hotz*, Art. 19c N 6; *Riemer*, § 3, S. 70, Rn. 79; *Bucher A.*, § 2, S. 7, Rn. 31.

Interesse an der Wahrnehmung relativ höchstpersönlicher Rechte, rechtfertigt eine Durchbrechung des Prinzips der Vertretungsfeindlichkeit höchstpersönlicher Rechte.[333]

Welche Rechte einer Person um ihrer Persönlichkeit willen zustehen, ist gesetzlich nicht geregelt. Art. 19c ZGB bildet insofern eine Generalklausel, die als Lücke *intra legem* mit Rückgriff auf außergesetzliche Erkenntnisquellen zu füllen ist, vgl. Art. 1 ZGB.[334] Die Klassifizierung durch Lehre und Rechtsprechung erfolgt nach normativen und ergebnisorientierten Aspekten.[335] Dabei kommt dem richterlichen Ermessen erhebliche Bedeutung zu, vgl. Art. 4 ZGB. Es ist jeweils im Einzelfall unter Berücksichtigung der konkreten Umstände und Interessenlage zu entscheiden, ob ein Recht dem höchstpersönlichen Bereich des Inhabers zuzuordnen und ob es insofern als relativ oder absolut einzustufen ist.[336] Heterogene Einteilungen sowie eine uneinheitliche Terminologie sind die natürliche Folge dieses Strebens nach Einzelfallgerechtigkeit.[337] Zu den relativ höchstpersönlichen Rechten werden beispielsweise die Persönlichkeitsrechte i. S. d. Art. 28 ff. ZGB bzw. Art. 174 ff. sStGB[338] und die Einwilligung in medizinische Maßnahmen gezählt.[339] Im rechtsgeschäftlichen Bereich sind jedoch vielmehr die vertretungsfeindlichen, absolut höchstpersönlichen Rechte von Bedeutung. Das Verhältnismäßigkeitsprinzip gebietet angesichts der schwerwiegenden Konsequenz der faktischen Rechtsunfähig-

333 *Hausheer/Aebi-Müller*, § 7, S. 68, Rn. 07.25; *Baumann*, S. 13 f., Rn. 3.1.7.

334 BeK/*Bucher E./Aebi-Müller*, Art. 19–19c N 239; *Hausheer/Aebi-Müller*, § 7, S. 67, Rn. 07.22; *Gutzwiller*, AJP 2008, 1223, 1228.

335 KK/*Hotz*, Art. 19c N 6; *Hausheer/Aebi-Müller*, § 7, S. 67, Rn. 07.24; *Hofer/Hrubesch-Millauer*, § 10, S. 199, Rn. 10.48.

336 *Hausheer/Aebi-Müller*, § 7, S. 67, Rn. 07.22; *Riemer*, § 3, S. 71, Rn. 83.

337 *Bucher A.*, § 4, S. 32, Rn. 152, verwendet den Begriff „relativ höchstpersönliche Rechte“ für diejenigen Rechte höchstpersönlicher Natur, die urteilsfähige Handlungsunfähige nur mit Zustimmung des gesetzlichen Vertreters ausüben können.

338 *Hofer/Hrubesch-Millauer*, § 17, S. 268, Rn. 17.05; *Riemer*, § 3, S. 71, Rn. 83; *Haas*, S. 7, Rn. 28.

339 *Binder*, S. 56.

keit im Fall der Urteilsunfähigkeit grundsätzlich Zurückhaltung bei der Zuordnung zu absolut höchstpersönlichen Rechten. Andernfalls würden Urteilsunfähige in zahlreichen, bedeutsamen Lebensbereichen faktisch ihrer Rechtspersönlichkeit beraubt.[340] Zentrale Gebiete für die Ausübung absolut höchstpersönlicher Rechte sind naturgemäß das Familien- und Erbrecht.

(1) Im Bereich des Familienrechts

Bei Rechtsgeschäften im Bereich des Familienrechts werden absolut höchstpersönliche Rechte vor allem bei der Eheschließung und bei Abschluss eines Ehevertrags ausgeübt.

(aa) Eheschließung und Ehefähigkeit, Art. 94 Abs. 1 ZGB

Der Eheschluss wird als absolut höchstpersönliche Handlung klassifiziert.[341] Materielle Voraussetzung für die Eheschließung ist die Ehefähigkeit der Heiratswilligen.[342] Diese liegt gem. Art. 94 Abs. 1 ZGB vor, wenn die Brautleute das 18. Altersjahr zurückgelegt haben und urteilsfähig sind. Im Gegensatz zum früheren Recht führt eine Geisteskrankheit per se nicht mehr zur Eheunfähigkeit, vgl. Art. 97 Abs. 2 ZGB a. F., vielmehr muss die psychische Störung oder geistige Behinderung zu einer Beeinträchtigung der Fähigkeit vernunftgemäßen Handelns in Bezug auf die Eheschließung führen.[343] Die Urteilsfähigkeit beurteilt sich wiederum nach Art. 16 ZGB und wird aufgrund der dort gewählten negativen Formulierung grundsätzlich vermutet.[344] Bestehen hieran jedoch begründete Zweifel, stellt sich aufgrund der Relativität der

340 BGE 117 II 6, 7 f.; *Riemer*, § 3, S. 71, Rn. 83.

341 KK/*Hotz*, Art. 19c N 10; *Hausheer*/*Aebi-Müller*, § 7, S. 69, Rn. 07.30.

342 BaK/*Montini*/*Graf-Gaiser*, Vor Art. 94–96 N 1; BeK/*Götz*, Art. 95 N 2; OFK/*Iseli*, Art. 94 N 1; *Keller*, S. 33.

343 Tuor/Schnyder/*Jungo*, § 21, Rn. 180; BaK/*Montini*/*Graf-Gaiser*, Art. 94 N 5; OFK/*Müller*, Art. 105 N 5.

344 OFK/*Iseli*, Art. 94 N 6; BeK/*Götz*, Art. 97 N 9; *Petermann*, S. 38, Rn. 117.

Urteilsfähigkeit sowie des absolut höchstpersönlichen Charakters der Eheschließung die Frage, welche Maßstäbe für die Beurteilung der Urteilsfähigkeit im Rahmen der Ehefähigkeit heranzuziehen sind.

Die Reversibilität der Eheeingehung könnte dafür sprechen, dass die Anforderungen an die für die Ehefähigkeit vorausgesetzte Urteilsfähigkeit bewusst niedrig anzusetzen sind, da dieses Rechtsverhältnis jederzeit durch Scheidung beendet werden kann.[345] Der Bund der Ehe gestaltet das Leben der Eheleute jedoch nicht nur in rechtlicher Hinsicht, sondern bringt auch tiefgreifende emotionale und wirtschaftliche Veränderungen mit sich. Mit der Begründung, dass es sich bei der Heirat um den *„wichtigsten Schritt im Leben, um einen Vorgang von größter Tragweite handelt, bei dem Würde und Bürde der Ehegatten auf dem Spiel stehen"*, stellt eine ältere Auffassung noch sehr strenge Ansprüche an die für die Eheschließung und -führung notwendige Urteilsfähigkeit.[346] Einige wollen im Rahmen der Ehefähigkeit jedenfalls höhere Anforderungen an die Urteilsfähigkeit stellen als im allgemeinen Geschäftsverkehr.[347] In Anbetracht der Tatsache, dass es sich bei den materiellen Ehevoraussetzungen und -hindernissen in Art. 94–96 ZGB um gesetzliche Einschränkungen der verfassungsrechtlich in Art. 14 BV, Art. 12 EMRK garantierten Ehefreiheit handelt,[348] wird heute allgemein die Meinung vertreten, dass zur Wahrung der größtmöglichen Selbstbestimmung im höchstpersönlichen Bereich an die Urteilsfähigkeit i. S. d. Art. 94 Abs. 1 ZGB herabgesetzte Anforderungen zu stellen sind.[349] Insbesondere die verstandes- und bildungsmäßige Komponente der Urteilsfähigkeit tritt in den Hintergrund, da die Entscheidungen und Handlungen im höchstpersönlichen Bereich nicht rein rational begründet werden können und einer

345 Vgl. *Petermann*, S. 40, Rn. 123.

346 ZK/*Egger*, Art. 97 N 2.

347 BGE 109 II 273, 276; *Binder*, S. 58.

348 BaK/*Montini*/*Graf-Gaiser*, Vor Art. 94–96 N 3; OFK/*Iseli*, Art. 94 N 2; *Hegnauer*/*Breitschmid*, § 4, S. 41, Rn. 4.03 f.

349 BGE 109 II, 273, 277; Tuor/Schnyder/*Jungo*, § 21, Rn. 7; *Deschenaux*/*Tercier*/*Werro*, § 4, S. 64, Rn. 250.

verstandesmäßigen Überprüfung daher regelmäßig nicht zugänglich sind.[350] Andernfalls käme es zu unbilligen sowie lebensfremden Ergebnissen, die weder durch das öffentliche Interesse gerechtfertigt noch zum Schutz des einen oder anderen Partners erforderlich sind.[351] Dies ergibt sich auch bereits aus dem starken Fürsorgecharakter und der *ratio legis* des Art. 94 Abs. 1 ZGB.[352] Ziel der Regelung ist es, das Eingehen von Ehen zu vermeiden, die nicht zu „gesunden" partnerschaftlichen Gemeinschaften heranwachsen können.[353] Urteilsunfähige, die die Folgen einer Eheschließung nicht erfassen können und nicht in der Lage sind, sich selbst vor anderen zu schützen, sollen davor bewahrt werden, dem Ehepartner ausgeliefert zu sein.[354] Entspricht das Eingehen der geplanten Ehe aber offenbar dem Interesse und Wohlergehen des Betroffenen, dürfen keine zu hohen Ansprüche an die notwendige Urteilsfähigkeit gestellt werden. Schließlich sollen auch geistig Behinderte oder psychisch Kranke die Ehe einer möglichen sozialen Vereinsamung oder den mit einer nichtehelichen Lebensgemeinschaft verbundenen (insbesondere rechtlichen) Unsicherheiten vorziehen dürfen.[355] Die Ausübung dieses absolut höchstpersönlichen Grundrechts darf ihnen daher nicht über das für ihren Schutz notwendige Maß hinaus verwehrt werden.

Das Bundesgericht[356] versuchte die Mindestanforderungen an die für die Eheschließung erforderliche Urteilsfähigkeit wie folgt zu umschreiben: Entscheidend ist, ob die Verlobten hinsichtlich des beabsichtigten Eheschlusses mit dem konkreten Partner die Reife aufweisen, die zur freien Eingehung der Ehegemeinschaft notwendig ist. D. h. sie müssen in der Lage sein, Wesen und Bedeutung der Ehe im Allgemeinen

---

350 BeK/*Bucher E./Aebi-Müller*, Art. 16 N 123.

351 BGE 109 II 273, 278; BaK/*Montini/Graf-Gaiser*, Art. 94 N 7.

352 BaK/*Montini/Graf-Gaiser*, Art. 94 N 7.

353 BeK/*Götz*, Art. 97 N 7; *Deschenaux/Tercier/Werro*, § 4, S. 63, Rn. 247.

354 BaK/*Montini/Graf-Gaiser*, Art. 94 N 7; *Petermann*, S. 39, Rn. 120.

355 BGE 109 II 273, 277 f.; BaK/*Montini/Graf-Gaiser*, Art. 94 N 7; *Hegnauer/Breitschmid*, § 4, S. 41, Rn. 4.06.

356 BGE 109 II 273, 276 ff.

sowie die den Ehegatten daraus erwachsenden Rechte und Pflichten (vgl. Art. 159 ZGB) vernünftigerweise in Grundzügen zu erfassen und sich dieser Einsicht entsprechend zu verhalten.[357] Die intendierte Eheschließung sollte daher auf vernünftigen Beweggründen, wie z. B. dem Wunsch nach einem eigenen Heim, nach Geborgenheit und Zuneigung, basieren.[358] Auch die Erwartungen, die an die Führung eines durchschnittlichen Eheverhältnisses seitens der Gesellschaft gestellt werden, sollten den Nupturienten bekannt sein, d. h. sie müssen sich im Klaren darüber sein, dass wirtschaftliche Vorsorge zu treffen und ein Haushalt zu führen ist, dass gegebenenfalls Kinder zu erziehen sind und das Zusammenleben als Ehepaar gegenseitigen Respekt und Zuneigung erfordert.[359] Sodann muss ein dieser Kenntnis entsprechender Wille der Betroffenen vorliegen.[360] Angesichts der aufgrund der hohen Scheidungsrate naheliegenden Vermutung, dass auch viele problemlos Ehefähige das Wesen der Ehe und die ihnen daraus erwachsenden Rechte und Pflichten möglicherweise verkennen, scheinen diese Minimalanforderungen doch recht hoch zu sein. Allerdings werden die vom Bundesgericht entwickelten Kriterien außerordentlich großzügig ausgelegt, um die Wahrnehmung des verfassungsrechtlich garantierten Rechts auf Ehefreiheit so wenig wie möglich einzuschränken. Deswegen ist die für die Eingehung und Führung einer Ehe erforderliche Urteilsfähigkeit unter besonderen Umständen selbst dann zu bejahen, wenn die Fähigkeit zur Besorgung der ehelichen und familiären Aufgaben stark vermindert erscheint.[361]

---

357 BGE 31 II 199, 201; BGE 36 II 487, 495 f.; OFK/*Iseli*, Art. 94 N 7; ZK/*Egger*, Art. 97 N 2; *Hegnauer/Breitschmid*, § 4, S. 41, Rn. 4.06; *Werro*, § 7, S. 69, Rn. 254.

358 BaK/*Montini/Graf-Gaiser*, Art. 94 N 6; *Petermann*, S. 38, Rn. 118.

359 BeK/*Götz*, Art. 97 N 7; *Petermann*, S. 38 f., Rn. 118.

360 BGE 109 II 273, 277; BaK/*Montini/Graf-Gaiser*, Art. 94 N 6; *Petermann*, S. 39, Rn. 118.

361 BGE 109 II 273, 277 f.; BaK/*Montini/Graf-Gaiser*, Art. 94 N 7; *Deschenaux/Tercier/Werro*, § 4, S. 64, Rn. 250.

(bb) Ehevertrag und Urteilsfähigkeit

Trotz des vermögensrechtlichen Charakters stellt auch die Regelung des Güterstands durch Abschluss eines Ehevertrags ein absolut höchstpersönliches, und daher vertretungsfeindliches Recht dar.[362] Art. 183 Abs. 1 ZGB verlangt lediglich Urteilsfähigkeit der Vertragsparteien. Minderjährige[363] sowie volljährige Personen unter umfassender Beistandschaft, die den Abschluss eines Ehevertrags umfasst, bedürfen jedoch nach Abs. 2 zusätzlich der Zustimmung ihres gesetzlichen Vertreters. Die Urteilsfähigkeit richtet sich wiederum nach Art. 16 ZGB und ist auch im Rahmen des Ehevertrags grundsätzlich zu vermuten. Aufgrund des Prinzips der Relativität der Urteilsfähigkeit hängt deren Vorliegen im Zweifelsfall maßgeblich von Inhalt, Tragweite sowie Komplexität der vertraglichen Vereinbarung ab. Auch das konkrete Schutzbedürfnis des Handelnden ist wegen des absolut höchstpersönlichen Charakters des Rechtsgeschäfts umfassend zu würdigen. Es kann daher folgende Faustregel aufgestellt werden: Je komplizierter der Ehevertrag formuliert und gestaltet ist und als je bedeutender sich die wirtschaftliche Tragweite der Vereinbarung über die güterrechtlichen Verhältnisse erweist, umso höhere Anforderungen sind an die Voraussetzung der Urteilsfähigkeit zu stellen. Eine andere Wertung kommt nur in Betracht, wenn der Ehevertrag vollumfänglich den (vermögensrechtlichen) Interessen des schützenswerten Vertragspartners entspricht. Grundsätzlich werden die Anforderungen, die in diesem Zusammenhang an die Fähigkeit vernunftgemäßen Handelns zu stellen sind, wohl strenger sein als im Rahmen der Ehefähigkeit. Dies liegt vor allem daran, dass der Urteilsunfähige bei Verwehrung der Abschlussfreiheit in Zusammenhang mit dem Ehe-

362 ZK/*Egger*, Art. 180 N 3; Tuor/Schnyder/*Jungo*, § 31, Rn. 8; *Hausheer*/*Geiser*/*Aebi-Müller*, § 11, S. 225, Rn. 11.26.

363 Um die Ehe eingehen zu können, müssen die Brautleute zwar gem. Art. 94 Abs. 1 ZGB das 18. Altersjahr zurückgelegt haben, d. h. volljährig sein (vgl. Art. 14 ZGB), allerdings kann der Ehevertrag nach Art. 182 Abs. 1 ZGB auch vor der Heirat geschlossen werden, also auch wenn eine oder beide Parteien noch minderjährig sind.

vertrag nicht in ein (güter)rechtliches Vakuum fällt wie es bei Eheunfähigkeit der Fall ist. Denn während in Bezug auf die Eheschließung Urteilsunfähige die Ehe nicht eingehen können, unterstehen Personen, die im Hinblick auf den Abschluss eines Ehevertrags als urteilsunfähig angesehen werden, zumindest dem gesetzlichen ordentlichen Güterstand der Errungenschaftsbeteiligung, vgl. Art. 181 ZGB. Der Ehegatte eines dauernd Urteilsunfähigen sowie dessen gesetzlicher Vertreter können sogar die gerichtliche Anordnung des außerordentlichen Güterstands der Gütertrennung verlangen, vgl. Art. 185 Abs. 1, Abs. 2 Nr. 5 und Abs. 3 ZGB. Damit bleibt einem für den Ehevertrag nicht Urteilsfähigen lediglich der Güterstand der Gütergemeinschaft verwehrt, der stets durch öffentlich beurkundeten Ehevertrag zu vereinbaren ist, Art. 184 ZGB.

(2) Im Bereich des Erbrechts: Testament, Erbvertrag und Verfügungsfähigkeit

Trotz des vermögensrechtlichen Einschlags sind Rechtsgeschäfte von Todes wegen als Ausdruck des letzten Willens eines Individuums sehr eng mit dessen Persönlichkeit verbunden. Testament und Erbvertrag sind daher ebenfalls absolut höchstpersönliche Rechtsgeschäfte und von jeglicher Art von Vertretung ausgeschlossen.[364] Auch eine Schenkung, deren Vollziehbarkeit auf den Tod des Schenkers gestellt wird, untersteht gem. Art. 245 Abs. 2 OR den Vorschriften über die Verfügungen von Todes wegen und ist daher erbrechtlich zu qualifizieren. Als zweiseitiges Rechtsgeschäft kann solch eine Schenkung auf den Todesfall nur in Form eines Erbvertrags wirksam vereinbart werden.[365]

Sowohl das Testament als auch der Erbvertrag setzen erbrechtliche Geschäftsfähigkeit des Erblassers, die sog. Verfügungsfähigkeit

364 KK/*Hotz*, Art. 19c N 10, und *Grüninger*, Art. 467 N 2; Tuor/Schnyder/*Jungo*, § 68, Rn. 2; ZK/*Escher*, Vorbem. zu Art. 467–469 N 4; BaK/*Breitschmid*, Vor Art. 467–536 N 21; *Beck*, S. 39 f.; *Druey*, § 8, S. 98, Rn. 16.

365 SPR/*Wolf*/*Genna*, § 10, S. 145; *Wolf*/*Hrubesch-Millauer*, § 12, S. 80, Rn. 261.

voraus.[366] Testier- bzw. erbvertragsfähig ist gem. Art. 467 respektive Art. 468 Abs. 1 ZGB, wer urteilsfähig ist und das 18. Altersjahr zurückgelegt hat. Personen unter Beistandschaft, die den Abschluss eines Erbvertrags umfasst, bedürfen nach Art. 468 Abs. 2 ZGB für dessen Abschluss zusätzlich der Zustimmung des gesetzlichen Vertreters. Die in Art. 416 Abs. 1 Nr. 3 ZGB vorgesehene Zustimmung der Erwachsenenschutzbehörde ist hingegen nur einschlägig, wenn ein Verbeiständeter als nicht von Todes wegen verfügende Vertragsgegenpartei einen Erbvertrag abschließt.[367] Die Urteilsfähigkeit ist wie immer nach Art. 16 ZGB zu beurteilen und mangels gegenteiliger Anhaltspunkte zu vermuten.[368] Dabei stellt sich aufgrund ihrer Relativität auch hier die Frage, welches Maß an Urteilsfähigkeit vorliegen muss, um die Verfügungsfähigkeit des Erblassers zu bejahen. Verglichen mit Geschäften des alltäglichen Lebens gehört die Errichtung einer Anordnung von Todes wegen aufgrund des höchstpersönlichen Charakters sowie hinsichtlich der Tragweite grundsätzlich zu den eher anspruchsvolleren Rechtsgeschäften.[369] Regelmäßig sind daher erhöhte Anforderungen an die für die Verfügungsfähigkeit erforderliche Urteilsfähigkeit zu stellen.[370] Andererseits gilt es zu berücksichtigen, dass das Recht, Vermögen durch individuell gestaltete Erbfolge zu vererben, die sog. Testierfreiheit, ein aus der Eigentumsgarantie des Art. 26 Abs. 1 BV abgeleitetes Grundrecht bildet.[371] Dieses soll der Erblasser auch in diffizilen Situationen körperlicher oder seelischer Belastung oder Schwäche ausüben können, die oft-

366 SPR/*Wolf*/*Genna*, § 11, S. 181.

367 Botschaft Erwachsenenschutz, S. 7057, 7105; SPR/*Wolf*/*Genna*, § 11, S. 188.

368 ZK/*Escher*, Vorbem. zu Art. 467–469 N 7; *Steinauer*, § 11, S. 201, Rn. 312.

369 BGE 124 III 5, 8; BGer 5C.282/2006 E. 2.1; BGer 5A_723/2008 E. 2.1; ZK/*Egger*, Art. 16 N 8; *Aebi-Müller*, ZBJV 2006, 303, 314; *Abt*, successio 2010, 195, 197.

370 CHK/*Abt*, Art. 467–468, Rn. 7; KK/*Grüninger*, Art. 467 N 6; SPR/*Wolf*/*Genna*, § 11, S. 183; *Hausheer*/*Aebi-Müller*, § 6, S. 54, Rn. 06.51; *Abt*, «Information» Nr. 116, 17, 20.

371 BaK/*Breitschmid*, Vor Art. 467–536 N 3; KK/*Hotz*, Art. 19c N 10; *Petermann*, S. 41, Rn. 126 f.

mals für die Testamentserrichtung typisch sind.[372] Vor dem Hintergrund, dass bei Versagung der Verfügungsfähigkeit die Testierfreiheit gar nicht ausgeübt werden könnte,[373] dürfen die Ansprüche an die Urteilsfähigkeit daher nicht überspannt werden.[374] Maßgebliches Kriterium für die im Einzelfall erforderliche Urteilsfähigkeit ist der Inhalt sowie die Komplexität der konkreten Verfügung.[375] Testamente und Erbverträge sind keine typisierten Rechtsgeschäfte, sondern unterschiedlich schwierig ausgestaltet.[376] Sie sind daher auch nicht generell als anspruchsvoll zu qualifizieren, sondern können durchaus einfacher Natur sein.[377] Ist dies der Fall, sind die Anforderungen an die Urteilsfähigkeit weniger hoch als bei komplizierten Anordnungen.[378]

Die Beurteilung des Schwierigkeitsgrads einer Verfügung von Todes wegen ist eine Rechtsfrage.[379] Nach der Rechtsprechung des Bundesgerichts[380] ist eine letztwillige Verfügung als anspruchsvoll anzusehen, wenn sie auf komplexen Entscheidungsgrundlagen basiert und schwer zu beurteilende Konsequenzen nach sich zieht.[381] Beruht sie hingegen auf einfachen Vorstellungen und Wünschen, können selbst dann keine hohen Anforderungen an die notwendige Urteilsfähigkeit gestellt werden, wenn sich die rechtstechnische Umsetzung des letzten Wil-

372 BGer 5C.193/2004 E. 2.3.2; BGer 5A_12/2009 E. 5.3; BaK/*Breitschmid*, Art. 467/468 N 3; *Abt*, successio 2010, 195, 198.

373 *Binder*, S. 66.

374 BGer 5C.193/2004 E. 2.3.2; BGer 5A_12/2009 E. 5.3; BaK/*Breitschmid*, Art. 467/468 N 3; KK/*Hotz*, Art. 19c N 10; *Binder*, S. 66; *Aebi-Müller*, ZBJV 2006, 303, 317.

375 BGer 5C.193/2004 E. 2.3.1; OFK/*Marxer*, Art. 467 N 3; KK/*Grüninger*, Art. 467 N 6; *Petermann*, S. 32, Rn. 103; *Bucher A.*, § 3, S. 16, Rn. 74; *Abt*, successio 2010, 195, 198.

376 BGE 117 II 231, 233; BGer 5C.193/2004 E. 2.3.1.

377 BGer 5C.193/2004 E. 2.3.1; BGer 5A_12/2009 E. 5.2; BGE 117 II 231, 233; Wolf/*Wolf*/*Setz*, S. 41 f.; *Abt*, successio 2010, 195, 198.

378 BGer 5C.193/2004 E. 2.3.1; *Riemer*, § 3, S. 63, Rn. 59; Wolf/*Wolf*/*Setz*, S. 41 f.; *Aebi-Müller*, ZBJV 2006, 303, 315.

379 BGer 5C.193/2004 E. 2.3.2.

380 BGer 5A_12/2009.

381 BGer 5C.193/2004 E. 2.3.1; Wolf/*Wolf*/*Setz*, S. 42; *Abt*, successio 2010, 195, 198.

lens als schwierig erweist.[382] Auch von einer vielschichtigen Zusammensetzung des Nachlasses kann nicht auf die Kompliziertheit des Verfügungsinhalts geschlossen werden.[383] Maßgeblich ist allein, ob sich der Erblasser des konkreten Inhalts der Verfügung insofern bewusst war, als er die geplante Umsetzung seiner Vorstellungen und Wünsche zumindest in den Grundzügen begreifen und die erbrechtlichen Folgen abzuschätzen vermochte.[384] In dem betreffenden Fall hatte der 81-jährige Erblasser, der im Rahmen einer Schmerzbehandlung mit Morphium versorgt wurde, zwei Tage vor seinem Tod im Krankenhaus eine öffentliche Verfügung errichtet. Darin setzte er seine Kinder, mit denen er praktisch keinen Kontakt pflegte, auf den Pflichtteil herab und benannte als Erbin über die verfügbare Quote seine langjährige Lebenspartnerin, die ihn während der vergangenen fünf Jahre gepflegt und betreut hatte. Das Bundesgericht schloss sich der Auffassung des Obergerichts an, das die letztwillige Verfügung als einfaches Geschäft eingestuft und den Erblasser diesbezüglich als urteilsfähig angesehen hatte. Inhaltlich handelt es sich bei der Anordnung, einen Erben auf den Pflichtteil herabzusetzen, um eine simple Verfügung deren Auswirkungen nicht schwer zu begreifen sind.[385] Eine komplexe Grundlage für diese Entscheidung war angesichts der Tatsache, dass zwischen dem Erblasser und seinen Kindern in den Jahren vor seinem Tod kein persönlicher Kontakt bestand, nicht ersichtlich.[386] Vielmehr wollte er schlicht seine Lebensgefährtin im größtmöglichen Umfang unter Wahrung der gesetzlichen Pflichtteilsrechte erbrechtlich begünstigen.

382 BGer 5A_12/2009 E. 5.3.

383 BGer 5C.193/2004 E. 2.3.2.

384 BGer 5A_12/2009 E. 5.5; BaK/*Breitschmid*, Art. 467/468 N 12; *Druey*, § 12, S. 160, Rn. 28; *Steinauer*, § 11, S. 200 f., Rn. 310; *Abt*, successio 2010, 195, 198.

385 BGer 5C.193/2004 E. 2.3.2.

386 BGer 5A_12/2009 E. 5.4.

b) Zeitliche Komponente

Die Urteils(un)fähigkeit ist daneben auch in zeitlicher Hinsicht relativ.[387] Sie besteht nicht ein für alle Mal, sondern unterliegt gewissen Schwankungen.[388] Die rechtsgeschäftliche Urteilsfähigkeit des Handelnden muss (nur) im Zeitpunkt der Vornahme des Rechtsgeschäfts vorliegen.[389] Ihr vor- oder nachheriges Fehlen ist unerheblich.[390] Grundsätzlich ist es im Rahmen von Art. 16 ZGB auch nicht von Belang, ob die Urteilsunfähigkeit vorübergehender oder dauerhafter Natur ist.[391] Einige Bestimmungen greifen diese Unterscheidung allerdings auf und knüpfen hieran unterschiedliche Rechtsfolgen, vgl. Art. 107 Nr. 2, 105 Nr. 2 ZGB. Vorübergehend ist die Urteilsunfähigkeit, wenn sie nur temporär vorliegt. Dabei springen im Hinblick auf die in Art. 16 ZGB aufgezählten Ausnahmezustände vor allem der Rausch und die ähnlichen Zustände (z. B. Schlaf oder Narkose) ins Auge.[392] Aber auch eine psychische Störung kann die Fähigkeit vernunftgemäßen Handelns nur zeitweilig beeinträchtigen, wie beispielsweise im Fall einer akuten psychotischen Störung. Dauerhaft ist die Urteilsunfähigkeit hingegen, wenn sie über einen längeren Zeitraum anhält, wobei der Übergang von vorübergehender zu dauernder Urteilsunfähigkeit fließend ist. Für letztere kommen als Ausnahmezustände das Kindesalter, eine geistige Behinderung oder eine chronische psychische Störung in Betracht.[393] Der Grundsatz der Vermutung der Urteilsfähigkeit kann sogar umgestoßen werden, wenn der Betroffene auf-

387 *Hausheer/Aebi-Müller*, § 6, S. 54, Rn. 06.51; *Riemer*, § 3, S. 62, Rn. 56 *Hofer/Hrubesch-Millauer*, § 10, S. 196, Rn. 10.36.

388 ZK/*Escher*, Art. 467 N 6.

389 OFK/*Petermann*, Art. 16 N 12; SPR/Gutzwiller/*Grossen*, § 33, S. 319 f.; *Deschenaux/Steinauer*, § 4, S. 25, Rn. 82; *Hausheer/Aebi-Müller*, § 6, S. 54, Rn. 06.51; *Homberger*, § 11, S. 40.

390 BGE 117 II 231, 233; CHK/*Breitschmid*, Art. 16 N 9; OFK/*Petermann*, Art. 16 N 12; BaK/*Fankhauser*, Art. 16 N 39; *Bucher A.*, § 3, S. 15, Rn. 69.

391 Tuor/Schnyder/*Schmid* § 9, Rn. 26; *Brückner*, S. 52, Rn. 160; *Deschenaux/Steinauer*, § 4, S. 27, Rn. 84; *Hürlimann-Kaup/Schmid*, § 15, S. 166, Rn. 607.

392 *Bucher A.*, § 3, S. 15, Rn. 68; *Riemer*, § 3, S. 62, Rn. 56.

393 BaK/*Geiser*, Art. 105 N 10; *Bucher A.*, § 3, S. 14 f., Rn. 68.

grund seines generellen Gesundheitszustands im Normalfall mit großer Wahrscheinlichkeit als urteilsunfähig anzusehen ist.[394] Hieran ist bei Personen mit schweren geistigen Behinderungen oder psychischen Störungen oder Dementen zu denken.[395] In tatsächlicher Hinsicht muss die Fähigkeit vernunftgemäßen Handelns jedoch auch in diesen Fällen nicht dauerhaft beeinträchtigt sein. Die zu dauernder Urteilsunfähigkeit führende geistige Behinderung oder psychische Störung kann vielmehr durch sog. lichte Augenblicke unterbrochen werden.[396] In diesen luziden Intervallen ist der eigentlich Urteilsunfähige trotz Schwächezustands in der Lage, im Hinblick auf das in Frage stehende Rechtsgeschäft der Vernunft entsprechend zu handeln, und daher vorübergehend urteils- und geschäftsfähig.[397] Die Beweislast trifft dann denjenigen, der Urteilsfähigkeit des Betroffenen aufgrund eines luziden Intervalls behauptet.[398]

C. Folgen fehlender rechtsgeschäftlicher Urteilsfähigkeit

I. Grundsatz der Nichtigkeit des Rechtsgeschäfts

Fehlt die erforderliche Urteilsfähigkeit, kann der Betroffene gem. Art. 18 ZGB unter Vorbehalt der gesetzlichen Ausnahmen durch seine Handlungen keine rechtlichen Wirkungen herbeiführen. Er ist

394 BGE 124 III 5, 15; BGer 5C.193/2004 E. 4.1; BGer 5C.98/2005 E. 2.3.1; BeK/*Bucher E./Aebi-Müller*, Art. 16 N 156; *Riemer*, § 3, S. 64, Rn. 65a; *Hürlimann-Kaup/Schmid*, § 15, S. 167, Rn. 610; *Pedrazzini/Oberholzer*, S. 69; *Aebi-Müller*, ZBJV 2006, 303, 316.

395 BGE 124 III 5, 8; BGer 5C.98/2005 E. 2.3.1; BaK/*Fankhauser*, Art. 16 N 48; *Bucher A.*, § 3, S. 18, Rn. 81; *Abt*, successio 2010, 195, 198.

396 *Hofer/Hrubesch-Millauer*, § 10, S. 196, Rn. 10.36.

397 *Hürlimann-Kaup/Schmid*, § 15, S. 166, Rn. 607; *Hofer/Hrubesch-Millauer*, § 10, S. 196, Rn. 10.36; *Brückner*, S. 52, Rn. 160.

398 BGE 108 V 121, 126; BGer 5C.193/2004 E. 4.1; BGer 5C.98/2005 E. 2.3.1; Tuor/Schnyder/*Schmid*, § 9, Rn. 30; *Hürlimann-Kaup/Schmid*, § 15, S. 167, Rn. 610; *Riemer*, § 3, S. 64, Rn. 65a; *Abt*, «Information» Nr. 116, 17, 23.

nach Art. 17 ZGB voll handlungsunfähig und grundsätzlich nicht in der Lage, Willenserklärungen wirksam abzugeben oder entgegenzunehmen.[399] Dies gilt jedoch nicht absolut und generell für alle Rechtshandlungen, sondern bezieht sich wegen der Relativität der Urteils- und Handlungsfähigkeit stets auf einen konkreten Rechtsakt. Mangels Geschäftsfähigkeit ist ein Rechtsgeschäft, das durch einen Urteilsunfähigen vorgenommen wird, von Anfang an nichtig.[400] Vertragliche Ansprüche gegen den Urteilsunfähigen werden bereits in ihrer Entstehung gehemmt. Dabei bezieht sich die Urteilsunfähigkeit des Betroffenen aufgrund des Alles-oder-Nichts-Prinzips stets auf das gesamte Rechtsgeschäft.[401] Die Möglichkeit einer gespaltenen, also teilweise vorliegenden und teilweise fehlenden Urteilsfähigkeit und dementsprechender Nichtigkeit ist innerhalb eines Rechtsgeschäfts nicht vorgesehen.[402] Der Eintritt der Nichtigkeitswirkung erfolgt automatisch, auch gegen den Willen des Urteilsunfähigen, und ist von Amts wegen zu prüfen.[403] Innerhalb der Grenzen des Rechtsmissbrauchsverbots, vgl. Art. 2 Abs. 2 ZGB, können sich alle Beteiligten zu jeder Zeit und gegenüber jedermann, insbesondere auch gegenüber dem Urteilsunfähigen selbst oder gutgläubigen Dritten auf diese Rechtsfolge berufen.[404] Weder Zeitablauf noch die nachträgliche Genehmigung des Rechtsgeschäfts durch den gesetzlichen Vertreter oder den Betroffenen selbst (z. B. bei vorübergehender Urteilsunfähigkeit) führen

399 SPR/Gutzwiller/*Grossen*, § 36, S. 331; *Deschenaux/Steinauer*, § 9, S. 87, Rn. 281; *Brückner*, S. 62, Rn. 198; *Hofer/Hrubesch-Millauer*, § 10, S. 191 f., Rn. 10.14.

400 BaK/*Fankhauser*, Art. 17 N 7, Art. 18 N 2; OFK/*Petermann*, Art. 18 N 2; KK/*Hotz*, Art. 18 N 1; *Riemer*, § 3, S. 67, Rn. 74.

401 BeK/*Weimar*, Art. 467 N 3; *Hürlimann-Kaup/Schmid*, § 15, S. 169, Rn. 615.

402 *Pedrazzini/Oberholzer*, S. 82.

403 BeK/*Bucher E./Aebi-Müller*, Art. 18 N 61; CHK/*Breitschmid*, Art. 17 N 2; *Hofer/Hrubesch-Millauer*, § 10, S. 198, Rn. 10.43; Wolf/*Wolf/Setz*, S. 46.

404 Uster Mietgericht SJZ 1994, 290, 292; CHK/*Breitschmid*, Art. 18 N 2; OFK/*Petermann*, Art. 18 N 2, *Jaeger*, S. 47.

zur Heilung der Nichtigkeit.[405] Die Genehmigung kann aber ggf. als neuer Antrag zur Wiederholung des Geschäftes ausgelegt werden.[406]

II. Ausnahmen von der Nichtigkeitsfolge

Der Grundsatz der Nichtigkeit als Folge der Urteilsunfähigkeit des Handelnden tritt allerdings nicht bei allen Rechtsgeschäften ein. Zugunsten des Rechtsfriedens entfalten einzelne Rechtsgeschäfte von Gesetzes wegen so lange volle Wirkung bis ein gerichtliches Gestaltungsurteil ihre Ungültigkeit erklärt.[407]

1. Ungültigkeit der Ehe

Zu diesen Rechtsgeschäften zählt die Eheschließung. Ist einer der Ehegatten zur Zeit der Eheeingehung urteilsunfähig, so ist die Ehe entgegen Art. 18 ZGB nicht von Anfang an nichtig. Es liegt vielmehr ein Klagegrund auf Erklärung der Ungültigkeit der mängelbehafteten Ehe vor.[408] Gem. Art. 109 Abs. 1 ZGB wird die Ungültigkeit einer Ehe erst wirksam, nachdem das Gericht die Ungültigkeitserklärung ausgesprochen hat (Hs. 1), d. h. das Gestaltungsurteil entfaltet seine Wirkung grundsätzlich *ex nunc* und die Ehe wird mit dessen Rechtskraft aufgelöst.[409] Bis dahin hat die Ehe mit Ausnahme der erbrechtlichen Ansprüche, die der überlebende Ehegatte in jedem Fall verliert,

---

405 BaK/*Fankhauser*, Art. 17 N 7 und 8; BeK/*Bucher E./Aebi-Müller*, Art. 18 N 78 ff.; *Brückner*, S. 62, Rn. 198.

406 Appellationskammer ZH ZR 1902, 327, 330; BeK/*Bucher E./Aebi-Müller*, Art. 18 N 79.

407 *Hofer/Hrubesch-Millauer*, § 10, S. 198, Rn. 10.45.

408 OFK/*Müller*, Art. 105 N 1; *Deschenaux/Steinauer*, § 9, S. 88, Rn. 286; *Deschenaux/Tercier/Werro*, § 7, S. 91, Rn. 418; *Meroni*, § 6, S. 55.

409 Tuor/Schnyder/*Jungo*, § 22, Rn. 28; OFK/*Müller*, Art. 105 N 1, Art. 109 N 1; *Hegnauer/Breitschmid*, § 7, S. 55, Rn. 7.09; *Werro*, § 14, S. 96, Rn. 405; *Hausheer/Geiser/Aebi-Müller*, § 5, S. 63, Rn. 05.27; *Meroni*, § 6, S. 62 f.

alle Wirkungen einer gültigen Ehe (Hs. 2). Die Art. 159 ff. ZGB bleiben also sowohl zwischen den Parteien als auch gegenüber Dritten anwendbar.[410] Für die Wirkungen der gerichtlichen Ungültigerklärung auf die Ehegatten und die Kinder ordnet Art. 109 Abs. 2 ZGB die sinngemäße Geltung der Scheidungsbestimmungen der Art. 119 ff. ZGB an. Insbesondere können die Parteien eine neue Ehe schließen.[411] Die erbrechtlichen Ansprüche einschließlich der Ansprüche aus letztwilligen Verfügungen verliert der überlebende Ehegatte in jedem Fall, auch wenn die Ehe erst nach ihrer Auflösung durch den Tod eines Ehegatten für ungültig erklärt wird.[412] Wurde die Verfügung von Todes wegen jedoch erst nach Rechtshängigkeit des Eheungültigkeitverfahrens errichtet, bleiben die Ansprüche hieraus bestehen, vgl. Art. 109 Abs. 2, 120 Abs. 2 ZGB.[413]

Die Klage auf Ungültigerklärung der Ehe kann auf unbefristete oder auf befristete Ungültigkeitsgründe gestützt werden. Diese werden abschließend in Art. 105 bzw. Art. 107 ZGB aufgezählt.[414] Gem. Art. 105 Nr. 2 ZGB liegt ein unbefristeter Ungültigkeitsgrund vor, wenn einer der Ehegatten zur Zeit der Eheschließung nicht urteilsfähig war und seither nicht wieder urteilsfähig geworden ist. Voraussetzung ist somit eine dauerhafte, noch anhaltende Urteilsunfähigkeit in Bezug auf die Eheschließung.[415] War ein Ehegatte bei der Trauung hingegen aus einem vorübergehenden Grund nicht urteilsfähig, liegt ein befristeter Ungültigkeitsgrund vor und er kann nach Art. 107 Nr. 1 ZGB die Ungültigerklärung der Ehe verlangen. Anders als die gerichtliche Geltendmachung eines unbefristeten Ungültigkeitsgrundes, die nach Art. 106 Abs. 3 ZGB jederzeit erfolgen kann, ist die Klage auf Ungültigerklärung der Ehe wegen vorübergehender Urteilsunfähigkeit innerhalb gewis-

410 BaK/*Geiser*, Art. 109 N 3.

411 BaK/*Geiser*, Art. 109 N 2.

412 Tuor/Schnyder/*Jungo*, § 22, Rn. 28 (Fn. 38).

413 BaK/*Geiser*, Art. 109 N 14; OFK/*Müller*, Art. 109 N 2.

414 BeK/*Götz*, Vorbemerkungen zum vierten Abschnitt N 10; OFK/*Müller*, Art. 107 N 1.

415 BaK/*Geiser*, Art. 105 N 10 f.

ser Fristen einzureichen. Art. 108 Abs. 1 ZGB statuiert hierfür eine relative Klagefrist von sechs Monaten, die mit Kenntnis des Ungültigkeitsgrundes – also regelmäßig mit Wiedererlangung der Urteilsfähigkeit[416] – beginnt. Art. 108 Abs. 1 ZGB sieht weiterhin eine absolute Klagefrist von fünf Jahren seit Eheschließung vor. Beide Klagefristen sind sog. Verwirkungsfristen, deren Lauf – anders als bei Verjährungsfristen – nicht gehindert, unterbrochen oder angehalten werden kann.[417] Die befristeten Ungültigkeitsgründe nach Art. 107 ZGB sind im Vergleich zu den unbefristeten des Art. 105 ZGB weniger schwerwiegend und entsprechen nicht dem öffentlichen Interesse, sondern demjenigen des betroffenen Ehegatten.[418] Aus diesem Grund ist nur er legitimiert, die befristeten Ungültigkeitsgründe im Wege der Klage geltend machen.[419] Nach dem Wortlaut des Art. 107 ZGB ist selbst der Ehegatte des Betroffenen nicht befugt, Klage auf Ungültigerklärung der Ehe zu erheben.[420] Demgegenüber kommt die Aktivlegitimation für die auf unbefristete Ungültigkeitsgründe gestützte Klage der zuständigen kantonalen Behörde sowie überdies jedermann zu, der ein Interesse hat. Dieses kann aktueller, virtueller, wirtschaftlicher oder ideeller Natur sein.[421] In den Kreis der Aktivlegitimierten fallen beispielsweise der Ehepartner, sogar wenn er bösgläubig ist,[422] sowie

416 ZK/*Egger*, Art. 127 N 3.

417 Botschaft über die Änderung des Schweizerischen Zivilgesetzbuches (Personenstand, Eheschliessung, Scheidung, Kindesrecht, Verwandtenunterstützungspflicht, Heimstätten, Vormundschaft und Ehevermittlung) v. 15. November 1995 (BBl. 1996 I 1 ff.), im Folgenden „Botschaft Eherecht", S. 81; Tuor/Schnyder/*Jungo*, § 22, Rn. 26; BaK/*Geiser*, Art. 108 N 4; OFK/*Müller*, Art. 108 N 2; *Meroni*, § 6, S. 61.

418 OFK/*Müller*, Art. 107 N 1.

419 Tuor/Schnyder/*Jungo*, § 22, Rn. 25; BaK/*Geiser*, Art. 108 N 2; OFK/*Müller*, Art. 108 N 1; *Hausheer/Geiser/Aebi-Müller*, § 5, S. 63, Rn. 05.25.

420 BaK/*Geiser*, Art. 107 N 3, Art. 108 N 2.

421 BGE 60 II 1, 5; Botschaft Eherecht, S. 79; Tuor/Schnyder/*Jungo*, § 22, Rn. 19; *Hausheer/Geiser/Aebi-Müller*, § 5, S. 62, Rn. 05.21; *Meroni*, § 6, S. 58.

422 BGE 113 II 472, 476; Botschaft Eherecht, S. 79; BaK/*Geiser*, Art. 106 N 5; OFK/*Müller*, Art. 106 N 2; *Hausheer/Geiser/Aebi-Müller*, § 5, S. 62, Rn. 05.21.

die Erben eines verstorbenen Ehegatten.[423] Weiterhin kann auch die kantonale Behörde selbst Klage einreichen, wenn sie ein eigenes (also kein öffentliches) Interesse an der Ungültigkeit hat. Dies kann beispielsweise der Fall sein, wenn die Erbschaft eines verstorbenen Ehegatten mangels Erben und aufgrund der Ungültigkeit der Ehe nach Art. 466 ZGB an den Kanton fallen würde.[424]

2. Ungültigkeit von Verfügungen von Todes wegen

Auch Verfügungen von Todes wegen entfalten entgegen Art. 18 ZGB zunächst volle Wirkung.[425] War der Erblasser zur Zeit der Errichtung nicht verfügungsfähig, so wird das Testament oder der Erbvertrag nach seinem Tod nicht von Amts wegen, sondern nur nach Klageerhebung mit Wirkung *ex tunc*[426] für ungültig erklärt, Art. 519 Abs. 1 Nr. 1 ZGB. Klagebefugt ist nach Abs. 2 jedermann, der als Erbe oder Bedachter ein Interesse daran hat, dass die Verfügung für ungültig erklärt wird. Nach Art. 521 Abs. 1 ZGB verjährt die Ungültigkeitsklage mit Ablauf eines Jahres seit Kenntniserlangung des Klägers von der Verfügung und dem Ungültigkeitsgrund, jedenfalls aber mit Ablauf von zehn Jahren nach Eröffnung der Verfügung. Trotz des Wortlauts der Vorschrift handelt es sich auch hierbei nicht um Verjährungs-, sondern um Verwirkungsfristen.[427] Gegenüber einem bösgläubigen Bedachten „verjährt" die Klage gem. Abs. 2 erst nach 30 Jahren und Abs. 3 lässt die einredeweise Geltendmachung der Ungültigkeit der Verfügung jederzeit zu. Die Wirksamkeit der durch einen Urteilsunfähigen

---

423 BaK/*Geiser*, Art. 106 N 6; BeK/*Götz*, Art. 121, N 5; OFK/*Müller*, Art. 106 N 2; *Hegnauer/Breitschmid*, § 7, S. 57, Rn. 7.19; *Meroni*, § 6, S. 58.

424 Botschaft Eherecht, S. 79; BaK/*Geiser*, Art. 106 N 6; OFK/*Müller*, Art. 106 N 5.

425 KK/*Grüninger*, Art. 467 N 10; Tuor/Schnyder/*Jungo*, § 68, Rn. 17; BeK/*Weimar*, Art. 467 N 25; ZK/*Escher*, Art. 519 N 2; *Wolf/Hrubesch-Millauer*, § 16, S. 249 f., Rn. 926.

426 *Wolf/Hrubesch-Millauer*, § 16, S. 263, Rn. 992.

427 BGE 86 II 340, 346; BGE 98 II 176, 180 f.; SPR/*Wolf/Genna*, § 16, S. 435; Tuor/Schnyder/*Jungo*, § 68, Rn. 19; *Druey*, § 12, S. 166, Rn. 52.

errichteten Verfügung von Todes wegen kann dabei nicht nur durch richterliches Gestaltungsurteil entfallen. Vorstellbar, wenn auch in der Praxis wohl eher selten, ist auch eine rein privatrechtliche Anerkennung der Ungültigkeit durch alle aus der Verfügung Berechtigten.[428]

III. Handeln durch einen Vertreter

Grundsätzlich ist ein Rechtsgeschäft, das durch einen diesbezüglich Urteilsunfähigen vorgenommen wird, von Anfang an nichtig.[429] Die Teilnahme am Geschäftsverkehr ist ihm daher nur durch Einsatz eines Vertreters möglich.[430] Dessen Vertretungsmacht entsteht entweder durch rechtgeschäftlich erteilte Vollmacht (Art. 32 ff. OR) oder von Gesetzes wegen.[431]

1. Rechtsgeschäftlicher Vertreter

Das Handeln eines rechtsgeschäftlichen Vertreters kommt indes nur eingeschränkt in Betracht. Dies ist darauf zurückzuführen, dass eine wirksame Bevollmächtigung nach Eintritt der Urteilsunfähigkeit mangels Geschäftsfähigkeit nicht möglich ist und eine vorher erteilte Vollmacht gem. Art. 35 Abs. 1 OR grundsätzlich mit dem Verlust der entsprechenden Handlungsfähigkeit erlischt, sofern nicht das Gegenteil bestimmt ist oder aus der Natur des Geschäfts hervorgeht.

---

428 SPR/*Wolf/Genna*, § 16, S. 406; *Steinauer*, § 33, S. 408, Rn. 754.

429 BGE 117 II 18, 24; BeK/*Bucher E./Aebi-Müller*, Art. 18 N 70; OFK/*Petermann*, Art. 18 N 2; CHK/*Breitschmid*, Art. 18 N 2; KK/*Hotz*, Art. 18 N 1; *Riemer*, § 3, S. 67, Rn. 74.

430 *Riemer*, § 3, S. 59, Rn. 46; *Hofer/Hrubesch-Millauer*, § 10, S. 198, Rn. 10.46; *Widmer Blum*, § 3, S. 47; *Fountoulakis*, BJM 2015, 189, 194.

431 *Hofer/Hrubesch-Millauer*, § 10, S. 198, Rn. 10.46; *Fountoulakis*, BJM 2015, 189, 194.

a) Vorsorgeauftrag, Art. 360 ff. ZGB

Letzteres ist beim sog. Vorsorgeauftrag nach Art. 360 ff. ZGB der Fall. Dieses Rechtsinstitut wurde mit Inkrafttreten des Erwachsenenschutzrechts am 1. Januar 2013 neu in das ZGB aufgenommen. Hierdurch kann ein handlungsfähiger Auftraggeber eine oder mehrere natürliche oder juristische Personen damit beauftragen, für den Fall seiner Urteilsunfähigkeit die Sorge für die Person und/oder das Vermögen zu übernehmen und/oder ihn im Rechtsverkehr zu vertreten, vgl. Art. 360 Abs. 1 ZGB. Diese Möglichkeit der eigenverantwortlichen Vorsorge fördert einerseits das individuelle Selbstbestimmungsrecht, indem es über den Eintritt der Urteilsunfähigkeit hinaus verwirklicht werden kann, und entlastet andererseits die staatlichen Behörden.[432] Dem Grundsatz der Privatautonomie entsprechend kann der Auftraggeber über Inhalt und Umfang der übertragenen Aufgaben frei entscheiden und Weisungen für deren Erfüllung erteilen,[433] wobei diese nach Art. 360 Abs. 2 ZGB in der Vorsorgevollmacht genau zu umschreiben sind. Im Rahmen der rechtsgeschäftlichen Urteilsunfähigkeit stehen dabei die Vermögenssorge sowie die Vertretung im Rechtsverkehr im Mittelpunkt. Zur Wahrung der vermögensrechtlichen Interessen des Geschäftsunfähigen verwaltet der Vorsorgebeauftragte dessen Vermögenswerte sowie laufendes Einkommen und wickelt den Zahlungsverkehr ab.[434] Um alle für die Vermögenssorge notwendigen Rechtshandlungen mit Wirkung für und gegen den Urteilsunfähigen vornehmen zu können, wird die Vorsorgebevollmächtigung regelmäßig auch die diesbezügliche Vertretung im Rechtsverkehr umfassen.[435] Dabei wirkt der Vorsorgeauftrag nur für den darin umschriebenen Rechtsbereich, und zwar erst mit Eintritt

432 OFK/*Fassbind*, Art. 360 N 1; Löhnig/Schwab/Henrich/Gottwald/Kroppenberg/*Aebi-Müller/Bienz*, S. 67; *Biderbost*, SJZ 2010, 309, 310.

433 Vgl. KK/*Mordasini-Rohner/Stehli/Langenegger*, Art. 360 N 22; *Hausheer/Geiser/Aebi-Müller*, § 20, S. 492 f., Rn. 20.06; *Biderbost*, SJZ 2010, 309, 311.

434 KK/*Mordasini-Rohner/Stehli/Langenegger*, Art. 360 N 23.

435 KK/*Mordasini-Rohner/Stehli/Langenegger*, Art. 360 N 23.

der diesbezüglichen Urteilsunfähigkeit des Auftraggebers.[436] Dies führt zu der heiklen Konstellation, dass der Vorsorgeauftrag erst Wirkungen entfaltet, wenn er nicht mehr widerrufen werden kann, denn auch sein Widerruf setzt – wie jedes andere Rechtsgeschäft – Urteilsfähigkeit voraus.[437] Es überrascht daher nicht, dass für diese Entscheidung von enormer Tragweite gewisse Formvorschriften für ihre Gültigkeit eingehalten werden müssen.[438] Gem. Art. 361 Abs. 1 ZGB ist der Vorsorgeauftrag eigenhändig, d. h. handschriftlich, datiert und unterzeichnet (Abs. 2), zu errichten oder öffentlich zu beurkunden. Dies entspricht der Formvorschrift für letztwillige Verfügungen nach Art. 498 ZGB[439] und vereinfacht die gleichzeitige Errichtung beider Rechtsgeschäfte.[440] Werden die Formvorschriften nicht eingehalten, ist der Vorsorgeauftrag zwar nichtig, nichtsdestotrotz ist sein Inhalt bei Anordnung einer Beistandschaft ggf. zu berücksichtigen.[441] Generell können Wünsche, Anregungen und Konkretisierungen formlos ergänzt werden, ohne die Nichtigkeit herbeizuführen.[442] Der Urteilsunfähige wird durch die Beteiligung der Erwachsenenschutzbehörde (insbesondere Art. 363, 368 ZGB)[443] sowie die gesetzlichen Pflich-

436 BaK/*Jungo*, Art. 360 N 15; *Hausheer/Geiser/Aebi-Müller*, § 20, S. 497, Rn. 20.22.

437 KK/*Mordasini-Rohner/Stehli/Langenegger*, Art. 360 N 25; BaK/*Jungo*, Art. 360 N 15; *Hausheer/Geiser/Aebi-Müller*, § 20, S. 495, Rn. 20.16.

438 Botschaft Erwachsenenschutz, S. 7026; KK/*Mordasini-Rohner/Stehli/Langenegger*, Art. 361 N 1 und 4; Löhnig/Schwab/Henrich/Gottwald/Kroppenberg/*Aebi-Müller/Bienz*, S. 70.

439 Wobei ein Testament unter gewissen Voraussetzungen nach Art. 498, 506 ff. ZGB auch mündlich errichtet werden kann und es bei öffentlicher Beurkundung des Vorsorgeauftrags – anders als beim Testament und Erbvertrag, Art. 499, 512 Abs. 2 ZGB – einer Mitwirkung von Zeugen nicht bedarf.

440 Botschaft Erwachsenenschutz, S. 7026; OFK/*Fassbind*, Art. 361 N 1.

441 OFK/*Fassbind*, Art. 361 N 3; *Hausheer/Geiser/Aebi-Müller*, § 20, S. 495, Rn. 20.14; *Breitschmid*, ZVW 2003, 269, 274.

442 Löhnig/Schwab/Henrich/Gottwald/Kroppenberg/*Aebi-Müller/Bienz*, S. 71; *Hausheer/Geiser/Aebi-Müller*, § 20, S. 495, Rn. 20.14; *Breitschmid*, ZVW 2003, 269, 275.

443 Insbesondere hat die Erwachsenenschutzbehörde gem. Art. 363 Abs. 2 Nr. 1–3 ZGB die Wirksamkeit des Vorsorgeauftrags und die Geeignetheit des Beauftragten für die übertragenen Aufgaben zu prüfen.

ten des Vertreters nach Art. 365 Abs. 1 und 2 ZGB, Art. 394 ff. OR geschützt.[444] Im Fall einer Interessenkollision entfallen die Befugnisse des Beauftragten gem. Art. 365 Abs. 3 ZGB sogar von Gesetzes wegen.

b) Vollmacht über den Eintritt der Handlungsunfähigkeit hinaus

Im Bereich der Vermögenssorge besteht daneben die Möglichkeit, eine „normale“ Vollmacht bzw. einen Auftrag zu erteilen und darin ausdrücklich zu bestimmen, dass diese bzw. dieser auch nach Verlust der Handlungsfähigkeit wirksam bleibt. Die Vollmacht bzw. der Auftrag wird jedoch regelmäßig bereits mit Erteilung wirksam, so dass der Bevollmächtigte schon vor Eintritt der Urteilsunfähigkeit wirksam für diesen handeln könnte. Soll die Vertretung erst danach möglich sein, die Vollmacht bzw. der Auftrag also erst auf den Eintritt der Handlungsunfähigkeit wirken, muss dies in Form eines Vorsorgeauftrags bestimmt werden.[445]

2. Gesetzlicher Vertreter

Im Übrigen kann ein Urteilsunfähiger nur durch einen gesetzlichen Vertreter am Rechtsgeschäftsverkehr teilnehmen. Diesem kommt entweder von Gesetzes wegen oder aufgrund behördlicher Anordnung einer Beistandschaft gesetzliche Vertretungsmacht zu.

---

444 KK/*Mordasini-Rohner/Stehli/Langenegger*, Art. 360 N 25.

445 *Widmer Blum*, § 7, S. 124; nach altem Recht war hierfür keine Form vorgeschrieben *Widmer Blum*, § 5, S. 76; vgl. zum alten Recht BGE 132 III 222, 224 f.

a) Gesetzliche Maßnahmen

aa) Vertretung durch den Ehegatten oder den/die eingetragene(n) Partner(in), Art. 374 ff. ZGB

Besteht weder ein Vorsorgeauftrag noch eine entsprechende Beistandschaft, so hat der Ehegatte bzw. der/die eingetragene Partner/in, der mit der urteilsunfähigen Person einen gemeinsamen Haushalt führt oder ihr regelmäßig und persönlich Beistand leistet, gem. Art. 374 Abs. 1 ZGB ein gesetzliches Vertretungsrecht. Das formale Kriterium der Ehe bzw. Lebenspartnerschaft muss also tatsächlich gelebt werden.[446] Nach Abs. 2 umfasst das Vertretungsrecht alle Rechtshandlungen, die zur Deckung des Unterhaltsbedarfs üblicherweise erforderlich sind, sowie die ordentliche Verwaltung des Einkommens und der übrigen Vermögenswerte. Auch hier wird der Urteilsunfähige durch die Möglichkeit des Einschreitens der Erwachsenenschutzbehörde (Art. 376 ZGB) sowie die gesetzlichen Pflichten des Vertreters nach Art. 375 ZGB, Art. 394 ff. OR geschützt. Insbesondere muss der Ehegatte bzw. der/die eingetragene Partner/in gem. Art. 374 Abs. 3 ZGB für Rechtshandlungen im Rahmen der außerordentlichen Vermögensverwaltung die behördliche Zustimmung einholen.

bb) Abschluss, Änderung oder Aufhebung eines Betreuungsvertrags, Art. 382 ZGB

Ein gesetzliches Vertretungsrecht besteht weiterhin für den Abschluss, die Änderung oder Aufhebung eines Betreuungsvertrags über den Aufenthalt in einer Wohn- oder Pflegeeinrichtung. Nach Art. 382 Abs. 3 ZGB richtet sich die Zuständigkeit für die Vertretung sinngemäß nach den Bestimmungen über die Vertretung bei medizinischen Maßnahmen in Art. 377 ff. ZGB. Dort wird in Art. 378 Abs. 1 ZGB ein Katalog von Personen aufgestellt, die der Reihe nach zur Vertretung

446 Botschaft Erwachsenenschutz, S. 7035; BaK/*Jungo*, Art. 374 N 10; *Hausheer/Geiser/Aebi-Müller*, § 20, S. 510, Rn. 20.66; *Widmer Blum*, § 5, S. 61; *Geiser*, ZVW 2003, 227, 229.

des Urteilsunfähigen berechtigt sind. Dieser reicht von der in einer Patientenverfügung oder Vorsorgevollmacht bezeichneten Person über den Beistand und im Falle einer persönlichen Verbindung den Ehegatten bzw. eigetragene(n) Partner(in), den Lebensgefährten, bis hin zu den Nachkommen, Eltern oder Geschwistern.

b) Behördliche Maßnahme in Form einer Beistandschaft

Hat eine urteilsunfähige, hilfsbedürftige Person keine oder keine ausreichende Vorsorge getroffen und genügen auch die Maßnahmen von Gesetzes wegen nicht, wird die Erwachsenenschutzbehörde auf Antrag oder von Amts wegen eine Beistandschaft errichten, Art. 389 Abs. 1 Nr. 2 ZGB. Die behördlichen Maßnahmen sind damit subsidiär.[447]

aa) Maßschneiderung der Beistandschaft

Das einheitliche Rechtsinstitut der Beistandschaft löste mit Inkrafttreten des neuen Erwachsenenschutzrechts am 1. Januar 2013 das bis dahin geltende Vormundschaftsrecht ab. Dieses war seit 1912 fast unverändert geblieben[448] und enthielt neben einer mittlerweile als stigmatisierend empfundenen Terminologie ein wenig flexibles Maßnahmensystem bestehend aus Beistandschaft, Beiratschaft und Vormundschaft.[449] Die inhaltlich starren Vorgaben dieser standardisierten Rechtsinstitute führten insofern zu unbefriedigenden Ergebnissen, als sie oftmals über das Ziel hinausschossen (wie bei der entmündigenden Vormundschaft) oder lediglich punktuelle Wirkung entfalteten (wie bei der Beiratschaft).[450] Das revidierte Recht erlaubt es nun, den

---

447 Löhnig/Schwab/Henrich/Gottwald/Kroppenberg/*Aebi-Müller/Bienz*, S. 59; *Geiser*, ZVW 2003, 227, 228, 231; *Breitschmid*, ZVW 2003, 269, 270.

448 Bis auf die Aufnahme der Regelungen zur fürsorgerischen Freiheitsentziehung in Art. 397a-f ZGB a. F. m. W. v. 1. Januar 1981.

449 *Hausheer/Geiser/Aebi-Müller*, § 19, S. 458, Rn. 19.06, S. 467, Rn. 19.36 f.; *Biderbost*, ZVW 2003, 299, 301 f; *ders.*, SJZ 2010, 309, 310; *ders.*, AJP 2010, 3, 5.

450 Botschaft Erwachsenenschutz, S. 7015 f.

individuellen Bedürfnissen des Einzelfalls gerecht zu werden.[451] Die Aufgabenbereiche der Beistandschaft werden von der Erwachsenenschutzbehörde an die tatsächlichen Bedürfnisse der betroffenen Person angepasst und entsprechend umschrieben, vgl. Art. 391 Abs. 1 ZGB. Sie betreffen nach Abs. 2 die Personensorge und/oder die Vermögenssorge und/oder den Rechtsverkehr. Durch die Loslösung von der bisherigen Typengebundenheit und Schaffung einer flexiblen Einheitsmaßnahme in Form der Beistandschaft wird dem Grundsatz der Verhältnismäßigkeit (Art. 5 BV, Art. 389 Abs. 2 ZGB) entsprechend im Einzelfall nur so viel staatliche Betreuung angeordnet wie tatsächlich nötig.[452] Dies verdeutlicht auch der in Art. 388 ZGB umschriebene Zweck der behördlichen Maßnahmen, die Selbstbestimmung und Selbständigkeit der betroffenen Person so weit wie möglich zu erhalten und zu fördern sowie gleichzeitig deren Wohl und Schutz sicherzustellen. Das neue Gesetz stellt hierfür vier typisierte Arten der Beistandschaft zur Verfügung, die unterschiedliche Eingriffsqualität aufweisen[453] und nach Art. 397 ZGB – bis auf die umfassende Beistandschaft – miteinander kombiniert werden können. Je nach Bedarf enthalten sie individualisierte Aufgabenstellungen und werden mit oder ohne (teilweiser) Handlungsfähigkeitsbeschränkung angeordnet.[454] Die Beistandschaft wird also einzelfallgerecht maßgeschneidert.[455]

451 BaK/*Biderbost*/*Henkel*, Vor Art. 388–399 N 2; *Biderbost*, SJZ 2010, 309, 310.

452 Botschaft Erwachsenenschutz, S. 7015; OFK/*Fassbind*, Art. 393 N 1; *Biderbost*, ZVW 2003, 299, 306, *ders.*, SJZ 2010, 309, 310; *Häfeli*, FamPra.ch 2007, 1, 2.

453 *Hausheer*/*Geiser*/*Aebi-Müller*, § 19, S. 465, Rn. 19.29; *Geiser*, ZVW 2003, 227, 231; *Rosch*, ZKE 2010, 184 f.; Wolf/*Hrubesch-Millauer*/*Jakob*, S. 81.

454 BaK/*Biderbost*/*Henkel*, Vor Art. 388–399 N 8; *Biderbost*, SJZ 2010, 309, 316; *ders.*, AJP 2010, 3, 9.

455 Botschaft Erwachsenenschutz, S. 7015, 7044; OFK/*Fassbind*, Art. 391 N 1; *Geiser*, ZVW 2003, 227, 231; *Rosch*, ZKE 2010, 184, 185; *Schmid*, ZSR 2010, 311, 313.

bb) Voraussetzungen für die Errichtung einer Beistandschaft

Voraussetzung für die Errichtung einer Beistandschaft ist gem. Art. 390 Abs. 1 ZGB, dass eine volljährige Person entweder wegen einer geistigen Behinderung, einer psychischen Störung oder eines ähnlichen in der Person liegenden Schwächezustands ihre Angelegenheiten nur teilweise oder gar nicht besorgen kann (Nr. 1) oder wegen vorübergehender Urteilsunfähigkeit in Angelegenheiten, die erledigt werden müssen, nicht selber handeln kann und keine zur Stellvertretung berechtigte Person bezeichnet hat (Nr. 2). Urteilsunfähigkeit des Hilfsbedürftigen bildet somit kein Grunderfordernis für die Errichtung einer Beistandschaft, wenngleich deren Anordnung in diesen Fällen erst recht angezeigt ist.[456] Es reicht vielmehr aus, wenn der Schwächezustand tatsächlich zu sozialer Hilfsbedürftigkeit hinsichtlich der Besorgung eigener Angelegenheiten führt.[457]

cc) Beistandschaft bei rechtsgeschäftlicher Urteilsunfähigkeit

Im Fall der rechtsgeschäftlichen Urteilsunfähigkeit des Betroffenen bedarf er für die Teilnahme am Rechtsgeschäftsverkehr eines Vertreters. Nicht jede Art der Beistandschaft ist geeignet, dem Beistand Vertretungsbefugnis zu verleihen. Sowohl die als Hilfe zur Selbsthilfe verstandene Begleitbeistandschaft nach Art. 393 ZGB als auch die Mitwirkungsbeistandschaft gem. Art. 396 ZGB, wonach für bestimmte Handlungen die Zustimmung des Beistands erforderlich ist, setzen Urteilsfähigkeit des unter Beistand Gestellten voraus.[458] Bei Geschäftsunfähigkeit kommen daher nur die Maßnahmen der Vertretungsbeistandschaft und der umfassenden Beistandschaft in Betracht.

456 OFK/*Fassbind*, Art. 390 N 1.
457 OFK/*Fassbind*, Art. 390 N 1.
458 OFK/*Fassbind*, Art. 393 N 2; *Fountoulakis*, BJM 2015, 189, 214.

(1) Vertretungsbeistandschaft und Vermögensverwaltung, Art. 394 f. ZGB

Eine Vertretungsbeistandschaft wird nach Art. 394 Abs. 1 ZGB errichtet, wenn die hilfsbedürftige Person bestimmte Angelegenheiten nicht erledigen kann und deshalb vertreten werden muss. Aufgrund der Subsidiarität der behördlichen Maßnahmen darf sie zudem nicht in der Lage sein, jemanden diesbezüglich wirksam zu bevollmächtigen. Eine Zustimmung der hilfsbedürftigen Person ist nicht erforderlich, so dass die Vertretungsbeistandschaft auch gegen ihren Willen errichtet werden kann. Der Beistand ist im Rahmen der übertragenen Aufgaben gesetzlicher Vertreter des Urteilsunfähigen und kann direkt und selbständig für ihn handeln.[459] Diese können eine einzelne Angelegenheit, verschiedene Aufgabenbereiche oder praktisch alle relevanten Aufgaben umfassen. Wird die Vertretungsbeistandschaft für die Vermögensverwaltung errichtet, so hat die Erwachsenenschutzbehörde nach Art. 395 Abs. 1 ZGB die zu verwaltenden Vermögenswerte zu bestimmen. Dies können das gesamte Einkommen (inklusive Ersparnisse hieraus) und/oder Vermögen (inklusive Erträge hieraus) oder auch nur Teile davon sein. Die Befugnis zur Verwaltung des Vermögens erstreckt sich auf jede tatsächliche und rechtliche Handlung, die typischerweise dazu bestimmt ist, die verwalteten Vermögenswerte zu erhalten, zu vermehren oder zweckgemäß zu verwenden.[460] Diesbezüglich statuiert Art. 408 Abs. 1 ZGB, dass der Beistand alle Rechtsgeschäfte vornimmt, die mit der Vermögensverwaltung zusammenhängen. Abs. 2 nennt hier insbesondere das Entgegennehmen mit befreiender Wirkung einer von Dritten geschuldeten Leistung (Nr. 1), das Bezahlen von Schulden (Nr. 2) sowie die Vertretung des Betroffenen für die laufenden Bedürfnisse (Nr. 3). Vertretungsfeindliche absolut höchstpersönliche Rechtsgeschäfte wie die Errichtung einer Verfügung von Todes wegen oder die Eingehung einer Ehe kann der

459 Botschaft Erwachsenenschutz, S. 7045 f.; *Hausheer/Geiser/Aebi-Müller*, § 20, S. 522, Rn. 20.103; *Biderbost*, SJZ 2010, 309, 316; *ders.*, AJP 2010, 3, 10.

460 Botschaft Erwachsenenschutz, S. 7046; BaK/*Biderbost/Henkel*, Art. 395 N 14; *Schmid*, ZSR 2010, 311, 319.

Beistand nach Art. 19c Abs. 2 ZGB nicht mit Wirkung für und gegen den Betroffenen vornehmen. Art. 412 Abs. 1 ZGB verbietet es ihm zudem, in Vertretung für die betroffene Person Bürgschaften einzugehen, Stiftungen zu errichten oder Schenkungen mit Ausnahme der üblichen Gelegenheitsgeschenke vorzunehmen. Zum weiteren Schutz des Betroffenen zählt Art. 416 Abs. 1 ZGB schließlich Geschäfte auf, die der Beistand nur mit Zustimmung der Erwachsenenschutzbehörde vornehmen kann. Verträge zwischen dem Beistand und der betroffenen Person bedürfen nach Abs. 3 immer dieser Zustimmung, außer es handelt sich um die Erteilung eines unentgeltlichen Auftrags.

(2) Umfassende Beistandschaft

Die umfassende Beistandschaft ist das Nachfolgeinstitut der früheren Entmündigung,[461] also der Anordnung einer Vormundschaft mit Entzug der Handlungsfähigkeit. Sie setzt gem. Art. 398 Abs. 1 ZGB eine besonders ausgeprägte Hilfsbedürftigkeit des Betroffenen voraus. Exemplarisch wird hier die dauernde Urteilsunfähigkeit genannt, insbesondere schwer demenzkranke Menschen werden hiervon erfasst.[462] Entgegen des im neuen Erwachsenenschutzrecht grundlegenden Prinzips der Maßschneiderung der Beistandschaften lässt die umfassende Beistandschaft keine individuelle Anpassung zu,[463] sondern bezieht sich nach Abs. 2 auf alle Angelegenheiten der Personensorge, der Vermögenssorge und des Rechtsverkehrs. Auch in diesem Zusammenhang sind die Vertretungsfeindlichkeit der absolut höchstpersönliche Rechtsgeschäfte (Art. 19c Abs. 2 ZGB), die Schutznormen des Art. 412 Abs. 1 ZGB sowie Art. 416 Abs. 1 ZGB zu beachten. Nach Art. 398 Abs. 3 ZGB entfällt mit Errichtung einer umfassenden Beistandschaft

461 Botschaft Erwachsenenschutz, S. 7017; *Biderbost*, ZVW 2003, 299, 309; *ders.*, SJZ 2010, 309, 316; *ders.*, AJP 2010, 3, 10.

462 Botschaft Erwachsenenschutz, S. 7048; *Schmid*, ZSR 2010, 311, 324.

463 BaK/*Biderbost*/*Henkel*, Art. 398 N 6; kritisch hierzu *Biderbost*, ZVW 2003, 299, 311 f.; ebenso *Langenegger*, ZVW 2003, 317, 329 f.; positiver *Häfeli*, FamPra.ch 2007, 1, 13.

die Handlungsfähigkeit der betroffenen Person von Gesetzes wegen. Beruht die besondere Hilfsbedürftigkeit aber auf der beispielhaft erwähnten dauerhaften Urteilsunfähigkeit, gibt es nach Art. 17 ZGB schon keine Handlungsfähigkeit, die entfallen könnte.[464] Aufgrund des umfassenden Aufgabenbereichs, der schweren und weitreichenden Rechtsfolgen sowie der mangelnden Flexibilität dieser behördlichen Maßnahme kann diese nur als *ultima ratio* angeordnet werden.[465] Insbesondere ist deren Anordnung für Personen mit geistiger Behinderung bei Weitem nicht in jedem Fall erforderlich oder geeignet. Vielmehr ist auch hier maßgeschneiderter Schutz zu gewähren.[466]

464 Botschaft Erwachsenenschutz, S. 7048; *Hausheer/Geiser/Aebi-Müller*, § 20, S. 525, Rn. 20.116; *Biderbost*, ZVW 2003, 299, 309; *Schmid*, ZSR 2010, 311, 324.

465 Botschaft Erwachsenenschutz, S. 7048; OFK/*Fassbind*, Art. 398 N 1; *Biderbost*, ZVW 2003, 299, 306; *ders.*, SJZ 2010, 309, 316; *ders.*, AJP 2010, 3, 10.

466 Botschaft Erwachsenenschutz, S. 7048; BGer 5A_912/2014 E. 3.2.1; BaK/*Biderbost/Henkel*, Art. 398 N 19; *Schmid*, ZSR 2010, 311, 324.

Kapitel 3: Die Geschäftsunfähigkeit Erwachsener in Deutschland im Vergleich zur Rechtslage in der Schweiz

§ 1 Grundlagen

A. Terminologie: Geschäftsfähigkeit

Im Gegensatz zum schweizerischen ZGB verwendet das BGB vom 1. Januar 1900 den Begriff der Geschäftsfähigkeit im Allgemeinen Teil (Buch 1) als amtliche Überschrift des 1. Titels im 3. Abschnitt über die Rechtsgeschäfte. Gleichwohl ist eine positive Definition dieser rechtlichen Fähigkeit im Gesetz nicht zu finden, sondern vielmehr anhand der bestehenden Regelungen zur Geschäftsunfähigkeit in §§ 104 ff. BGB herzuleiten.[467] Unter Geschäftsfähigkeit – als Unterart der allgemeinen Handlungsfähigkeit[468] – versteht man daher die Fähigkeit einer natürlichen Person, Rechtsgeschäfte durch Abgabe

467 Staudinger/*Knothe*, 2012, Vorbem zu §§ 104–115, Rn. 1.

468 Motive zu dem Entwurfe eines Bürgerlichen Gesetzbuches für das Deutsche Reich, Band I, Allgemeiner Theil, Amtliche Ausgabe, 2. Auflage 1896, im Folgenden: Mot. I, S. 129 = *Mugdan, Benno* (Hrsg.), Die gesamten Materialien zum Bürgerlichen Gesetzbuch für das Deutsche Reich, Band 1, Einführungsgesetz und Allgemeiner Teil, Neudruck (1979) der Ausgabe Berlin 1899, im Folgenden: *Mugdan* 1, S. 423; Palandt/*Ellenberger*, Einf v § 104, Rn. 1; Jauernig/*Mansel*, § 104, Rn. 1; *Brehm*, § 9, S. 168, Rn. 273.

oder Entgegennahme von Willenserklärungen selbständig wirksam vorzunehmen.[469] Dies entspricht dem Verständnis von Geschäftsfähigkeit im schweizerischen Zivilrecht. Grundsätzlich ist jede natürliche Person uneingeschränkt geschäftsfähig, daher werden in den §§104, 106 BGB die Ausnahmen der Geschäftsunfähigkeit und der beschränkten Geschäftsfähigkeit Minderjähriger abschließend formuliert.[470] In funktionaler Hinsicht ist die Regelung der Geschäftsunfähigkeit in §104 BGB dabei mit der schweizerischen Vorschrift über die Urteilsfähigkeit in Art. 16 ZGB vergleichbar.[471]

B. Hintergrund, verfassungsrechtlicher Rahmen und Zweck der Geschäftsunfähigkeitsregelung

I. Hintergrund

Wie die rechtsgeschäftliche Urteilsfähigkeit in der Schweiz ist auch die Geschäftsfähigkeit in Deutschland eine Selbstbestimmungsfähigkeit, die untrennbar mit dem der gesamten Privatrechtsordnung zugrundeliegenden Prinzip der Privatautonomie verbunden ist.[472] Die von der Idee der individuellen Freiheit und rechtlichen Gleichheit eines jeden Einzelnen geprägte Rechtsordnung überlässt es dem Rechtssubjekt, seine privatrechtlichen Lebensverhältnisse innerhalb gewisser Schranken selbstbestimmt und eigenverantwortlich zu gestalten

469 NK/*Baldus*, §104, Rn. 1; Erman/*Müller*, Vor §104, Rn. 1; *Leipold*, §11, S. 129, Rn. 4; *Bork*, §23, S. 377, Rn. 967; *Lorenz*, JuS 2010, 11.

470 MüKo/*Spickhoff*, §104, Rn. 3; Soergel/*Hefermehl*, Vor §104, Rn. 8; Staudinger/*Klumpp*, Vorbem zu §§104 ff., Rn. 8; *Schmidt*, S. 285, Rn. 931; *Bitter/Röder*, §9, S. 116, Rn. 4.

471 KK/*Hotz*, Art. 12 N 4; *Petermann*, S. 13, Rn. 38, S. 22, Rn. 70.

472 JurisPK/*Lange*, §104, Rn. 6; Soergel/*Hefermehl*, Vor §104, Rn. 1; *Bork*, §23, S. 377, Rn. 967; *Leipold*, §11, S. 128, Rn. 1.

und Rechtsgeschäfte nach seinem eigenen Willen zu tätigen.[473] Wesentliche Teilaspekte der rechtsgeschäftlichen Privatautonomie sind die Vertragsfreiheit[474] mit der Sonderform der Eheschließungsfreiheit[475] sowie die Eigentums-[476] und Testierfreiheit.[477]

Mit dieser Freiheit zur rechtsgeschäftlichen Selbstbestimmung geht jedoch auch die Eigenverantwortung des Rechtssubjekts für die Folgen seines privatrechtlichen Handelns einher.[478] Trifft ein Volljähriger eine privatautonome rechtsgeschäftliche Entscheidung, so ist er grundsätzlich auch an die von ihm abgegebene Willenserklärung gebunden (*pacta sunt servanda*).[479] Eine derartige Bindung erscheint jedoch nur gerechtfertigt, wenn der Handelnde in der Lage ist, den Inhalt und die Konsequenzen seiner rechtsgeschäftlichen Erklärungen zu erkennen und zu beurteilen.[480] Ist dies nicht der Fall, besitzt der

---

473 Erman/*Müller*, Einl vor § 104, Rn. 1; Staudinger/*Olzen*, Einl zum SchuldR, Rn. 50; *Bitter/Röder*, § 2, S. 12, Rn. 16; *Köhler*, § 5, S. 33, Rn. 1.

474 JurisPK/*Backmann*, § 145, Rn. 30; *Schwab/Löhnig*, S. 187, Rn. 415; *Weiler*, S. 103; *Busche*, § 3, S. 46.

475 PWW/*Prütting*, Einleitung, Rn. 18; *Bork*, § 2, S. 42, Rn. 100.

476 NK/*Schulze*, Vor §§ 145–147, Rn. 10; *Weiler*, S. 102.

477 PWW/*Prütting*, Einleitung, Rn. 18; *Bork*, § 2, S. 42, Rn. 100; *Busche*, § 3, S. 46. Im Kontext des Erwachsenenschutzes ist jedoch § 14 HeimG zu beachten, der die Testierfreiheit von Heimbewohnern (ältere Menschen und pflegebedürftige oder behinderte Volljährige, vgl. § 1 Abs. 1 HeimG) verfassungskonform einschränkt, BVerfG NJW 1998, 2964. Danach ist es Heimträgern, Heimleitung sowie den Beschäftigten oder sonstigen Mitarbeitern eines Heims untersagt, sich von Heimbewohnern für die Erfüllung der Pflichten aus dem Heimvertrag Geld oder geldwerte Leistungen über das vereinbarte Heimentgelt hinaus versprechen oder gewähren zu lassen. Die Norm ist weit auszulegen und umfasst auch eine entsprechende Erbeinsetzung durch den Heimbewohner, OLG Frankfurt NJW 2001, 1504; zur Zulässigkeit des sog. „stillen Testaments" BayObLG NJW 1992, 55, 56 f.; BGH NJW 1993, 1143, 1144 f.; Staudinger/*Otte*, Vorbem zu §§ 2064–2086, Rn. 136; zur stillen Erbeinsetzung durch einen Angehörigen des Heimbewohners BGH NJW 2012, 155 f.

478 *v. Sachsen Gessaphe*, § 4, S. 56; Coester-Waltjen/Lipp/Schumann/Veit/*Schmahl*, S. 20; *Lipp*, FamRZ 2012, 669, 672.

479 *Leipold*, § 10, S. 106, Rn. 3; *Wolf/Neuner*, § 10, S. 99, Rn. 23.

480 Staudinger/*Knothe*, 2012, Vorbem zu §§ 104–115, Rn. 20; jurisPK/*Lange*, § 104, Rn. 6; *Bork*, § 23, S. 377, Rn. 967; *Köhler*, § 10, S. 139, Rn. 1.

Handelnde also nicht das für die Teilnahme am Rechtsverkehr erforderliche Mindestmaß an Einsichts- und Urteilsfähigkeit, muss er vor den Folgen seines rechtsgeschäftlichen Handelns, also vor sich selbst, aber auch vor Dritten geschützt werden.[481] § 104 BGB regelt daher die Voraussetzungen der Geschäftsunfähigkeit und § 105 Abs. 1 BGB ordnet die Nichtigkeit der Willenserklärungen eines Geschäftsunfähigen an. Dabei handelt es sich um zwingendes Recht (*ius cogens*),[482] d. h. der Geschäftsunfähige kann weder hierauf verzichten noch kann es von den Parteien als unanwendbar abbedungen werden.[483]

II. Verfassungsrechtlicher Rahmen

Auch wenn der Grundsatz der Privatautonomie das Bürgerliche Recht bereits lange vor Inkrafttreten des Grundgesetzes[484] im Jahr 1949 beherrscht hat,[485] sind seine Reichweite und Grenzen verfassungsrechtlich verankert. Je nach Zuordnung des privatautonomen Handelns zu einem Lebenssachverhalt, richtet sich die grundrechtliche Dimension des Geschäftsunfähigkeitsrechts nach Art. 14 Abs. 1 GG (Eigentums- und Testierfreiheit), Art. 12 Abs. 1 GG (Berufsfreiheit), Art. 9 Abs. 1 GG (Vereinigungsfreiheit), Art. 6 Abs. 1 GG (Ehefreiheit), Art. 3 Abs. 1 und 3 GG (Gleichheitsgrundsatz und Benachteiligungsverbot), Art. 2 Abs. 1 i. V. m. Art. 1 Abs. 1 GG (Recht auf Selbstbestimmung/allgemeines Persönlichkeitsrecht), Art. 1 Abs. 1

481 AK/*Kohl*, vor § 104, Rn. 2.

482 Palandt/*Ellenberger*, Einf v § 104, Rn. 3; RGRK/*Krüger-Nieland*, § 104, Rn. 2; Soergel/*Hefermehl*, § 104, Rn. 1; a. A. *Knieper*, S. 43.

483 *Klunzinger*, S. 11 f.; *Boemke*/*Ulrici*, § 11, S. 214, Rn. 3; *Ulrici*, JuS 2005, 1073, 1074.

484 Grundgesetz für die Bundesrepublik Deutschland v. 23. Mai 1949 (BGBl. S. 1) m. W. v. 24. Mai 1949; im Folgenden „GG".

485 Terminologisch war zwar der Begriff der Vertragsfreiheit verbreitet, historisch umfasste dieser jedoch nicht nur zweiseitige Rechtsgeschäfte, sondern sämtliche Handlungsmöglichkeiten des Einzelnen im Privatrecht, *Ganner*, S. 74; siehe auch *Mayer-Maly*, FS Kramer 2004, S. 25.

GG (Menschenwürde) oder subsidiär nach Art. 2 Abs. 1 GG (allgemeine Handlungsfreiheit).[486] Das in Art. 20 Abs. 1, 28 Abs. 1 S. 1 GG verankerte Sozialstaatsprinzip spielt in diesem Zusammenhang hingegen eine untergeordnete Rolle. Als Verfassungsgrundsatz und Staatszielbestimmung ist diesem Leitbild bei der staatlichen Ausgestaltung der Privatrechtsordnung zwar Rechnung zu tragen.[487] Es stellt sich jedoch als zu weit und abstrakt dar, um regelmäßig unmittelbare Rechte und Pflichten zu begründen[488] und im Kontext des Rechts der Geschäfts(un)fähigkeit konkrete Rückschlüsse auf die Reichweite und Grenzen der rechtsgeschäftlichen Privatautonomie sowie das Verhältnis von Selbstbestimmung einerseits und Erwachsenenschutz andererseits zuzulassen.[489]

Vielmehr binden bereits die in Art. 1 bis 19 GG geregelten Grundrechte Gesetzgebung, vollziehende Gewalt und Rechtsprechung nach Art. 1 Abs. 3 GG als unmittelbar geltendes Recht. Aus ihrer klassischen Funktion als Abwehrrechte gegen den Staat ergeben sich daher Schranken für staatliche[490] Eingriffe in grundrechtlich beachtliche Positionen.[491] Gleichzeitig geht aus ihnen aber auch ein staatlicher Schutzauftrag hervor, den es vor dem Hintergrund des verfassungs-

486 BVerfGE 8, 274, 328; BVerfGE 12, 341, 347; Maunz/Dürig/*Di Fabio*, Art. 2 Abs. 1, Rn. 103; *Höfling*, S. 14 ff.; *Ganner*, S. 62 f.; *Busche*, § 3, S. 55 ff.

487 BVerfGE 5, 85, 206; BVerfGE 8, 274, 329; BVerfGE 81, 242, 255 f. (sog. Handelsvertreterentscheidung); BVerfGE 89, 214, 232 (sog. Bürgschaftsentscheidung).

488 BVerfGE 65, 182, 193; BVerfGE 82, 60, 80; BVerfGE 100, 271, 284.

489 Becker/Roth/*Spickhoff*, § 6, S. 105, Rn. 3; *ders.*, AcP 208 (2008), 345, 351; optimistischer BVerfGE 81, 242, 253 ff.; *Ganner*, S. 63 f.

490 Im Privatrechtsverkehr kommt den Grundrechten als Teil der objektiven Wertordnung sog. mittelbare Drittwirkung zu, d. h. die verfassungsrechtlichen Wertungen finden insbesondere über die zivilrechtlichen Generalklauseln (z. B. §§ 138 Abs. 1, 242, 826 BGB) und deren Auslegung durch die (unmittelbar grundrechtsgebundenen) Gerichte Eingang in die zwischen Privatpersonen bestehenden Rechtsverhältnisse, BVerfGE 7, 198, 204 ff. (sog. Lüth-Urteil).

491 BVerfGE 7, 198, 204 f.; v. Mangoldt/Klein/Starck/*Starck*, Art. 1 Abs. 3, Rn. 182 ff.; Jarass/Pieroth/*Jarass*, Vorb. vor Art. 1, Rn. 3; *Canaris*, JuS 1989, 161 f.

rechtlichen Untermaßverbots zu erfüllen gilt.[492] Ist jemand tatsächlich nicht zu selbstbestimmter und eigenverantwortlicher Teilnahme am Rechtsgeschäftsverkehr in der Lage, verpflichten die oben aufgezählten Grundrechte die Staatsgewalt, der strukturellen Unterlegenheit und der Gefahr der Fremdbestimmung sowie einseitigen Ausnutzung der Privatautonomie entgegenzuwirken.[493] Gleichzeitig muss der Eingriff in die Privatautonomie in Form des Absprechens der Fähigkeit zur rechtsgeschäftlichen Selbstbestimmung der Verhältnismäßigkeitsprüfung standhalten, insbesondere erforderlich und angemessen sein.[494] Prämisse hierfür ist freilich, dass die verfassungsrechtlich geschützten Freiheiten auch demjenigen zukommen, der nicht in der Lage ist diese auszuüben, sowie dass die Versagung der Privatautonomie im rechtsgeschäftlichen Bereich nach den gesetzlichen Vorschriften (z. B. § 104 BGB, § 2229 BGB) durch das Gericht oder den Notar als Grundrechtseingriff zu werten ist.[495]

Neben den nationalen verfassungsrechtlichen Vorgaben sind auch in Deutschland diejenigen des Völkerrechts, namentlich der EMRK sowie der BRK (insbesondere Art. 12 Abs. 2), zu berücksichtigen. Anders als in der Schweiz nehmen beide Abkommen in Deutschland den Rang eines Bundesgesetzes ein.[496] Verfassungsrechtliche

492 BVerfGE 39, 1, 41 f.; *Canaris*, AcP 184 (1984), 201, 225 ff., 228; *ders.*, JZ 1987, 993, 995; *Bleckmann*, DVBl 1988, 938, 942; *Spickhoff*, AcP 208 (2008), 345, 351.

493 BVerfGE 115, 51 ff.; BVerfG NJW 1994, 36, 38; PWW/*Brinkmann*, Vor §§ 145 ff BGB, Rn. 13; jurisPK/*Backmann*, § 145, Rn. 31; *v. Sachsen Gessaphe*, § 4, S. 57; *Singer*, JZ 1995, 1138 f.

494 BVerfGE 60, 329, 339; BVerfGE 65, 196, 215; Becker/Roth/*Spickhoff*, § 6, S. 107, Rn. 6; *Canaris*, JZ 1987, 993, 994 f.; *Lipp*, § 5, S. 145 f.

495 *Pöschl*, S. 49 f.; Becker/Roth/*Spickhoff*, § 6, S. 107, Rn. 6; *ders.*, AcP 208 (2008), 345, 352 ff.; *ders.*, FamRZ 2018, 412, 413; *Canaris*, JZ 1987, 993, 994 f.; *Lipp*, § 5, S. 145 f., verlangt hingegen für einen Eingriff die Missachtung der eigenverantwortlichen Entscheidung des Grundrechtsträgers, so dass bei fehlender Selbstbestimmungsfähigkeit nicht in diese eingegriffen werden kann. Nichtsdestotrotz hat sich die staatliche Reaktion daran auszurichten, dass sie potentiell in die Selbstbestimmungsfreiheit eingreift.

496 BGBl. 1952 II, 685 ff. (Art. 2 Abs. 2); BVerfGE 19, 342, 347; BVerfGE 120, 180, 200; BVerfGE 128, 282, 306 (zur BRK); BVerfGE 128, 326; *Aichele*, AnwBl 2011, 727.

Bedeutung kommt ihnen gleichwohl insofern zu, als ihre Regelungen aufgrund der Völkerrechtsfreundlichkeit des Grundgesetzes bei der Auslegung und Bestimmung des Inhalts und der Reichweite des innerstaatlichen Rechts, und vor allem auch der höherrangigen Grundrechte heranzuziehen sind.[497]

Vor diesem verfassungs- und völkerrechtlichen Hintergrund ist auf die prägnante Formulierung von *Spickhoff*[498] zurückzugreifen, um den die folgenden Ausführungen bestimmenden Leitgedanken zu beschreiben: so viel Selbstbestimmung wie möglich, so viel Erwachsenenschutz wie nötig.

III. Normzweck

In Zusammenhang mit Volljährigen dienen die Vorschriften zur Geschäftsunfähigkeit folgenden Zwecken:

1. Schutz des Geschäftsunfähigen und seines Vermögens

Wie in der Schweiz verfolgen die deutschen Geschäftsunfähigkeitsregelungen in erster Linie den umfassenden Schutz des Geschäftsunfähigen und seines Vermögens vor den Gefahren des Rechtsverkehrs und den (möglicherweise nachteiligen) Folgen seines eigenen rechtsgeschäftlichen Handelns, dessen Bedeutung und Tragweite er nicht erfassen kann.[499] Seine Willenserklärungen sind daher nach § 105 Abs. 1 BGB von Anfang an nichtig und ziehen keinerlei Rechts-

497 BVerfGE 74, 358, 370; BVerfGE 111, 307, 317; BVerfG NJW 2009, 1133 f.; Coester-Waltjen/Lipp/Schumann/Veit/*Schmahl*, S. 14; *Sommermann*, AöR 114 (1989), 391, 415 ff.

498 Becker/Roth/*Spickhoff*, § 6, S. 107, Rn. 6; *ders.*, AcP 208 (2008), 345, 354 f.

499 Spickhoff/*Spickhoff*, §§ 104–105a BGB, Rn. 1; Erman/*Müller*, Vor § 104, Rn. 1; jurisPK/*Lange*, § 104, Rn. 7; *Grunsky*, S. 10 f.; *Lorenz*, JuS 2010, 11, 12.

folgen nach sich.[500] Dabei wird dem Schutzbedürfnis dieser Personen grundsätzlich Vorrang gegenüber den Interessen des Geschäftsverkehrs eingeräumt und der gute Glaube des Vertragspartners an das Vorliegen von Geschäftsfähigkeit selbst dann nicht geschützt, wenn ihr Fehlen nicht erkennbar ist.[501]

2. Rechtssicherheit

Eine vorgeschaltete Überprüfung der individuellen Fähigkeit zur vernünftigen Willensbildung bei Vornahme eines Rechtsgeschäfts kollidiert jedoch mit den Interessen des Rechtsverkehrs und kann in der Praxis nicht umgesetzt werden. Um ein gewisses Maß an Sicherheit und Leichtigkeit des Rechtsverkehrs zu gewährleisten,[502] stellt § 104 BGB daher nicht auf die individuelle Urteilsfähigkeit des Handelnden in Bezug auf das konkrete Rechtsgeschäft ab.[503] Die Norm qualifiziert vielmehr pauschal zwei Personengruppen als geschäftsunfähig, da diese typischerweise nicht über das im Geschäftsverkehr erforderliche Mindestmaß an Einsichtsfähigkeit und/oder Willensfreiheit verfügen.[504]

So legt Nr. 1 für die Geschäftsunfähigkeit Minderjähriger typisierend eine starre Altersgrenze von unter sieben Jahren fest. Und Nr. 2 verlangt generell einen die freie Willensbestimmung ausschließenden Zustand krankhafter Störung der Geistestätigkeit zum Zeitpunkt der Vornahme des Rechtsgeschäfts. Ob sich die Minderjährigkeit oder dieser Zustand auf die konkrete rechtsgeschäftliche Handlung ausgewirkt

500 BGHZ 107, 268, 270; Palandt/*Ellenberger*, Überbl v § 104, Rn. 27; *Boecken*, S. 112, Rn. 211; *Hirsch*, § 1, S. 36 f., Rn. 11; *Boemke/Ulrici*, § 9, S. 163, Rn. 16.

501 Vgl. BGHZ 115, 38, 44 f.; Soergel/*Hefermehl*, Vor § 104, Rn. 10; NK/*Baldus*, § 104, Rn. 46; *Wolf/Neuner*, § 34, S. 401, Rn. 71; *Zimmermann*, BWNotZ 2000, 97, 98.

502 AK/*Kohl*, vor § 104, Rn. 4.

503 Staudinger/*Knothe*, 2012, Vorbem zu §§ 104–115, Rn. 19; MüKo/*Spickhoff*, Vor § 104, Rn. 14; *Flume*, § 13/2, S. 183; *Köhler*, § 10, S. 139, Rn. 1; *Leipold*, § 11, S. 128 f., Rn. 2; *Brah*, S. 25.

504 Bamberger/Roth/*Wendtland*, § 104, Rn. 2; *Pöschl*, S. 15.

hat und die gerade hierfür erforderliche Einsichts- und Urteilsfähigkeit des Handelnden fehlt, ist unerheblich.[505] Im Gegensatz zum eidgenössischen Recht, das aufgrund des vorherrschenden Grundsatzes der Relativität der Urteilsfähigkeit stets die für das jeweilige Rechtsgeschäft erforderliche Urteilsfähigkeit im Einzelfall prüft, vermeidet das deutsche Recht zugunsten der Rechtssicherheit die Einbeziehung des jeweiligen Rechtsgeschäfts in die konkrete Würdigung.[506] Stets wird aber dem Schutz des Geschäftsunfähigen Vorrang gegenüber den Interessen des Geschäftsverkehrs eingeräumt und der gute Glaube an die Geschäftsfähigkeit nicht geschützt.[507] Endgültige Rechtssicherheit kann im Bereich der Geschäftsunfähigkeit daher nie erreicht werden.

C. Abgrenzung zu anderen rechtlichen Fähigkeiten

Wie im Länderbericht zur Schweiz empfiehlt es sich, auch bei der Darstellung des deutschen Rechts die Geschäftsfähigkeit zunächst von anderen rechtlichen Fähigkeiten einer Person abzugrenzen.

I. Rechtsfähigkeit

Die Geschäftsfähigkeit ist zuvörderst von der Rechtsfähigkeit zu unterscheiden. Anders als in der Schweiz wurde dieser Begriff trotz seiner zentralen Bedeutung ursprünglich nicht im Gesetz definiert, sondern vielmehr bei der Regelung des zeitlichen Beginns der Rechtsfähigkeit in § 1 BGB als bestehend vorausgesetzt. Mit der Legaldefinition der

505 *Lipp*, § 4, S. 64; Venzlaff/Foerster/*Taupitz*/*Weis*, 27.7, S. 461; zur Testierfähigkeit: *Cording*, ZEV 2010, 115, 118; zu Recht kritisch *Gebauer*, AcP 153 (1954), 332, 362.

506 Erman/*Müller*, Vor § 104, Rn. 1; PWW/*Völzmann-Stickelbrock*, § 104, Rn. 2; *Bork*, § 23, S. 378, Rn. 970.

507 BGH NJW 1977, 622, 623; *Wertenbruch*, § 17, S. 240, Rn. 2; *Faust*, § 18, S. 146, Rn. 6; *Boecken*, S. 113, Rn. 213.

rechtsfähigen Personengesellschaft in § 14 Abs. 2 BGB[508] im Jahr 2000 wurde das bisherige Begriffsverständnis von Rechtsfähigkeit ins Gesetz übernommen. Es handelt sich dabei um die Eigenschaft, Rechtssubjekt, also Träger von Rechten und Pflichten sein zu können,[509] die jeder natürlichen Person in gleicher Weise zukommt,[510] so dass der Begriff mit demjenigen in Art. 11 ZGB übereinstimmt. Als Ausfluss der durch Art. 1 Abs. 1 GG geschützten Menschenwürde kann auf die Rechtsfähigkeit auch in Deutschland weder verzichtet noch kann sie eingeschränkt oder entzogen werden.[511] Sie ist im Sinne einer rechtlichen Personenhaftigkeit zudem Grundvoraussetzung für die Handlungsfähigkeit sowie die Geschäftsfähigkeit.[512] Zivilverfahrensrechtliches Korrelat zur Rechtsfähigkeit ist die Parteifähigkeit, denn nach § 50 Abs. 1 ZPO[513] ist parteifähig, wer rechtsfähig ist.[514]

II. Handlungsfähigkeit

Der Begriff der Geschäftsfähigkeit ist weiterhin von demjenigen der Handlungsfähigkeit zu unterscheiden. Auch wenn das BGB diesen Terminus – anders als das schweizerische ZGB – nicht verwendet,

---

508 § 14 Abs. 2 BGB lautet: Eine rechtsfähige Personengesellschaft ist eine Personengesellschaft, die mit der Fähigkeit ausgestattet ist, Rechte zu erwerben und Verbindlichkeiten einzugehen.

509 JurisPK/*Martinek*, § 1, Rn. 1; *Kaiser*, S. 19, Rn. 41; *Medicus/Petersen*, § 63, S. 449, Rn. 1039; *Musielak/Hau*, § 5, S. 113, Rn. 312; *Lehmann*, AcP 207 (2007), 225, 226.

510 Palandt/*Ellenberger*, § 1, Rn. 1; *Zerres*, S. 33; *Brox/Walker*, § 33, S. 311, Rn. 2; *Pawlowski*, § 2, S. 48, Rn. 98; *Lorenz*, JuS 2010, 11.

511 NK/*Ring*, § 1, Rn. 4; PWW/*Prütting*, § 1, Rn. 7, 10; *Wolf/Neuner*, § 11, S. 118 f., Rn. 3; *Bork*, § 4, S. 66 f., Rn. 154; *Petersen*, Jura 2009, 669.

512 MüKo/*Spickhoff*, § 1, Rn. 8 f.; Spickhoff/*Spickhoff*, § 1 BGB, Rn. 4; Soergel/*Hefermehl*, Vor § 104, Rn. 2; Staudinger/*Klumpp*, Vorbem zu §§ 104 ff., Rn. 35.

513 Zivilprozessordnung v. 30. Januar 1877 (RGBl. S. 83) m. W. v. 1. Oktober 1879 i. d. F. der Bekanntmachung v. 5. Dezember 2005 (BGBl. I S. 3203, ber. 2006 I S. 431, ber. 2007 I S. 1781).

514 JurisPK/*Martinek*, § 1, Rn. 6; PWW/*Prütting*, § 1, Rn. 12; *Zerres*, S. 33; *Medicus/Petersen*, § 63, S. 450, Rn. 1042; *Leipold*, § 30, S. 453, Rn. 2.

geschweige denn definiert, versteht man hierunter die Fähigkeit, durch eigenes Handeln Rechte und Pflichten begründen und rechtliche Wirkungen herbeiführen zu können.[515] Im Gegensatz zur Rechtsfähigkeit setzt die Handlungsfähigkeit als Minimum die Fähigkeit zur natürlichen Willensbildung voraus und ist daher nicht jedem Menschen zuzuerkennen (z. B. Bewusstlose).[516] Hierfür genügt es, das eigene Verhalten in irgendeiner Weise willentlich steuern zu können, während ein besonderer rechtsgeschäftlicher Wille nicht erforderlich ist.[517] Geistig behinderte Personen oder solche mit einer psychischen Störung sind daher grundsätzlich handlungsfähig.[518] Im Verhältnis der beiden Termini „Geschäftsfähigkeit" und „Handlungsfähigkeit" zueinander bildet letzterer den Oberbegriff, der neben der Geschäftsfähigkeit (§§ 104 ff. BGB) auch die zivilrechtliche Verschuldensfähigkeit, d. h. die Deliktsfähigkeit (§ 827 f. BGB), sowie die Verantwortlichkeit für die Verletzung von Verbindlichkeiten (§ 276 Abs. 1 S. 2 BGB) umfasst.[519]

III. Delikts- bzw. zivilrechtliche Verschuldensfähigkeit, § 827 f. BGB

Auch wenn die Formulierung des § 827 S. 1 BGB stark an diejenige des § 104 Nr. 2 BGB erinnert und an diesen angelehnt ist,[520] ist die Geschäftsfähigkeit strikt von der Deliktsfähigkeit zu trennen. Beide

515 Staudinger/*Knothe*, 2012, Vorbem zu §§ 104–115, Rn. 2; *Köhler*, § 20, S. 277, Rn. 6; *Boecken*, S. 34 f., Rn. 94; *Boemke/Ulrici*, § 21, S. 448, Rn. 3.

516 Bamberger/Roth/*Bamberger*, § 1, Rn. 14; NK/*Ring*, § 1, Rn. 12.

517 *Wolf/Neuner*, § 12, S. 129, Rn. 2; *Stadler*, § 14, S. 92, Rn. 2.

518 *Wolf/Neuner*, § 12, S. 129, Rn. 2.

519 Mot. I, S. 129 = *Mugdan* 1, S. 423; Soergel/*Hefermehl*, Vor § 104, Rn. 1; jurisPK/*Lange*, § 104, Rn. 2; *Köhler*, § 20, S. 277, Rn. 6.

520 § 827 S. 1 BGB lautet: Wer im Zustand der Bewusstlosigkeit oder in einem die freie Willensbestimmung ausschließenden Zustand krankhafter Störung der Geistestätigkeit einem anderen Schaden zufügt, ist für den Schaden nicht verantwortlich.

sind Teil der soeben beschriebenen Handlungsfähigkeit.[521] Im Gegensatz zur Fähigkeit, Rechtsgeschäfte selbst wirksam vorzunehmen, geht es bei der Deliktsfähigkeit aber um die Fähigkeit, sich durch eigenes schuldhaftes Verhalten verantwortlich zu machen.[522] Das BGB kennt und definiert den Begriff der Deliktsfähigkeit als solchen nicht, sondern geht – wie auch im Rahmen der Geschäftsfähigkeit – grundsätzlich von deren Vorliegen als Normalfall aus.[523] In den §§ 827 f. BGB wird sodann geregelt, unter welchen Voraussetzungen eine Person ausnahmsweise nicht für den einem anderen zugefügten Schaden verantwortlich ist. Schon die systematische Stellung dieser Vorschriften innerhalb des BGB zeigt, dass es hierbei nicht um Rechtsgeschäfte, sondern um die Verantwortung für unerlaubte Handlungen und eine damit verbundene Schadensersatzpflicht geht.[524] Gem. § 276 Abs. 1 S. 2 BGB finden diese Regelungen auch für die Haftung im Rahmen bestehender Schuldverhältnisse Anwendung, also insbesondere für vertragliche Pflichtverletzungen. Insgesamt kann also von einer zivilrechtlichen Verschuldensfähigkeit gesprochen werden,[525] die in allen Fällen der Verschuldenshaftung oder auch im Rahmen der Zurechnung eines Mitverschuldens nach § 254 BGB vorliegen muss.[526] Hinsichtlich der Voraussetzungen unterscheidet sich die deliktische von der rechtsgeschäftlichen Handlungsunfähigkeit vor allem dadurch, dass erstere bei Minderjährigen zwischen dem siebten und achtzehnten Lebensjahr gem. § 828 Abs. 3 BGB auf die konkrete Einsichtsfähigkeit abstellt. Für die im Kontext dieser Arbeit maßgebliche Personengruppe der Erwachsenen besteht ein Unterschied zur Geschäftsunfähig-

521 Erman/*Müller*, Vor § 104, Rn. 2; Palandt/*Ellenberger*, Einf v § 104, Rn. 1; *Boemke/Ulrici*, § 21, S. 448, Rn. 3; *Stadler*, § 14, S. 92, Rn. 2.

522 Staudinger/*Knothe*, 2012, Vorbem zu §§ 104–115, Rn. 2; *Leipold*, § 11, S. 132, Rn. 10a; *Wolf/Neuner*, § 12, S. 130, Rn. 4.

523 Soergel/*Spickhoff*, Vor § 827, Rn. 1; Bamberger/Roth/*Bamberger*, § 1, Rn. 14.

524 *Petersen*, § 20, S. 178, Rn. 3; *ders.*, Jura 2003, 97.

525 *Meier/Deinert*, S. 467 f., Rn. 2038 ff., verwendet den Begriff der „zivilrechtlichen Zurechnungsfähigkeit".

526 Palandt/*Sprau*, § 827, Rn. 1; Soergel/*Spickhoff*, Vor § 827, Rn. 4.

keit nach § 104 Nr. 2 BGB darin, dass es im Rahmen des § 827 S. 1 BGB unerheblich ist, ob der die freie Willensbestimmung ausschließende Zustand krankhafter Störung der Geistestätigkeit vorübergehender Natur ist oder nicht. Hat sich der Betroffene aber selbst verschuldet z. B. durch Rauschmittel in einen vorübergehenden Zustand dieser Art versetzt, so ist er nach § 827 S. 2 BGB in gleicher Weise verantwortlich, wie wenn ihm Fahrlässigkeit zur Last fiele. Auf ein Selbstverschulden des vorübergehenden Zustands kommt es dagegen in Rahmen des § 105 Abs. 2 BGB nicht an.[527] Ein weiterer Unterschied zwischen Geschäfts- und Deliktsunfähigkeit zeigt sich schließlich in der nach § 829 BGB gegebenen Möglichkeit, trotz deliktischer Handlungsunfähigkeit des Schädigers eine Ersatzpflicht aus Billigkeitsgründen anzunehmen.

IV. Einwilligungsfähigkeit

Weiterhin ist zu klären, in welchem Verhältnis die Geschäftsfähigkeit zur Einwilligungsfähigkeit steht.

Auch diese Selbstbestimmungsfähigkeit ist im Gesetz nicht umschrieben.[528] § 183 S. 1 BGB definiert zwar die Einwilligung als vorherige Zustimmung. Eine solche kann jedoch in unterschiedlichen Sachzusammenhängen erteilt werden: Im Bereich des Vertragsrechts bezieht sich die Zustimmung auf die Vornahme eines Rechtsgeschäfts; demgegenüber geht es im Kontext des Delikts- und Strafrechts um die

527 OLG Nürnberg NJW 1977, 1496; Palandt/*Ellenberger*, § 105, Rn. 2.

528 Mit Inkrafttreten des Gesetzes zur Verbesserung der Rechte von Patientinnen und Patienten v. 20. Februar 2013 (BGBl. I S. 277) am 26. Februar 2013 wurde zwar in § 630d BGB das Einholen einer wirksamen Einwilligung als Pflicht des Behandelnden aus dem Behandlungsvertrags statuiert, jedoch ohne den Begriff der Einwilligungs(un)fähigkeit zu definieren. Ebenso verhielt es sich bei Einführung der auf die Einwilligungsunfähigkeit abstellenden Regelung der Patientenverfügung in § 1901a BGB m. W. v. 1. September 2009 durch das Dritte Gesetz zur Änderung des Betreuungsrechts v. 29. Juli 2009 (BGBl. I S. 2286).

Zustimmung zu einem Eingriff in Rechte oder Rechtsgüter. Im ersten Fall ist die Einwilligung unstreitig als einseitige, empfangsbedürftige Willenserklärung einzuordnen und wer seine Zustimmung zu einem Rechtsgeschäft erteilt, muss geschäftsfähig sein.[529] Sollte diesbezüglich von Einwilligungsfähigkeit gesprochen werden, handelt es sich somit um einen Unterfall der Geschäftsfähigkeit.

Der Begriff der Einwilligungsfähigkeit wird jedoch vielmehr im Kontext des Delikts- und Strafrechts sowie des hieran angelehnten medizinischen Haftungsrechts verwendet.[530] Die Einwilligung bildet hier einen Rechtfertigungsgrund.[531] Straf- und deliktsrechtlich tatbestandsmäßige Eingriffe in fremde, disponible Rechtspositionen sind dem Grundsatz *volenti non fit iniuria*[532] folgend nicht rechtswidrig, wenn der Rechteinhaber wirksam eingewilligt hat.[533] Die Eingriffe können einerseits vermögensrechtliche und andererseits (höchst) persönliche Positionen betreffen. Geht es um die Verletzung von Vermögensrechten steht einer (zumindest entsprechenden) Anwendung der §§ 104 ff. BGB – ungeachtet der Rechtsnatur einer rechtfertigenden Einwilligung – nichts entgegen. Dies ergibt sich bereits aus dem gerade auch den Vermögensschutz umfassenden Zweck der Geschäftsunfähigkeitsvorschriften. Dieser würde unterlaufen, wenn ein Geschäftsunfähiger zwar selbst keine Rechtsgeschäfte wirksam vornehmen, aber in die durch einen anderen begangene Vermögensverletzung wirksam einwilligen könnte.[534] Auch wenn es sich bei der Einwilligung nicht um eine Willenserklärung im rechtstechnischen

529 *Medicus/Petersen*, § 61, S. 439, Rn. 1015.

530 Vgl. Staudiner/*Klumpp*, Vorbem zu §§ 104 ff, Rn. 101.

531 *Meier/Deinert*, S. 471, Rn. 2054; *Medicus/Petersen*, § 18, S. 97 f., Rn. 199, *Kothe*, AcP 185 (1985), 105, 110; *Holzhauer*, FamRZ 2006, 518, 519.

532 Dem Einwilligenden geschieht kein Unrecht. Vgl. *Deutsch/Spickhoff*, S. 270, Rn. 415.

533 *Kothe*, AcP 185 (1985), 105, 110.

534 Staudinger/*Klumpp*, Vorbem zu §§ 104 ff, Rn. 100.

Sinn handelt,[535] so folgt die diesbezügliche Selbstbestimmungsfähigkeit im Bereich rein vermögensrechtlicher Eingriffe den Bestimmungen der §§ 104 ff. BGB.

Umstrittener ist die Frage der (analogen) Anwendung der Geschäftsunfähigkeitsregelungen auf Einwilligungen in Eingriffe, die persönliche Rechtspositionen verletzen, wie z. B. die körperliche Integrität bei Tätowierungen oder medizinischen Maßnahmen wie Operationen. In diesem Zusammenhang ist zunächst auf die Rechtsnatur der aus dem Straf- und Deliktsrecht entlehnten Figur der rechtfertigenden Einwilligung einzugehen. Teilweise wird vertreten, die Einwilligung sei eine rechtsgeschäftliche Willenserklärung oder jedenfalls geschäftsähnliche Handlung und die §§ 104 ff. BGB fänden daher unmittelbar oder zumindest analog Anwendung.[536] Demzufolge wäre die Einwilligungsfähigkeit eine Unterform der Geschäftsfähigkeit, die denselben Voraussetzungen unterliegt und nach denselben Kriterien zu beurteilen ist.[537] Führt man sich jedoch vor Augen, dass diese Ansicht zu der Schlussfolgerung führt, dass Erklärungen zu personenbezogenen Eingriffen genauso zu behandeln sind wie solche zu Rechtsgeschäften, erscheint das unpassend: Über die Rechte Gesundheit und körperliche Integrität kann nicht in derselben Weise im Wege eines Rechtsgeschäfts verfügt werden wie über einen Kaufgegenstand.[538] Es entspricht nahezu allgemeiner Ansicht, als Bezugspunkt für die Beurteilung der Einwilligungsfähigkeit die natürliche Einsichts- und Steu-

535 *Roth* A., JZ 2004, 494, 496; *Holzhauer*, FamRZ 2006, 518; 519; *Spickhoff*, AcP 208 (2008), 345, 385.

536 BGHZ 7, 198, 207; BGHZ 90, 96, 101 f.; OLG München NJW-RR 1990, 999, zur Einwilligung in die Veröffentlichung von Fotos; MüKo/*Schwab*, § 1904, Rn. 9; *Schwab*, FS Gernhuber 1993, S. 821; *Kothe*, AcP 185 (1985), 152 ff, 156.

537 *Lipp*, § 4, S. 67, will die Regelung der unmittelbaren Handlungsunfähigkeit in § 104 Nr. 2 BGB auf alle Formen selbstbestimmten Handelns anwenden. Freilich wird die Anwendung der §§ 104 ff. BGB bei der Einwilligungsfähigkeit nicht pauschal, sondern bei einem großen Teil der Regelungen (z. B. §§ 119 ff. BGB) gar nicht oder nur modifiziert erfolgen können, vgl. *Deutsch/Spickhoff*, S. 271, Rn. 421; *Spickhoff*, AcP 208 (2008), 345, 385 f.

538 Vgl. RGSt 41, 392, 395 f.; BGHZ 29, 33, 36.

erungsfähigkeit des Betroffenen im Hinblick auf den konkreten Eingriff heranzuziehen.[539] Es handelt sich also – wie die Urteilsfähigkeit im schweizerischen Recht – um eine relative Selbstbestimmungsfähigkeit, die anhand Art, Schwere und Tragweite des Eingriffs sowie des diesbezüglichen Verständnisses des Individuums zu beurteilen ist.[540] Dies ist bei der Geschäftsfähigkeit in Deutschland hnigegen gerade nicht der Fall. Auch die strikten Altersgrenzen der Geschäftsfähigkeit sind in Zusammenhang mit der Einwilligungsfähigkeit unpassend.[541] Die Einwilligung zu einem Eingriff in die körperliche Integrität ist gerade keine Einwilligung zu einem zustimmungsbedürftigen Rechtsgeschäft i. S. d. § 183 S. 1 BGB.[542] Es handelt sich daher nicht um eine rechtsgeschäftliche Willenserklärung, sondern um eine reine Willensäußerung, die die Vornahme tatsächlicher, in den Rechtskreis des Einwilligenden eingreifender Handlungen gestattet.[543] Die analoge Anwendung einzelner Regelungen über Willenserklärungen bleibt dabei möglich.[544] Mit Inkrafttreten der Regelung zur antizipierten Einwilligung, namentlich der Patientenverfügung in § 1901a BGB zum 1. September 2009, dürfte diese Einordnung der Einwilligungsfähigkeit nun gefestigt sein. In der Gesetzesbegründung dieser nur auf einwilligungsfähige Volljährige anwendbaren Vorschrift heißt es, dass es für die Wirksamkeit der Festlegungen nicht auf die Geschäfts-

539 BT-Drucks. 17/10488 S. 23; Spickhoff/*Spickhoff*, § 630d BGB, Rn. 4; *v. Sachsen Gessaphe*, § 10, S. 348; Kröber/Dölling/Leygraf/Saß/*Kern*, S. 9; *Wolf/Neuner*, § 12, S. 132, Rn. 13.

540 *Grunsky*, S. 15; Kröber/Dölling/Leygraf/Saß/*Habermeyer*, S. 89; *Spickhoff*, AcP 208 (2008), 345, 385; a. A. *Lipp*, § 4, S. 66 f., aber Richtungswechsel in Beck S./*Lipp*, S. 186.

541 BT-Drucks. 17/10488 S. 23; Soergel/*Spickhoff*, § 823 Anh I, Rn. 106; *ders.*, AcP 208 (2008), 345, 385.

542 BGHZ 29, 33, 36; *Medicus/Petersen*, § 18, S. 98, Rn. 200.

543 BGHZ 29, 33, 36; *Deutsch/Spickhoff*, S. 270, Rn. 419; *Meier/Deinert*, S. 472, Rn. 2057; *Medicus/Petersen*, § 18, S. 98, Rn. 200; Kröber/Dölling/Leygraf/Saß/*Kern*, S. 9.

544 *Spickhoff*, AcP 208 (2008), 345, 386; *ders.*, FamRZ 2018, 412, 418.

fähigkeit, sondern auf die Einwilligungsfähigkeit, d. h. auf die natürliche Einsichts- und Steuerungsfähigkeit des Betroffenen ankommt.[545]

Der Vollständigkeit halber sei erwähnt, dass für den Abschluss des dem Eingriff regelmäßig zugrundeliegenden Behandlungsvertrags (§§ 630a ff. BGB) bzw. Werkvertrags (§§ 631 ff. BGB) – wie für jeden Vertrag – Geschäftsfähigkeit erforderlich ist. Dasselbe gilt für die sog. Vorsorgevollmacht (vgl. § 1901c S. 2 BGB), die als antizipierte Vollmacht den allgemeinen Regeln zu Rechtsgeschäften folgt.

D. Unterarten der Geschäftsfähigkeit

Gewisse rechtliche Fähigkeiten stehen in systematischer Hinsicht nicht wie die soeben beschriebenen Selbstbestimmungsfähigkeiten eigenständig neben oder über der Geschäftsfähigkeit. Sie sind vielmehr Unterarten, da sie sich auf bestimmte Rechtsgeschäfte beziehen.

I. Testierfähigkeit, § 2229 Abs. 4 BGB

Eine spezielle, die Erb- und Eigentumsfreiheit des Art. 14 Abs. 1 GG betreffende Ausprägung der Geschäftsfähigkeit ist im Bereich des Erbrechts die Testierfähigkeit.[546] Das ist die Fähigkeit, ein Testament wirksam zu errichten, zu ändern oder zu widerrufen.[547] Auch hier bleibt das Bürgerliche Gesetzbuch seiner Regelungstechnik treu und geht

545 BT-Drucks. 16/8442 S. 12 f.; BT-Drucks. 16/11360 S. 9; so stellte bereits *Berger*, JZ 2000, 797, 801, fest, dass die Wirksamkeitsvoraussetzungen der Patientenverfügung nicht den Regeln des BGB über Willenserklärungen zu entnehmen, sondern vielmehr eigenständig zu bestimmen sind.

546 BayObLG FamRZ 2002, 62, 63; NK/*Kroiß*, § 2229, Rn. 1; *Schmidt*, S. 285, Rn. 929; *Holzhauer*, Gutachten 57. DJT 1988 I, B 52; *Weser*, MittBayNot 1992, 161, 169; *Zimmermann*, BWNotZ 2000, 97, 99; a. A. *Grunsky*, S. 10 ff.

547 Palandt/*Weidlich*, § 2229, Rn. 1; Erman/*S. und T. Kappler*, § 2229, Rn. 2; *Scherer/Lehmann*, ZEV 2005, 453, 456; *Cording*, Fortschr Neurol Psychiat 2004, 147, 148.

schweigend vom Vorliegen der Testierfähigkeit als Normalfall aus. In § 2229 BGB werden dann die Sonderfälle der Testierfähigkeit Minderjähriger[548] und der Testierunfähigkeit normiert. Nach Abs. 4 ist derjenige nicht testierfähig, der wegen krankhafter Störung der Geistestätigkeit, wegen Geistesschwäche oder wegen Bewusstseinsstörung nicht in der Lage ist, die Bedeutung einer von ihm abgegebenen Willenserklärung einzusehen und nach dieser Einsicht zu handeln. Auch wenn sich der Wortlaut von demjenigen des § 104 Nr. 2 BGB unterscheidet, geht damit keine inhaltliche Abweichung einher.[549] Die Lesart des § 2229 Abs. 4 BGB orientierte sich an § 51 RStGB[550] von 1933 und wollte mit dem Rückgriff auf die Einsichts- und Steuerungsfähigkeit eine allgemein verständlichere Umschreibung der freien Willensbestimmung schaffen. Nach der Rechtsprechung reicht eine allgemeine Vorstellung von der Errichtung eines Testaments für Testierfähigkeit allein nicht aus. Der Erblasser muss sich vielmehr ein klares Urteil über die Tragweite und Folgen seiner Anordnungen sowie die Gründe für und gegen deren moralische Berechtigung bilden können.[551]

Im Rahmen der Thematik der Geschäftsunfähigkeit Erwachsener wirkt sich die terminologische Differenzierung zwar nicht aus. Nichtsdestotrotz muss hier methodisch sauber von Testierfähigkeit statt wie im eidgenössischen Recht von Verfügungsfähigkeit gesprochen werden. Denn bei dem Testament handelt es sich zwar um eine Ver-

548 Nach Abs. 1 kann ein Minderjähriger ein Testament errichten, wenn er das 16. Lebensjahr vollendet hat; demgegenüber verlangt Art. 467 ZGB für die Errichtung einer letztwilligen Verfügung die Vollendung des 18. Altersjahrs.

549 OLG München NJW-RR 2008, 164, 166; *Schwab*, FS Mikat 1989, S. 884; hierzu ausführlich *Schmidt*, RabelsZ 2012, 1022, 1026 ff.; a. A. *Grunsky*, S. 10 ff.

550 § 51 Strafgesetzbuch für das Deutsche Reich v. 15. Mai 1871 lautete: Eine strafbare Handlung ist nicht vorhanden, wenn der Thäter zur Zeit der Begehung der Handlung sich in einem Zustande von Bewusstlosigkeit oder krankhafter Störung der Geistesthätigkeit befand, durch welchen seine freie Willensbestimmung ausgeschlossen war.

551 BayObLGZ 1962, 219, 224; OLG Frankfurt FamRZ 1996, 635; OLGR Düsseldorf 1998, 266, 268; BayObLG ZEV 2005, 348, 349 f.; *Seibert*, S. 69; *Schneider/Frister/Olzen*, S. 245; *v. Oefele*, S. 86; *Zimmermann*, BWNotZ 2000, 98, 105.

fügung von Todes wegen, unter diesen Begriff fällt jedoch auch der Erbvertrag, der nach § 2275 Abs. 1 BGB aufseiten des Erblassers unbeschränkte Geschäftsfähigkeit, also auch Volljährigkeit, voraussetzt.[552]

II. Ehegeschäftsfähigkeit, § 1304 BGB

Auf dem Gebiet des Familienrechts enthält § 1304 BGB keine eigenständige Regelung der Geschäftsfähigkeit, sondern nimmt auf § 104 BGB Bezug. Danach kann eine Ehe nicht eingehen, wer geschäftsunfähig ist. Neben dem formalen Kriterium der Ehemündigkeit, das nach einer Reform[553] des § 1303 BGB zum Schutz des Kindeswohls nun Volljährigkeit voraussetzt, bildet das Nichtvorliegen von Geschäftsunfähigkeit die zweite Komponente der Ehefähigkeit. Im Vergleich zum Leitbild des vermögensrechtlich orientierten Rechtsgeschäfts handelt es sich bei der Ehe aber in erster Linie um einen personen- und familienrechtlichen Vertrag,[554] durch den das Grundrecht der Eheschließungsfreiheit (Art. 6 Abs. 1 GG) ausgeübt wird.[555] Die Ehegeschäftsfähigkeit ist daher ein Sonderfall der Rechtsgeschäftsfähigkeit, bei der es darauf ankommt, ob der Eheschließende dazu fähig ist, das Wesen der Ehe und ihre Folgen zu verstehen und insoweit seinen Willen frei zu bestimmen.[556]

552 Auch Art. 468 Abs. 1 ZGB setzt für den Abschluss eines Erbvertrags aufseiten des Erblassers Volljährigkeit voraus.

553 Gesetz zur Bekämpfung von Kinderehen v. 17. Juli 2017 (BGBl. I 2017 S. 2429 ff.).

554 *Schwab*, § 14, S. 31, Rn. 64; *Lipp M.*, § 3, S. 27, Rn. 44: personale bzw. personenrechtliche Willenserklärung; *Coester-Waltjen*, FamRZ 2012, 1185: die Ehe ist ein Vertrag der Familien.

555 BVerfG FamRZ 2003, 359, 361; BGH FamRZ 2012, 940 f.; BayObLG FamRZ 2003, 373, 374; OLG Brandenburg FamRZ 2011, 216; *Coester-Waltjen*, FamRZ 2012, 1185.

556 BayObLG NJW-FER 1997, 1; OLG Brandenburg FamRZ 2017, 1747; AG Rottweil FamRZ 1990, 626, 627; NK/*Finger*, § 1314, Rn. 7; Erman/*A. Roth*, § 1304, Rn. 2; jurisPK/*Wahlen*, § 1304, Rn. 3.

E. Zwischenfazit

Trotz der gesetzgeberischen Unterschiede, was die Regelung bestimmter Fähigkeiten anbelangt, zeigt sich, dass beide Rechtsordnungen dieselbe Grundvorstellung hinsichtlich der rechtlichen Fähigkeiten einer Person teilen.[557] Während in der Schweiz die zentralen Begriffe der Rechts- und Handlungsfähigkeit gesetzlich definiert sind, werden diese in Deutschland als gegeben vorausgesetzt. Das deutsche Zivilrecht regelt vielmehr die konkreten Ausprägungen der Handlungsfähigkeit (Geschäftsfähigkeit und Delikts- bzw. Verschuldensfähigkeit), indem es die Voraussetzungen für deren Nichtvorliegen abschließend aufzählt, ohne die jeweilige Fähigkeit zu definieren. Demgegenüber werden die Teilfähigkeiten der Handlungsfähigkeit in der Schweiz nicht gesondert geregelt, sondern in Art. 16 ZGB generalklauselartig unter dem Begriff der Urteilsfähigkeit zusammengefasst, der sowohl eine rechtsgeschäftliche als auch eine deliktische Dimension beinhaltet. Beide Rechtsordnungen sprechen die Geschäftsfähigkeit denjenigen Erwachsenen ab, die aufgrund ihres geistigen Zustandes nicht in der Lage sind, einen freien Willen zu bilden. Zu ihrem eigenen Schutz bleibt ihnen die Teilnahme am Rechtsverkehr durch Ausübung der rechtsgeschäftlichen Privatautonomie versagt. Gerade aufgrund dieser im Grunde übereinstimmenden Vorstellung von der Geschäftsunfähigkeit überrascht es, dass sich das Institut in beiden Rechtsordnungen – wie im Folgenden dargestellt – wesentlich unterscheidet.

557 Hierzu auch *Mankowski*, AcP 211 (2011), 153, 174 f.

§ 2 Die Regelung der Geschäfts(un)fähigkeit

A. Anwendungsbereich und Sondervorschriften

Der Anwendungsbereich der §§ 104 ff. BGB erstreckt sich grundsätzlich auf alle Rechtsgeschäfte des Privatrechts.[558] Dabei handelt es sich um Willenserklärungen, die auf den Eintritt eines rechtlichen Erfolgs abzielen und an die die Rechtsordnung verbindliche Rechtsfolgen knüpft, weil sie eben gewollt sind.[559] Im Rahmen von geschäftsähnlichen Handlungen, bei denen der Wille auf den Eintritt eines tatsächlichen Erfolgs gerichtet ist (z. B. Mahnung, vgl. § 286 BGB),[560] werden die Normen über die Geschäftsunfähigkeit – anders als bei den willensunabhängigen Realakten (z. B. Verbindung, Vermischung, Verarbeitung, vgl. §§ 946 ff. BGB)[561] – entsprechend angewendet, soweit der jeweilige Regelungszusammenhang dem nicht entgegensteht.[562] Nicht erfasst werden hingegen Rechtsgeschäfte, bei denen der erklärte und der wahre Wille bewusst auseinanderfallen oder die aufgrund Irrtums, arglistiger Täuschung oder Drohung abgeschlossen werden. Die Rechtsfolgen derartiger Willensmängel sind vielmehr in §§ 116 ff. BGB geregelt.

Wie bereits aufgezeigt, existieren spezielle Regelungen im Bereich des Familienrechts bei der Eheschließung (§§ 1303, 1304, 1314 BGB) sowie im Erbrecht bei der Errichtung eines Testaments bzw. dem Abschluss eines Erbvertrags (§§ 2229 Abs. 4, 2275 BGB). Im Zivilprozess ent-

---

558 Bamberger/Roth/*Wendtland*, § 104, Rn. 3; Erman/*Müller*, Vor § 104, Rn. 17; AK/*Kohl*, vor § 104, Rn. 6; *Müller*, S. 30.

559 Mot. I, S. 126 = *Mugdan* 1, S. 421; *v. Sachsen Gessaphe*, § 10, S. 331; *Schwimann*, S. 25 f., hält diese Definition für zu ungenau.

560 AK/*Kohl*, vor § 104, Rn. 7; *Müller*, S. 30; *Wedemann*, Jura 2010, 587, 592.

561 Erman/*Müller*, Vor § 104, Rn. 17; *Zimmermann*, BWNotZ 2000, 97, 98. Demgegenüber ist für die Wirksamkeit eines Realakts in der Schweiz Urteilsfähigkeit erforderlich, vgl. oben Kapitel 2, § 2, A.

562 Erman/*Müller*, Vor § 104, Rn. 17; AK/*Kohl*, vor § 104, Rn. 7; *Müller*, S. 30 f.; *Czeguhn*, S. 22, Rn. 13; *Boecken*, S. 114, Rn. 214; *Wedemann*, Jura 2010, 587, 592.

spricht die Prozessfähigkeit (§§ 51, 52 ZPO) dem materiell-rechtlichen Begriff der Geschäftsfähigkeit. Das Öffentliche Recht, das Steuer- und das Sozialrecht arbeiten mit dem Begriff der Handlungsfähigkeit, wobei handlungsfähig in diesem Sinne ist, wer geschäftsfähig ist oder kraft besonderer Vorschriften als handlungsfähig anerkannt wird (vgl. § 12 VwGO, § 79 AO, § 36 SGB I).

B. Voraussetzungen der Geschäftsunfähigkeit

Auch die deutsche Rechtsordnung geht von dem Grundsatz aus, dass jedermann geschäftsfähig ist.[563] Die Geschäftsfähigkeit ist der Normalfall und daher aufgrund allgemeiner Lebenserfahrung zu vermuten.[564] § 104 BGB normiert dann abschließend und zwingend die Voraussetzungen der Geschäftsunfähigkeit.[565] Behauptet jemand das Eingreifen dieses Ausnahmetatbestands, so hat er das Vorliegen der hierfür erforderlichen Tatsachen darzulegen und zu beweisen.[566] Die früher in Nr. 3 vorgesehene Geschäftsunfähigkeit der wegen einer Geisteskrankheit Entmündigten wurde mit Wirkung vom 1. Januar 1992 durch Inkrafttreten des Betreuungsgesetzes[567] aufgehoben.

563 OLG München FamRZ 2010, 756; OLG Düsseldorf MDR 2013, 702; AK/*Kohl*, vor § 104, Rn. 2; Staudinger/*Klumpp*, § 104, Rn. 1.

564 BGH NJW 1969, 1574.

565 MüKo/*Spickhoff*, § 104, Rn. 3; Soergel/*Hefermehl*, Vor § 104, Rn. 8; *Bitter*/*Röder*, § 9, S. 116, Rn. 4.

566 BGH NJW 2014, 1095, 1097; NK/*Baldus*, § 104, Rn. 132; Bamberger/Roth/*Wendtland*, § 104, Rn. 13; *Müller*, S. 31; *Hirsch*, § 27, S. 229, Rn. 599.

567 Gesetz zur Reform des Rechts der Vormundschaft und Pflegschaft für Volljährige v. 12. September 1990 (BGBl. I 1990 S. 2002 ff.).

I. § 104 Nr. 1 BGB

Nach Nr. 1 ist geschäftsunfähig, wer nicht das siebente Lebensjahr vollendet hat. Anders als in der Schweiz, wo das Kindesalter je nach den konkreten Umständen des Einzelfalls (geistige Entwicklung des Kindes, Art des Rechtsgeschäfts etc.) zwar zur Urteilsunfähigkeit führen kann, aber nicht muss, ist in Deutschland jedes Kind aufgrund der typisierend festgelegten, starren Altersgrenzen bis zu seinem siebten Geburtstag ausnahmslos geschäftsunfähig. Die individuelle Reife und konkrete Einsichts- und Willensfähigkeit bleiben ebenso außer Betracht wie das jeweilige Rechtsgeschäft.[568]

II. § 104 Nr. 2 BGB

Im Kontext der Geschäftsunfähigkeit erwachsener Personen ist jedoch vielmehr § 104 Nr. 2 BGB zu untersuchen, wonach geschäftsunfähig ist, wer sich in einem die freie Willensbestimmung ausschließenden Zustand krankhafter Störung der Geistestätigkeit befindet, sofern nicht dieser Zustand seiner Natur nach ein vorübergehender ist. Im Vergleich zur statusbedingten Geschäftsunfähigkeit nach Nr. 1 und Nr. 3 a. F. spricht man in diesem Zusammenhang von „natürlicher" Geschäftsunfähigkeit.[569] Ihre Voraussetzungen sind schwer zu greifen und die Tatbestandsmerkmale gehen teilweise ineinander über. Verlässliche allgemeingültige Kriterien für die Beurteilung der Geschäftsunfähigkeit existieren kaum.[570]

568 PWW/*Völzmann-Stickelbrock*, § 104, Rn. 4; Staudinger/*Klumpp*, § 104, Rn. 4; *Czeguhn*, S. 21, Rn. 11; *Müller*, S 10.

569 BT-Drucks. 11/4528 S. 53, 59; *Flume*, § 13/3, S. 184; *Schneider/Frister/Olzen*, S. 237; *Holzhauer*, Gutachten 57. DJT 1988 I, B 42; *Zimmermann*, BWNotZ 2000, 97, 98.

570 *Müller*, S. 28; *Müller R.*, S. 195, zur Testierfähigkeit; *Holzhauer*, Gutachten 57. DJT 1988 I, B 51; *Zimmermann*, BWNotZ 2000, 97, 102.

1. Krankhafte Störung der Geistestätigkeit

Zunächst muss eine krankhafte Störung der Geistestätigkeit beim Handelnden vorliegen. Im Gegensatz zum ZGB der Schweiz verzichtet das BGB auf eine Aufzählung derjenigen Störungen der Geistestätigkeit, die als krankhaft anzusehen sind. Dies ist darauf zurückzuführen, dass die Psychiatrie in der Entstehungszeit des BGB uneinheitliche Termini und Klassifikationen für geistige Erkrankungen verwendete. Der historische Gesetzgeber wollte vermeiden, dass sich aus der Festschreibung von Krankheitsbegriffen und deren Überholung durch die Entwicklung der medizinischen Wissenschaft Unzulänglichkeiten ergeben.[571] Er orientierte sich daher an der Formulierung des § 51 StGB a. F.[572] und nahm den Oberbegriff der krankhaften Störung der Geistestätigkeit in den Gesetzestext auf.

a) Störung der Geistestätigkeit

Der Terminus der Geistestätigkeit umfasst die gesamten psychischen Vorgänge des menschlichen Seelenlebens. Neben der intellektuellen Komponente, d. h. der reinen Denktätigkeit, beinhaltet der Begriff auch die voluntative und emotionale Seite der menschlichen Psyche.[573] Von einer Störung der Geistestätigkeit kann bei jeglicher Abweichung von der geistigen „Normalbeschaffenheit" gesprochen werden.[574] Dabei ist es unerheblich, ob die Anomalie bereits seit Geburt besteht, erst später hinzugetreten ist oder bereits erkannt wurde.[575] Physische Störungen werden vom Wortlaut des § 104 Nr. 2 BGB nicht erfasst; sie können sich nur indirekt auf die Geschäftsfähigkeit auswirken, wenn

571 Staudinger/*Knothe*, 2012, § 104, Rn. 8.

572 Achilles/Spahn/Gebhard, Protokolle zu dem Entwurfe des Bürgerlichen Gesetzbuchs, Band I, Allgemeiner Theil und Recht der Schuldverhältnisse Abschn. I, Abschn. II Tit. I, 1897, im Folgenden: Prot. I, S. 56 = *Mugdan* 1, S. 673; RGRK/*Krüger-Nieland*, § 104, Rn. 15; *Brunswig*, S. 113; *Müller*, S. 11.

573 Staudinger/*Knothe*, 2012, § 104, Rn. 6.

574 MüKo/*Spickhoff*, § 104, Rn. 11; *Czeguhn*, S. 27, Rn. 22; *Müller*, S. 13.

575 Staudinger/*Klumpp*, § 104, Rn. 10; *Bork*, § 23, S. 383, Rn. 980.

hierdurch auch seelische Vorgänge beeinträchtigt werden.[576] Ungeachtet der Möglichkeit der Errichtung einer rechtlichen Betreuung nach §§ 1896 ff. BGB tangieren rein körperliche Behinderungen also nicht die Geschäftsfähigkeit einer Person.

b) Krankhaftigkeit der Störung

Es muss sich zudem um eine krankhafte Störung der Geistestätigkeit handeln.

aa) Überschneidung von Medizin, Psychiatrie und Recht

Das Kriterium der Krankhaftigkeit der geistigen Störung hat sich ursprünglich an dem in den Fachgebieten der Medizin und Psychiatrie entwickelten klinischen Krankheitsbegriff orientiert.[577] Dieser erwies sich im Hinblick auf den *telos* von § 104 Nr. 2 BGB jedoch als teilweise unpassend, so dass sich losgelöst vom medizinisch-psychiatrischen oder alltagssprachlichen Verständnis ein juristischer Begriff der Krankhaftigkeit herauskristallisiert hat,[578] der als Rechtsterminus stets einer juristischen Würdigung zugänglich ist.

Auf der einen Seite ist das juristische Begriffsverständnis enger als die Terminologie der Psychiatrie und Medizin: Ausgangspunkt einer rechtlich beachtlichen krankhaften Störung der Geistestätigkeit wird zwar regelmäßig eine medizinische oder psychiatrische Diagnose sein. Deren Subsumtion unter den juristischen Krankheitsbegriff hängt jedoch entscheidend von Natur und Ausmaß der psychopathologischen Symptomatik und deren Auswirkungen auf die freie Willensbestimmung des Handelnden ab.[579] Fraglich ist also, ob

576 Staudinger/*Knothe*, 2012, § 104, Rn. 6; so schon *Brunswig*, S. 111.

577 Staudinger/*Knothe*, 2012, § 104, Rn. 8.

578 AK/*Kohl*, § 104, Rn. 4; *Cording*, Fortschr Neurol Psychiat 2004, 147, 149; *ders.*, ZEV 2010, 115.

579 BayObLGZ 1956, 377, 381; *v. Oefele/Saß*, VersMed 1994, 167, 169; *Cording*, Fortschr Neurol Psychiat 2004, 147, 149.

die Störung so schwerwiegend ist, dass sie grundsätzlich einen Ausschluss der freien Willensbestimmung herbeiführen kann.[580] Die gutachterliche Feststellung einer krankhaften Störung der Geistestätigkeit führt damit per se weder zu Geschäftsunfähigkeit noch zu einer Beweislastumkehr.[581] Im Wege einer juristischen Würdigung ist vielmehr stets zu prüfen, welche Intensität die Störung im Hinblick auf die freie Willensbestimmung aufweist.[582] Nur wenn es hierdurch zu einer Aufhebung der freien Willensbestimmung kommen kann, ist von einer Krankhaftigkeit der Störung der Geistestätigkeit im rechtlichen Sinne auszugehen.

Andererseits ist die juristische Terminologie insofern umfassender, als für die Annahme einer krankhaften Störung der Geistestätigkeit das Vorliegen einer irgendwie gearteten psychischen bzw. geistigen Anomalie ausreicht.[583] Auf die medizinische Einordnung kommt es für die rechtliche Beurteilung nicht an,[584] auch wenn es grundsätzlich erforderlich ist, einen psychiatrischen oder ärztlichen Sachverständigen mit der Begutachtung zu beauftragen.[585] In vereinzelten Ausnahmefällen, namentlich beim Querulantenwahn, kann das Gericht die der rechtlichen Bewertung zugrunde zu legende medizinische Diagnose sogar allein stellen. Die fehlende Hinzuziehung eines Sachverständigen soll dann nicht schaden, wenn die maßgeblichen Umstände auch einem Nichtmediziner die offensichtliche Schlussfolgerung auf das Vorliegen einer krankhaften Störung der Geistestätigkeit erlauben.[586]

580 RGZ 130, 69, 71; jurisPK/*Lange*, § 104, Rn. 16; *Seibert*, S. 68 f.; *Cording*, Fortschr Neurol Psychiat 2004, 147, 149; *ders.*, ZEV 2010, 115.

581 BGH WM 1965, 895, 896; RGRK/*Krüger-Nieland*, § 104, Rn. 23; *v. Oefele/Saß*, VersMed 1994, 167, 169; *Huber/Schmieder/Dengler*, BWNotZ 2012, 150, 155.

582 Staudinger/*Knothe*, 2012, § 104, Rn. 8; *Cording*, ZEV 2010, 115.

583 NK/*Baldus*, § 104, Rn. 61; MüKo/*Spickhoff*, § 104, Rn. 11; jurisPK/*Lange*, § 104, Rn. 16; *Czeguhn*, S. 27, Rn. 22; *Müller*, S. 13.

584 RGZ 162, 223, 229; OLG München FamRZ 2010, 756; Palandt/*Ellenberger*, § 104, Rn. 3; Soergel/*Hefermehl*, § 104, Rn. 5; *Czeguhn*, S. 27, Rn. 22.

585 BGH WM 1984, 1063, 1064; Erman/*Müller*, § 104, Rn. 8; NK/*Baldus*, § 104, Rn. 83; *Bork*, § 23, S. 383, Rn. 980.

586 VGH Kassel NJW 1968, 70.

Wie bei den Schwächezuständen der geistigen Behinderung und der psychischen Störung im Schweizer Recht kommt es bei dem Merkmal der krankhaften Störung der Geistestätigkeit in § 104 Nr. 2 BGB zu Überschneidungen, aber letztlich nicht zu einem Gleichlauf zwischen Medizin, Psychologie und Recht. Eine im medizinischen Sinne krankhafte Störung der Geistestätigkeit reicht für sich allein genommen nicht aus, um die Freiheit der Willensbestimmung zu verneinen. Krasse Absonderlichkeiten, die nicht als krankhaft im psychiatrischen Sinne gelten, sind hingegen nicht von vornherein ungenügend, um Geschäftsunfähigkeit zu begründen.

bb) Abgrenzung Geisteskrankheit und Geistesschwäche bzw. psychische Störung und geistige Behinderung

Nach den in Rechtsprechung und Literatur verbreiteten Formulierungen ist die krankhafte Störung der Geistestätigkeit sehr weit zu verstehen und erfasst sowohl die Fälle der Geisteskrankheit als auch die der bloßen Geistesschwäche.[587] Der Unterschied zwischen beiden besteht lediglich in gradueller Hinsicht.[588] Zur Konkretisierung dieses Merkmals in § 104 Nr. 2 BGB werden somit immer noch die Voraussetzungen des schon lange abgeschafften Instituts der Entmündigung (wegen Geisteskrankheit, §§ 6 Abs. 1 Nr. 1, 104 Nr. 3 BGB a. F., oder wegen Geistesschwäche, §§ 6 Abs. 1 Nr. 1, 114 BGB a. F.) herangezogen. Diese Begrifflichkeiten entsprechen aber weder der aktuell gebräuchlichen medizinischen Terminologie noch wird ihnen nach Abschaffung der §§ 6, 104 Nr. 3 und 114 BGB als Rechtsbegriffe zentrale Bedeutung beigemessen.[589] Zur Auslegung der Voraussetzung

587 RGZ 130, 69, 71; RGZ 162, 223, 228; BGH WM 1965, 895 f.; Bamberger/Roth/*Wendtland*, § 104, Rn. 5; *Czeguhn*, S. 27, Rn. 22.

588 RGZ 130, 69, 71; RGZ 162, 223, 228; BGH WM 1965, 895, 896; RGRK/*Krüger-Nieland*, § 104, Rn. 17; *Müller*, S. 12.

589 *Müller*, S. 12 f.

der krankhaften Störung der Geistestätigkeit sind sie daher aus heutiger Sicht überholt und ungeeignet.[590]

Die Ursache der Störung ist zwar ebenso wenig von Bedeutung wie ihre medizinische Einordnung[591] und von einer psychopathologischen Diagnose kann nicht direkt auf das Vorliegen einer rechtlich relevanten krankhaften Störung der Geistestätigkeit geschlossen werden.[592] Nichtsdestotrotz können die medizinisch-psychiatrischen Klassifikationssysteme für Diagnosen ICD-10 und DSM-5, auf die auch sachverständige Gutachter Bezug nehmen, zur Orientierung herangezogen werden.[593] Im Einzelfall ist die jeweilige geistige Abnormität anhand Art, Ausmaß und Intensität einer juristischen Würdigung zu unterziehen. Psychische Störungen können daher ebenso unter den Begriff der krankhaften Störung der Geistestätigkeit fallen wie Demenzen (z. B. Alzheimer) oder geistige Behinderungen (z. B. Down-Syndrom),[594] auch wenn letztere eigentlich nicht als Krankheit zu bezeichnen sind.[595]

c) Zwischenfazit

Während im eidgenössischen Recht die einzelnen Schwächezustände der psychischen Störung, geistigen Behinderung sowie ähnlichen Zustände ausdrücklich gesetzlich aufgezählt werden, hat sich das Bür-

590 *Müller*, S. 12; *Roth* M., AcP 208 (2008), 451, 461. Nichtsdestotrotz greifen Rechtsprechung und Literatur u. a. immer noch auf diese Begrifflichkeiten zurück, vgl. OLG München NJW-RR 2009, 1599, 1600; demgegenüber verwendet die schweizerische Rechtsordnung mittlerweile die Terminologie der „psychischen Störung“ und „geistigen Behinderung“.

591 RGZ 162, 223, 229; OLG München FamRZ 2010, 756; Palandt/*Ellenberger*, § 104, Rn. 3; Staudinger/*Knothe*, 2012, § 104, Rn. 7; *Bork*, § 23, S. 383, Rn. 980.

592 *v. Oefele/Saß*, VersMed 1994, 167, 169.

593 *Mankowski*, AcP 211 (2011), 153, 178 f.; vgl. Kröber/Dölling/Leygraf/Saß/*Habermeyer*, S. 79 ff.; *Habermeyer/Saß*, Der Nervenarzt 2002, 1094, 1096; *Cording*, Fortschr Neurol Psychiat 2004, 147, 149; *ders.*, ZEV 2010, 115, 116.

594 *Müller*, S. 13; vgl. *Bork*, § 23, S. 382 f., Rn. 980.

595 *Müller*, S. 13.

gerliche Gesetzbuch für die Aufnahme des Oberbegriffs der krankhaften Störung der Geistestätigkeit als Tatbestandsvoraussetzung entschieden. Beide Rechtsordnungen verfolgen damit dasselbe Ziel und knüpfen den Schutz eines Erwachsenen im Rechtsverkehr auf der ersten Stufe an das Vorliegen einer geistigen Anomalie.

2. Ausschluss der freien Willensbestimmung

Zentraler Anknüpfungspunkt der altersunabhängigen natürlichen Geschäftsunfähigkeit ist nach dem Wortlaut des § 104 Nr. 2 BGB der Ausschluss der freien Willensbestimmung. Mehr noch als bei der biologisch-psychologischen Voraussetzung der krankhaften Störung der Geistestätigkeit ist dieser unbestimmte Rechtsbegriff normativ auszufüllen.[596]

a) Freiheit der Willensbestimmung

Mit der Formulierung der Vorschrift wollte der historische Gesetzgeber keine Stellung zu der philosophischen (und aufgrund der Fortschritte der Hirnforschung wieder aktuellen)[597] Streitfrage über den freien Willen und metaphysischen Debatte über Determinismus einerseits sowie Indeterminismus andererseits beziehen.[598] Das Merkmal des Ausschlusses der freien Willensbestimmung ist vielmehr im Sinne des gewöhnlichen Sprachgebrauchs zu interpretieren.[599] Schon

596 Staudinger/*Knothe*, 2012, § 104, Rn. 10; *Mankowski*, AcP 211 (2011), 153, 181.

597 Venzlaff/Foerster/*Foerster*/*Dreßing*, 1.3, S. 7 f.; hierzu ausführlich *Mankowski*, AcP 211 (2011), 153 ff.; mit strafrechtlichem Schwerpunkt: *Schreiber*, FS Laufs 2006, S. 1069 ff.

598 Staudinger/*Knothe*, 2012, § 104, Rn. 10; Kröber/Dölling/Leygraf/Saß/*Habermeyer*, S. 57 f.; *Wilhelm*, ZAkDR 2 (1935), 228, 229; a. A. *Kuhlenbeck*, ZBlFG 1907, 271, 285.

599 Staudinger/*Knothe*, 2012, § 104, Rn. 10; *Mankowski*, AcP 211 (2011), 153, 180; *Brunswig*, S. 112.

dies erweist sich allerdings aufgrund der Abstraktheit dieses Rechtsbegriffs als Herausforderung:[600]

Die in der Rechtsprechung entwickelten und in der Literatur übernommenen Umschreibungen gehen von einem Ausschluss der freien Willensbestimmung aus, wenn der Handelnde seinen Willen nicht frei und unbeeinflusst von der vorhandenen geistigen oder seelischen Beeinträchtigung bilden und nach zutreffend gewonnenen Erkenntnissen handeln kann.[601] Wie die Fähigkeit vernunftgemäßen Handelns im schweizerischen Recht setzt sich die freie Willensbestimmung somit aus den Elementen der Willensbildungs- sowie Steuerungsfähigkeit zusammen.[602] Es ist danach zu fragen, ob der Betroffene – wenn auch nur eingeschränkt – in der Lage ist, nach sachlicher Prüfung der in Betracht kommenden Gesichtspunkte und Abwägung des Für und Wider eine freie Entscheidung zu treffen.[603] Dies setzt u. a. eine dem allgemeinen Verkehrsverständnis entsprechende Würdigung der die Außenwelt prägenden Umstände und Lebensverhältnisse voraus.[604] Wird die Willensbildung hingegen nur von für den Betroffenen unkontrollierbaren Trieben oder krankhaften Vorstellungen und Empfindungen beherrscht und die Willenserklärung hierdurch „ähnlich *einer mechanischen Verknüpfung von Ursache und Wirkung*"[605] ausgelöst oder wird der Wille des Betroffenen durch Einflüsse Dritter übermäßig fremdgesteuert, so kann von einer Freiheit der Willensbestim-

600 *Gebauer*, AcP 153 (1954), 332, 356 f.; *Holzhauer*, Gutachten 57. DJT 1988 I, B 51.

601 BGH WM 1984, 1063, 1064; BGH NJW 1996, 918, 919; BGH NJW 2011, 872; Erman/*Müller*, § 104, Rn. 6; NK/*Baldus*, § 104, Rn. 62; Soergel/*Hefermehl*, § 104, Rn. 4.

602 BGH NJW-RR 2016, 579; vgl. Staudinger/*Klumpp*, § 104, Rn. 15; Beck S./*Lipp*, S. 181.

603 BGH NJW 1953, 1342; BayObLG NJW 1992, 2100, 2101; PWW/*Völzmann-Stickelbrock*, § 104, Rn. 5; jurisPK/*Lange*, § 104, Rn. 12; *Weiler*, S. 118.

604 RGZ 162, 223, 228; RGRK/*Krüger-Nieland*, § 104, Rn. 16; ebenso zur natürlichen Testierunfähigkeit: BayObLG FamRZ 2005, 658, 659, sowie *Zimmermann*, BWNotZ 2000, 97, 99, 105.

605 BGH NJW 1970, 1680, 1681.

mung nicht mehr die Rede sein.[606] Vielmehr ist der Handelnde dann nicht imstande, seinen Willen anhand vernünftiger Überlegungen frei und selbstbestimmt zu bilden.[607] Auf die Vernünftigkeit oder gesellschaftliche Akzeptanz der Entscheidung kommt es dabei nicht an.[608]

Die Annäherungen der Rechtsprechung zeigen, dass der Begriff der freien Willensbestimmung schwer zu fassen ist und nur mithilfe wiederum normativ auszufüllender Wendungen umschrieben werden kann. Allgemeingütige und verlässliche Kriterien, die eine sichere Beurteilung und Rechtsanwendung erlauben, gibt es nicht.[609] Zur Konkretisierung der freien Willensbestimmung bietet es sich jedoch an, – in Anlehnung an den Länderreport zum schweizerischen Recht – auf einzelne Teilaspekte der menschlichen Psyche, insbesondere das intellektuelle Urteilsvermögen einzugehen.

aa) Intellektuelles Urteilsvermögen

Ständiger Rechtsprechung zufolge spielen die intellektuellen Fähigkeiten des Handelnden im Vergleich zur Freiheit der Willensbildung, -entschließung und -betätigung eine eher untergeordnete Rolle.[610] Kognitive Defizite allein oder das bloße Unvermögen, die Tragweite einer Erklärung (rechtzeitig)[611] zu begreifen, eröffnen noch nicht den Anwendungsbereich der Vorschrift.[612] Mangelnde oder eingeschränkte

606 BGH NJW 1970, 1680, 1681; BGH NJW 1996, 918, 919; OLG Brandenburg FamRZ 2011, 216; MüKo/*Spickhoff*, § 104, Rn. 15; Soergel/*Hefermehl*, § 104, Rn. 4.

607 RGZ 103, 399, 401; RGZ 130, 69, 71; RGZ 162, 223, 230; OLG Saarbrücken NJW 1999, 871, 872; OLG München FGPrax 2010, 29, 30.

608 *Leenen*, § 1, S. 13, Rn. 49.

609 *Müller*, S. 28; *Müller R.*, S. 195 (zur Testierfähigkeit); *Holzhauer*, Gutachten 57. DJT 1988 I, B 51; *Zimmermann*, BWNotZ 2000, 97, 102.

610 BGH NJW 1953, 1342; BGH WM 1984, 1063, 1064; OLG Naumburg NJW 2005, 2017, 2018; Bamberger/Roth/*Wendtland*, § 104, Rn. 10; *Weiler*, S. 117 f.

611 Vgl. BGH NJW 1961, 261; auch nach OLG Düsseldorf MDR 2013, 702 f., sagt eine Verlangsamung des Denkens nichts über die Geschäftsfähigkeit aus.

612 OLGR Düsseldorf 1998, 266, 268; OLG München FGPrax 2010, 29, 30; Palandt/*Ellenberger*, § 104, Rn. 5; Erman/*Müller*, § 104, Rn. 6.

Lese-, Schreib- oder Rechenfertigkeiten tangieren die Fähigkeit, eine eigene Willensentscheidung zu treffen, ebenso wenig[613] wie deutlich krankheitstypische Wortfindungsstörungen und die Neigung zur Nutzung floskelhafter Redewendungen.[614] Vielmehr ist eine Person, die ihren Willen frei bilden und bestimmen kann, deren geistige Fähigkeiten aber für bestimmte Rechtsgeschäfte nicht ausreichen, noch nicht allein deswegen als schutzwürdig und geschäftsunfähig anzusehen.[615] Es liegt in ihrer Risikosphäre, wie sie mit rechtsgeschäftlichen Herausforderungen umgehen will.[616] Anderes kann nur gelten, wenn der intellektuelle Nachteil ein solches Ausmaß erreicht, dass die Fähigkeit zur selbstbestimmten und freien Willensbestimmung hierdurch ausgeschlossen ist.[617] Hierfür lässt die Rechtsprechung eine leichte Intelligenzminderung (früher: Debilität) nicht ausreichen,[618] sondern stellt als Richtwert einen Intelligenzquotienten von weniger als 60 für die mögliche Annahme von Geschäftsunfähigkeit auf.[619] Dabei wird betont, dass der Intelligenzquotient eines Menschen stets nur einen von vielen persönlichkeitsbildenden Faktoren darstellt.[620] Gerade im Bereich der leichten Intelligenzminderung bzw. Lernbehinderung ist es daher für die Beurteilung der Geschäfts(un)fähigkeit unerlässlich, sich einen Eindruck von der Gesamtpersönlichkeit des Betrof-

613 BAG NJW 2009, 3051, 3052; jurisPK/*Lange*, § 104, Rn. 13; *Großfeld/Hülper*, JZ 1999, 430, 433.

614 OLG Düsseldorf MDR 2013, 702, 703.

615 BGH NJW 1970, 1680, 1681; OLG Köln MDR 1975, 1017; OLG Brandenburg FamRZ 2011, 216; *Cording*, ZEV 2010, 115, 117.

616 BGH NJW 1970, 1680, 1681; OLG Köln MDR 1975, 1017; KG Berlin NZFam 2014, 422.

617 BGH NJW 1953, 1342; OLG Köln MDR 2011, 649; Bamberger/Roth/*Wendtland*, § 104, Rn. 10; NK/*Baldus*, § 104, Rn. 65.

618 OLG Köln MDR 1975, 1017; OLG Düsseldorf VersR 1996, 1493.

619 OLG Düsseldorf VersR 1996, 1493 mit Verweis auf Forster/*Mende*, S. 504 (zu § 20 StGB): Grenzdebilität bei IQ 70–84, Debilität bei IQ 50–70; OLG Düsseldorf RuS 1996, 188.

620 OLG Köln MDR 1975, 1017.

fenen zu verschaffen.[621] Allein mit einem Verweis auf Testergebnisse zur Intelligenz kann in derartigen Fällen Geschäftsunfähigkeit nicht begründet werden.[622] In einer Entscheidung des OLG Köln[623] erreichte die Verstandesschwäche ein solches Ausmaß, dass eine freie Willensbildung nicht mehr möglich war. Der Kläger, der die Unwirksamkeit einer Grundschuldbestellung wegen Geschäftsunfähigkeit geltend machte, verfügte aufgrund einer frühkindlichen Hirnschädigung nur über einen Verbal-Intelligenzquotienten von 44. Er war weder in der Lage, einen Text vorzulesen, noch konnte er Vorgelesenes inhaltlich wiedergeben. Für das Gericht bestanden nach diesen Maßstäben keine Zweifel an der Geschäftsunfähigkeit des Klägers.

Die starke voluntative Ausrichtung der Rechtsprechung bei der Beurteilung der Freiheit der Willensbestimmung stößt in Teilen der Literatur, die Wille und Intellekt als untrennbare Einheit begreifen, auf Kritik.[624] Entscheidend sei nicht allein das Willensmoment, sondern vielmehr das geistig-willentliche Vermögen der betreffenden Person, das nicht in sich aufgespalten werden könne.[625] Kognitive und voluntative Fähigkeiten seien daher gleichermaßen zu berücksichtigen.[626] Auch in der psychiatrischen Literatur wird die juristische Aufteilung der menschlichen Psyche in Einsicht und Wille als künstlich angesehen.[627] Für diesen Ansatz spricht auch die Formulierung des § 2229 Abs. 4 BGB, der demjenigen die Testierfähigkeit abspricht, der nicht in der Lage ist, die Bedeutung der von ihm abgegebenen Willenser-

621 OLG Köln MDR 1975, 1017; RGRK/*Krüger-Nieland*, § 104, Rn. 16; *Schneider/Frister/Olzen*, S. 248.

622 OLG Köln MDR 1975, 1017; OLG Brandenburg FamRZ 2017, 1747, 1748; NK/*Baldus*, § 104, Rn. 65; PWW/*Völzmann-Stickelbrock*, § 104, Rn. 5.

623 OLG Köln MDR 2011, 649 f.

624 Staudinger/*Klumpp*, § 104, Rn. 14; AK/*Kohl*, § 104, Rn. 5; *Flume*, § 13/3, S. 185; *Brah*, § 3, S. 29 f.

625 *Flume*, § 13/3, S. 185; *Brah*, § 3, S. 29 f.; auch für Spickhoff/*Spickhoff*, §§ 104–105a BGB, Rn. 4 wirft die Aufspaltung durchaus Fragen auf.

626 Staudinger/*Klumpp*, § 104, Rn. 14.

627 *v. Oefele/Saß*, VersMed 1994, 167, 169.

klärung zu verstehen und nach dieser Einsicht zu handeln.[628] Diese verständlichere Umschreibung der freien Willensbestimmung mithilfe des Begriffs der Einsichtsfähigkeit zeigt, dass die Fähigkeiten des Verstandes bei der Beurteilung der Geschäfts(un)fähigkeit nicht außer Acht gelassen werden dürfen.[629] Einer derartigen Anlehnung der allgemeinen Geschäftsunfähigkeit des § 104 Nr. 2 BGB an die für die natürliche Testierunfähigkeit später geschaffene Regelung des § 2229 Abs. 4 BGB (= § 2 Abs. 2 TestG von 1938) wird zwar vereinzelt widersprochen.[630] Dem ist jedoch entgegenzuhalten, dass es sich bei der Testierfähigkeit um eine Unterart der allgemeinen Geschäftsfähigkeit handelt, mit deren Normierung trotz des abweichenden Wortlauts keine inhaltliche Abweichung von § 104 Nr. 2 BGB beabsichtigt war.[631] Die besser geglückte Formulierung in § 2229 Abs. 4 BGB stellt daher einen tauglichen Maßstab für das Verständnis des Merkmals der freien Willensbestimmung in § 104 Nr. 2 BGB dar.[632]

Auch wenn die von der Rechtsprechung entwickelten Umschreibungen der freien Willensbestimmung lediglich auf das Willensmoment abstellen, wird ein geringer Intellekt jedenfalls als einer von vielen persönlichkeitsbildenden Faktoren in der Gesamtschau berücksichtigt.[633] Die Ansätze der Rechtsprechung und der genannten Vertreter der Literatur unterscheiden sich daher zwar (jedenfalls terminologisch) im Ausgangspunkt, nicht jedoch im Ergebnis. Auch das Schrifttum, das für die freie Willensbestimmung ein geistig-willensmäßiges Vermögen voraussetzt, wird zugeben, dass es selbstverständlich richtig ist, dass nicht jeder, der Rechtsgeschäfte abschließt,

628 *Flume*, § 13/3, S. 186; *Gebauer*, AcP 153 (1954), 332, 357; *Spickhoff*, AcP 208 (2008), 345, 383.

629 Staudinger/*Klumpp*, § 104, Rn. 14.

630 Venzlaff/Foerster/*Taupitz*/*Weis*, 27.7, S. 460.

631 *Muscheler*, § 25, S. 851, Rn. 1659; *Boehm*, S. 53 ff.; *Gebauer*, AcP 153 (1954), 332, 357; a. A. *Grunsky*, S. 10 ff.

632 *Flume*, § 13/5, S. 187 f.; *Holzhauer*, Gutachten 57. DJT 1988 I, B 52, B 113; *Spickhoff*, AcP 2008, 345, 383; *Fröde* S. 63.

633 RGRK/*Krüger-Nieland*, § 104, Rn. 16.

obwohl er deren Inhalt und die Folgen subjektiv nicht überblicken kann, in den Schutz der natürlichen Geschäftsunfähigkeit flüchten können darf. Die einseitigen Definitionsversuche der Judikatur spiegeln also vielmehr die restriktive Grundhaltung gegenüber der Annahme von Geschäftsunfähigkeit wider.[634] Es steht allerdings fest, dass eine freie Willensbestimmung mit der Fähigkeit, die Bedeutung der abgegebenen Willenserklärung zu verstehen, stets auch gewisse kognitive Kompetenzen des Handelnden voraussetzt (die in der Rechtsprechung über die Hintertür der Gesamtbetrachtung der Persönlichkeit Eingang finden). Vor diesem Hintergrund erscheint es durchaus verständlich, Intellekt (oder allgemeiner Einsicht) und Wille als Einheit anzusehen. Die Anknüpfung an das geistig-willensmäßige Vermögen eröffnet zudem von vornherein einen größeren Spielraum für Einzelfallgerechtigkeit, da sie dem Rechtsanwender per definitionem erlaubt, die geistigen Fähigkeiten des Individuums angemessen zu berücksichtigen. Der hierfür von der Rechtsprechung begangene Umweg über die Hintertür der Gesamtbetrachtung der persönlichkeitsbildenden Faktoren wird dann überflüssig.

Was den Intellekt angeht, so sind hieran keine allzu hohen Ansprüche zu stellen, geht es doch um die Ausübung der rechtsgeschäftlichen Selbstbestimmung, die im Allgemeinen jedermann zukommt und nicht maßgeblich vom Intelligenzgrad abhängen darf. Insofern ist der Rechtsprechung zuzustimmen, wenn sie den Fähigkeiten des Verstandes bei der Beurteilung der freien Willensbestimmung regelmäßig eine untergeordnete Bedeutung beimisst. Unglücklich erscheint es m. E. jedoch im Bestreben nach Rechtssicherheit für die Annahme von Geschäftsunfähigkeit einen psychometrischen IQ-Richtwert aufzustellen.[635] Hierdurch rückt der Intellekt des Handelnden zu Unrecht in den Vordergrund, obwohl die Einsichtsfähigkeit aus einer Vielfalt psychologischer Faktoren besteht. Eine derartige abstrakte, vom

634 Vgl. Kröber/Dölling/Leygraf/Saß/*v. Oefele*, S. 125; *v. Oefele/Saß*, VersMed 1994, 167, 169.

635 Ebenso Kröber/Dölling/Leygraf/Saß/*Habermeyer*, S. 76.

Einzelfall losgelöste Feststellung erweckt außerdem fälschlicherweise den Eindruck, dass das Verstandesmaß bei der Prüfung der freien Willensbestimmung nur zu berücksichtigen ist, wenn es diesen Wert unterschreitet. Zudem handelt es sich um einen relativ unsicheren Wert, denn in der Praxis werden einerseits verschiedene Tests für die Ermittlung des Intelligenzquotienten verwendet[636] und andererseits sind die jeweiligen IQ-Bereiche für die verschiedenen Grade der Intelligenzbeeinträchtigung im wissenschaftlichen Schrifttum nicht einheitlich festgelegt.[637] Schließlich kommt es für die Beurteilung der freien Willensbestimmung maßgeblich auf die Gesamtpersönlichkeit der betreffenden Person und diesbezügliche psychopathologische Auffälligkeiten, und damit auf den Einzelfall an. So kann trotz desselben IQ-Werts in einem Fall Geschäftsfähigkeit angenommen werden, da die Intelligenzminderung angeboren ist oder früh erworben wurde und diese Person gelernt hat, sich in ihrer Umwelt zurechtzufinden, während sie in einem anderen Fall fehlt, weil die kognitiven Beeinträchtigungen erst später hinzugetreten sind.[638]

bb) Weitere Teilaspekte

Für eine freie und unbeeinflusste Willensbildung muss das Urteilsvermögen des Handelnden auch einen gewissen Realitätsbezug auf-

636 OLG Köln MDR 1975, 1017; hierzu *Müller C.*, S. 671 ff.

637 OLG Köln MDR 1975, 1017; *v. Sury*, S. 149: Debilität bei IQ von 60–80; *Müller C.*, S. 364 ff.: nach früherer Einteilung: Debilität bei IQ von 50–70 – nach späterer Einteilung: leichter Intelligenzdefekt bis Grenzfall bei IQ von 52–85; ICD-10-GM Version 2019: F70: leichte Intelligenzminderung (Debilität, leichte geistige Behinderung) bei IQ von 50–69, F71: mittelgradige Intelligenzminderung (mittelgradige geistige Behinderung) bei IQ von 35–49. Demgegenüber erfolgt die Einteilung der Schweregrade von Intelligenzbeeinträchtigungen (intellectual disability) im DSM-5, p. 33 ff. (S. 43 ff. in der deutschen Ausgabe), nicht anhand von IQ-Bereichen, sondern auf Basis der Lernfunktionen.

638 NK/*Baldus*, § 104, Rn. 55 (Fn. 82); *Seibert*, S. 113; *Cording*, Fortschr Neurol Psychiat 2004, 147, 151; *ders.*, ZEV 2010, 115, 117.

weisen.[639] Krankheitsbedingte Realitätsverkennungen können dazu führen, dass der Betroffene nicht in der Lage ist, wesentliche Aspekte der Realität adäquat wahrzunehmen, zu verarbeiten und zu beurteilen.[640] Eine Entscheidungsfindung durch vernünftiges Abwägen des Für und Wider ist dann nicht mehr möglich. Von einem ausreichenden Realitätsbezug ist noch auszugehen, wenn der Betroffene seinen Zustand selbstkritisch angemessen realisieren und sich innerlich davon distanzieren kann.[641] Dies wird regelmäßig bei leichteren Fällen von zeitlichen oder örtlichen Orientierungsschwächen, Aufmerksamkeits- und Gedächtnisstörungen oder Angst- bzw. Zwangsstörungen anzunehmen sein.[642] Handelt es sich um schwerwiegende Störungen (z. B. personen- oder situationsbezogene Desorientierung)[643] oder nimmt das Verhalten des Betroffenen wahnhafte Züge an, wie z. B. pathologisches Misstrauen, und ist eine realitätsgerechte Korrektur nicht mehr möglich, so kann die Freiheit des Willensentschlusses aufgehoben sein.[644] Ebenso verhält es sich, wenn der Betroffene nur noch auf Erinnerungen seines Altgedächtnisses zugreifen kann, denn für den Prozess der Entscheidungsfindung muss der zugrunde liegende Sachverhalt inklusive jüngerer und aktueller relevanter Veränderungen bekannt sein.[645] Auch affektive Störungen können die freie Willensbildung aufheben, wenn sie eine gewisse Qualität oder Dynamik

639 Venzlaff/Foerster/*Foerster/Habermeyer*, 28.3, S. 489; *Wetterling*, S. 170.

640 *v. Oefele/Saß*, VersMed 1994, 167, 170; *Habermeyer/Saß*, Fortschr Neurol Psychiat 2002, 5, 9; *Cording*, ZEV 2010, 115, 118.

641 *Cording*, Fortschr Neurol Psychiat 2004, 147, 151.

642 *v. Oefele*, S. 81; Kröber/Dölling/Leygraf/Saß/*v. Oefele*, S. 125; *Cording*, Fortschr Neurol Psychiat 2004, 147, 150 f.; *ders.*, ZEV 2010, 115, 117 f.; *Huber/Schmieder/Dengler*, BWNotZ 2012, 150, 155.

643 Möller/Rohde/*Foerster*, S. 582 (zur Testierunfähigkeit); *Wetterling*, S. 172; Kröber/Dölling/Leygraf/Saß/*Habermeyer*, S. 61, 63 f.; *Wetterling*, ErbR 2010, 345, 348; *Habermeyer/Saß*, Fortschr Neurol Psychiat 2002, 5, 9.

644 BayObLG FamRZ 2005, 658, 660; *v. Oefele*, S. 81; *Habermeyer/Saß*, MedR 2003, 543, 544; *Cording*, ZEV 2010, 115, 118.

645 OLG München NJW-RR 2008, 164, 166; *Boehm*, S. 91; *Wetterling*, ErbR 2010, 345, 348; *Habermeyer/Saß*, Der Nervenarzt 2002, 1094, 1096.

erreichen und den Prozess der Entscheidungsfindung pathologisch bestimmen.[646] Beispielsweise führt die Verminderung der kognitiven Kompetenz bei einer Demenz häufig zu einer sog. Affektdominanz. Aufgrund der hirnorganischen Prozesse fehlt es an der regulierenden Beeinflussung durch kognitive Vorstellungen und die Emotionen des Betroffenen beherrschen sein Verhalten in krankhafter Weise.[647] Für die persönlichkeitseigene Motivbildung muss der Betroffene zudem auf seine Erfahrungen und persönlichen Wertvorstellungen zurückgreifen können.[648] Sind diese krankheitsbedingt nicht mehr verfügbar oder überlagert und ist das Motivationsgefüge pathologisch verformt, kann ein freier Wille nicht gebildet werden.[649]

cc) Steuerungsfähigkeit

Auch die übermäßige Beeinflussbarkeit durch andere Personen kann zu Geschäftsunfähigkeit führen, wenn die eigene freie Willensbetätigung aufgrund pathologischer Beherrschung durch den fremden Willen ausgeschlossen ist.[650] Damit sind natürlich nicht die üblicherweise bei einer Entscheidungsfindung berücksichtigten Einflüsse Dritter gemeint. Nimmt jemand ein Rechtsgeschäft auf Anregung eines anderen vor oder will er damit dessen Forderungen oder Erwartungen erfüllen, handelt er nichtsdestotrotz aufgrund seines freien Willensentschlusses.[651] Das bloße Ausnutzen der leichten Beeinflussbarkeit

646 *Cording*, Fortschr Neurol Psychiat 2004, 147, 152; *ders.*, ZEV 2010, 115, 118.

647 *Wetterling*, S. 181; *Zimmermann*, BWNotZ 2000, 97, 103; *Cording*, Fortschr Neurol Psychiat 2004, 147, 152; *ders.*, ZEV 2010, 115, 118.

648 *Zimmermann*, BWNotZ 2000, 97, 102; *Habermeyer/Saß*, MedR 2003, 543, 544; *Cording*, Fortschr Neurol Psychiat 2004, 147, 152; *ders.*, ZEV 2010, 115, 118.

649 *v. Oefele/Saß*, VersMed 1994, 167, 170; *Habermeyer/Saß*, MedR 2003, 543, 544; *Cording*, Fortschr Neurol Psychiat 2004, 147, 152.

650 RG JW 1938, 1590, 1591; RGZ 103, 399, 401; BayObLG NJW 1989, 1678; OLGR Düsseldorf 1998, 266, 268; OLG München FGPrax 2010, 29, 30; Palandt/*Ellenberger*, § 104, Rn. 5; Bamberger/Roth/*Wendtland*, § 104, Rn. 9.

651 BayObLG FamRZ 1990, 318, 320; MüKo/*Hagena*, § 2229, Rn. 24; *Cording*, Fortschr Neurol Psychiat 2004, 147, 152; *ders.*, ZEV 2010, 115, 117, 119.

des Betroffenen schließt noch nicht dessen Steuerungsfähigkeit aus. Die Fremdbeeinflussbarkeit muss vielmehr ein vernünftiges Abwägen, die Entwicklung eigener Gegenvorstellungen und kritisches Infragestellen unmöglich machen.[652] Dabei ist es im Gegensatz zum Schweizer Recht unerheblich, ob ein Dritter tatsächlich versucht hat, den Betroffenen zu beeinflussen.[653]

b) Völliger Ausschluss

Die freie Willensbildung und -bestimmung müssen völlig ausgeschlossen sein; die bloße Beeinträchtigung oder Minderung reicht nicht aus.[654] Die Geschäftsunfähigkeit nach § 104 Nr. 2 BGB verlangt somit ein sehr hohes Maß an fehlender geistiger Selbststeuerung,[655] wobei der komplette Ausschluss der freien Willensbestimmung von psychiatrischer Seite als theoretisches Konstrukt bezeichnet wird.[656] Unerheblich ist hingegen, ob der Betroffene z. B. schreiben oder sprechen, also seinen Willen äußern kann, da die Fähigkeit zur Kundgabe des Willens nichts über die Freiheit des Willensentschlusses besagt.[657] Auch im Fall der übermäßigen Beeinflussung durch andere Personen ist für die Annahme von Geschäftsunfähigkeit notwendig, dass die eigene freie Willensbetätigung aufgrund pathologischer Beherrschung durch den fremden Willen völlig ausgeschlossen ist.[658] Willensschwäche und leichte Beeinflussbarkeit reichen nicht aus.[659]

---

652 *Cording*, Fortschr Neurol Psychiat 2004, 147, 152; *ders.*, ZEV 2010, 115, 117, 119.

653 Venzlaff/Foerster/*Foerster/Habermeyer*, 28.3, S. 490; *Cording*, ZEV 2010, 115, 117, 119.

654 OLG Saarbrücken NJW 1999, 871, 872; KG Berlin NZFam 2014, 422; Erman/*Müller*, § 104, Rn. 6; Soergel/*Hefermehl*, § 104, Rn. 4; jurisPK/*Lange*, § 104, Rn. 13.

655 JurisPK/*Lange*, § 104, Rn. 13; *Cording*, Fortschr Neurol Psychiat 2004, 147, 153.

656 *V. Oefele*, S. 81.

657 BGH NJW 1996, 918, 919; jurisPK/*Lange*, § 104, Rn. 12.

658 RG JW 1938, 1590, 1591; BGH NJW 1953, 1342; BGH NJW 1970, 1680, 1681; Bamberger/Roth/*Wendtland*, § 104, Rn. 9; MüKo/*Spickhoff*, § 104, Rn. 15.

659 OLG München FGPrax 2010, 29, 30; Palandt/*Ellenberger*, § 104, Rn. 5; PWW/*Völzmann-Stickelbrock*, § 104, Rn. 5; *Zimmermann*, BWNotZ 2000, 97, 98.

Ebenso wenig genügt die Tatsache, dass eine Person verunsichert und hilflos reagiert, wenn sie vor besonderen Herausforderungen steht.[660]

Einige Autoren orientieren sich für die Frage, welchen Grad die Störung für einen Ausschluss der freien Willensbestimmung erreichen muss, an der Altersgrenze in Nr. 1.[661] Mit dieser habe der Gesetzgeber eine Entscheidung über das für die Teilnahme am Rechtsverkehr erforderliche Mindestmaß an Einsichts- und Steuerungsfähigkeit getroffen, die auf den Ausschluss eines Erwachsenen von einem Rechtsgeschäft zu übertragen sei.[662] Entspricht die Geistestätigkeit des Erwachsenen derjenigen eines durchschnittlichen Kleinkindes unter sieben Jahren, so liege eine krankhafte, die Willensbestimmung ausschließende Störung vor und der Betroffene ist geschäftsunfähig.[663] Nur so könne die Beurteilung der Geschäftsunfähigkeit anhand eines heteronomen und außerrechtlichen Maßstabs, der an einer wie auch immer zu bestimmenden „Normalität" oder „allgemeinen Verkehrsanschauung" ausgerichtet ist, vermieden werden.[664] Diese Ansicht erinnert stark an die ebenfalls an der Altersgrenze der Nr. 1 orientierte Praxis der Entmündigung: Übertrafen die geistigen Fähigkeiten des Betroffenen nicht diejenigen eines noch nicht Siebenjährigen, wurde er wegen Geisteskrankheit entmündigt und damit voll geschäftsunfähig. Entsprachen sie hingegen einem Minderjährigen über sieben Jahre, wurde die Entmündigung wegen Geistesschwäche ausgesprochen und der Rechtsstatus des Betroffenen war der eines beschränkt Geschäftsfähigen.[665] Mit Abschaffung des Instituts der Entmündigung ist ein Status der beschränkten Geschäftsfähigkeit Erwachsener im Gesetz jedoch nicht mehr vorgesehen – auch nicht in § 1903 BGB, der im Rahmen

660 OLG Düsseldorf RuS 1996, 188; jurisPK/*Lange*, § 104, Rn. 13.

661 Lipp/*Lipp*, § 2, Rn. 13; *ders.*, § 4, S. 70 ff.; *Wolf C.*, S. 43 f.; *Pawlowski*, § 2, S. 104, Rn. 197; *ders.*, JZ 2003, 66, 67; *Habermeyer/Saß*, MedR 2003, 543, 546.

662 Lipp/*Lipp*, § 2, Rn. 13; *ders.*, § 4, S. 70 ff.; *Wolf C.*, S. 43 f.

663 RG Seuff.Bl. 70 (1905), 671, 674; AK/*Kohl*, § 104, Rn. 4; Lipp/*Lipp*, § 2, Rn. 13; *ders.*, § 4, S. 70 ff.; *Wolf C.*, S. 43 f.

664 Lipp/*Lipp* § 2, Rn. 13; *ders.*, § 4, S. 69 f.; *Wolf C.*, S. 43 f.

665 *Lipp*, § 4, S. 71.

einer Betreuung die Anordnung eines Einwilligungsvorbehalts ermöglicht.[666] Die Altersgrenze von sieben Jahren kann daher nur Anhaltspunkt, und nicht objektivierender Maßstab für die Beurteilung eines Ausschlusses der freien Willensbestimmung sein.[667] Jedenfalls kann hieraus nicht der Rückschluss gezogen werden, dass die freie Willensbestimmung eines Erwachsenen mit der Einsichts- und Steuerungsfähigkeit eines Achtjährigen lediglich vermindert ist. Die Abgrenzung zwischen Ausschluss und bloßer Beeinträchtigung der freien Willensbildung und -bestimmung bleibt letztlich eine richterliche Ermessensentscheidung, die nicht allein anhand einer Altersgrenze zu treffen ist und in den Übergangsbereichen zwangsläufig heteronom ausfällt. Im Rahmen der Abwägung der Umstände des Einzelfalls ist ein Rückgriff auf unbestimmte Rechtsbegriffe wie „Vernunft" oder „Verkehrsanschauung" wohl nicht zu vermeiden, im Hinblick auf größtmögliche Einzelfallgerechtigkeit aber auch nicht unerwünscht. Dabei wird das Rechtsgeschäft vor dem Hintergrund des Selbstbestimmungsrechts freilich keiner Inhaltskontrolle unterzogen und nicht geprüft, ob die Willenserklärung des Betroffenen vernünftig oder gesellschaftlich anerkannt ist.[668]

c) Zwischenfazit

Während das schweizerische Recht in Art. 16 ZGB wesentlich auf den Mangel der Fähigkeit vernunftgemäßen Handelns abstellt, wurde dies für das Bürgerliche Gesetzbuch eindeutig verworfen und vielmehr der Ausschluss der freien Willensbestimmung in das Gesetz aufgenommen.[669] Trotz dieses gewollt unterschiedlichen Gesetzeswortlauts führt die Praxis in beiden Nachbarstaaten nicht zu nennenswert anderen

666 *Peters*, S. 274 f.; *Cypionka*, DNotZ 1991, 571, 579.
667 Vgl. auch *Holzhauer*, Gutachten 57. DJT 1988 I, B 55.
668 *Leenen*, § 1, S. 13, Rn. 49.
669 Prot. I, S. 56 = *Mugdan* 1, S. 673.

Ergebnissen.[670] Beide Rechtsordnungen teilen dieselbe Vorstellung über die für eine selbständige Teilnahme am Rechtsverkehr erforderlichen geistigen und willensbezogenen Fähigkeiten sowie deren Fehlen.

3. Kausalität

Die krankhafte Störung der Geistestätigkeit führt nur zur Geschäftsunfähigkeit des Betroffenen, wenn sie den Ausschluss der freien Willensbestimmung nach sich zieht. Zwischen der geistigen Anomalie und der fehlerhaften Willensbildung muss also – wie in der Schweiz auch – ein Ursachenzusammenhang bestehen.[671] Liegen beide Tatbestandsvoraussetzungen vor, ist deren kausale Verknüpfung in der Regel unproblematisch. Anders als im eidgenössischen Privatrecht ist es jedoch völlig unerheblich, ob eine Kausalität insofern vorliegt, als sich der in § 104 Nr. 2 BGB beschriebene Zustand auf das konkrete Rechtsgeschäft ausgewirkt hat.[672] Wie noch auszuführen ist, bleibt die konkrete Willenserklärung nach dem in Deutschland vorherrschenden – durchaus zu hinterfragenden – Verständnis des Instituts der Geschäftsunfähigkeit völlig außer Betracht.

4. Zeitliche Komponente

Während es im schweizerischen Recht bei der Beurteilung der Urteilsunfähigkeit nicht darauf ankommt, ob diese auf einen dauerhaften oder einen vorübergehenden Ausnahmezustand zurückzuführen ist, stellt das deutsche Gesetz für die Annahme von Geschäftsunfähigkeit auch auf die zeitliche Komponente ab. Natürliche Geschäftsunfähigkeit liegt gem. § 104 Nr. 2 Hs. 2 BGB nur vor, sofern nicht der Zustand seiner Natur nach vorübergehend ist. Damit wird auf den gesamten

670 *Holzhauer*, Gutachten 57. DJT 1988 I, B 51 f.
671 Staudinger/*Knothe*, 2012, § 104, Rn. 10; *Mankowski*, AcP 211 (2011), 153, 181.
672 *Lipp*, § 4, S. 64; Venzlaff/Foerster/*Taupitz*/*Weis*, 27.7, S. 461; zur Testierfähigkeit: *Cording*, ZEV 2010, 115, 118; zu Recht kritisch *Gebauer*, AcP 153 (1954), 332, 362.

in Hs. 1 umschriebenen Zustand des Betroffenen Bezug genommen, so dass prinzipiell sowohl hinsichtlich der krankhaften Störung der Geistestätigkeit als auch des dadurch bewirkten Ausschlusses der freien Willensbestimmung ein Dauermoment gegeben sein muss.[673] Gleichwohl wird zumeist auf die krankhafte Störung der Geistestätigkeit als Bezugspunkt für die zeitliche Komponente abgestellt.[674]

a) Seiner Natur nach nicht nur vorübergehender Zustand

Nicht nur vorübergehend ist ein Zustand, der gewisse Zeit andauert. Eine exakte Quantifizierung einer Mindestdauer ist dabei weder möglich noch sinnvoll. Sinn und Zweck der Nichtanwendung der Regelung zur Geschäftsunfähigkeit auf nur vorübergehende Zustände lassen darauf schließen, dass damit Störungen von sehr kurzer Dauer ausgeschlossen werden sollen. Begründet wird dies mit der Systematik zur Regelung des § 105 Abs. 2 BGB, die sich auf die einzelne, im Zustand vorübergehender Störung der Geistestätigkeit abgegebene Willenserklärung konzentriert und deren Nichtigkeit trotz bestehend bleibender Geschäftsfähigkeit des Betroffenen anordnet.[675] Angesichts dessen, dass auch § 105 Abs. 1 BGB auf die Nichtigkeit der einzelnen Willenserklärung im Fall von Geschäftsunfähigkeit abstellt, ist die Argumentation m. E. vielmehr darauf zu stützen, dass § 105 Abs. 2 BGB den Zustand vorübergehender Störung der Geistestätigkeit in Bezug auf die die Willenserklärung betreffende Rechtsfolge mit demjenigen der Bewusstlosigkeit gleichsetzt.[676] Dabei handelt es sich um Bewusstseinseinschränkungen, die Stunden bis Tage andauern. Dies ist auch als Maßstab für die Abgrenzung der vorübergehenden von der dauerhaften Störung der Geistestätigkeit heranzuziehen,

673 Staudinger/*Knothe*, 2012, § 104, Rn. 12; *Gebauer*, AcP 153 (1954), 332, 355.

674 Vgl. z. B. Soergel/*Hefermehl*, § 104, Rn. 6; Erman/*Müller*, § 104, Rn. 4.

675 Staudinger/*Knothe*, 2012, § 104, Rn. 12.

676 Dabei ist Bewusstlosigkeit ein besonderer Fall der vorübergehenden Störung der Geistestätigkeit, vgl. *Wertenbruch*, § 17, S. 252, Rn. 25.

wobei die Beurteilung im Einzelfall im Bereich der fließenden Übergänge freilich schwierig bleibt. Ein gewisser Dauerzustand krankhafter Störung muss jedenfalls nicht unheilbar sein, sondern erfasst auch heilbare Erkrankungen, die entweder nicht behandelt werden oder deren Behandlung eine gewisse Zeitspanne in Anspruch nimmt.[677] In Abständen auftretende geistige Anomalien (z. B. Anfälle, Rauschzustände), die stets – wenn auch vielleicht erst nach einigen Tagen – abklingen, sind als vorübergehend einzustufen, können jedoch zu dauerhaften geistigen Störungen führen.[678] Ein lang anhaltendes, sich über Wochen erstreckendes Koma ist als dauerhafter Zustand einzuordnen,[679] wobei es hier wohl schon an der notwendigen Handlungsfähigkeit fehlen dürfte. Der vorübergehende Charakter des Zustands muss zudem aus seiner Natur folgen, so dass ein naturgemäß dauerhafter Zustand vom Regelungsgehalt des § 104 Nr. 2 BGB auch dann umfasst wird, wenn er im konkreten Einzelfall nur kurzzeitig auftritt.[680] Von den Beweisschwierigkeiten einmal abgesehen, könnte dies z. B. bei einer beginnenden und fortschreitenden Demenz angenommen werden.

b) Abgrenzung zu § 105 Abs. 2 BGB

Ist der Zustand seiner Natur nach vorübergehend, so liegt kein Fall von Geschäftsunfähigkeit vor.[681] Nach § 105 Abs. 2 BGB zieht eine

677 OLG München MDR 1989, 361; AK/*Kohl*, § 104, Rn. 4; *Schmidt*, S. 287, Rn. 937; für Kröber/Dölling/Leygraf/Saß/*Habermeyer*, S. 69, und *Habermeyer/Saß*, Der Nervenarzt 2002, 1094, 1095 nicht nachvollziehbar.

678 BGH WM 1972, 972 zur krankhaften Trunksucht; Soergel/*Hefermehl*, § 104, Rn. 6; *Czeguhn*, S. 28, Rn. 23; *Müller*, S. 13.

679 OLG München MDR 1989, 361; OLG Naumburg NJW 2005, 2017, 2018 zum chronischen Alkoholmissbrauch; PWW/*Völzmann-Stickelbrock*, § 104, Rn. 5; *Müller*, S. 14.

680 Staudinger/*Knothe*, 2012, § 104, Rn. 12.

681 *Habermeyer/Saß*, MedR 2003, 543, 544 empfindet die Formulierung „seiner Natur nach" als unzeitgemäß, da der Verlauf von psychischen Störungen nicht als naturgegeben verstanden werden kann.

temporäre Störung der Geistestätigkeit – die auch in diesem Zusammenhang zu einem Ausschluss der freien Willensbestimmung führen, allerdings nicht krankhaft sein muss[682] – ebenfalls die Nichtigkeit jener Willenserklärungen nach sich, die während dieses Zustands abgegeben werden. Der Betroffene bleibt jedoch voll geschäftsfähig und ist damit nach § 131 BGB in der Lage, Willenserklärungen jederzeit wirksam zu empfangen. Eigens genannt wird in § 105 Abs. 2 BGB die Bewusstlosigkeit, der wohl häufigste Fall der vorübergehenden Störung der Geistestätigkeit.[683] Bewusstlosigkeit ist dabei allerdings nicht im alltagssprachüblichen Sinn als völliges Fehlen des Bewusstseins wie z. B. bei Ohnmacht oder Schlaf zu verstehen,[684] da dann bereits der für eine Willenserklärung notwendige Handlungswille nicht gebildet werden kann und Handlungsunfähigkeit vorliegt.[685] Gemeint ist vielmehr ein Zustand der intensiven Bewusstseinstrübung wie er beispielsweise durch exzessiven Alkohol-[686], Medikamenten- oder Drogenkonsum, Hypnose oder sehr hohes Fieber (Fieberwahn) ausgelöst werden kann.[687] Dabei ist es unerheblich, ob der Betroffene den Zustand schuldhaft herbeigeführt oder nicht.[688] Auch § 105 Abs. 2 BGB stellt eine Ausnahmeregelung vom Grundsatz der Geschäftsfähigkeit dar, indem er trotz Geschäftsfähigkeit des Handelnden die Nichtigkeit seiner abgegebenen Willenserklärung anordnet. Das Vorliegen

682 RGZ 74, 110, 111; BGH WM 1970, 1366; BGH WM 1972, 972; OLG Saarbrücken NJW 1999, 871, 872; *Leipold*, § 11, S. 138, Rn. 21; a. A. in Bezug auf die Krankhaftigkeit: NK/*Baldus*, § 105, Rn. 10; Venzlaff/Foerster/*Taupitz*/*Weis*, 27.7, S. 462.

683 *Wertenbruch*, § 17, S. 252, Rn. 25.

684 Erman/*Müller*, § 105, Rn. 5; AK/*Kohl*, § 105, Rn. 7; *Fröde*, S. 63; *Zimmermann*, BWNotZ 2000, 97, 98.

685 Erman/*Müller*, § 105, Rn. 5; Palandt/*Ellenberger*, § 105, Rn. 2; Soergel/*Spickhoff*, § 827, Rn. 1; NKHK/*Dörner*, § 105, Rn. 4; *Schmidt*, S. 291, Rn. 956.

686 Bewusstlosigkeit i. S. d. § 105 Abs. 2 BGB erst ab einem Blutalkoholgehalt von drei Promille, OLG Nürnberg NJW 1977, 1496 (3,4 Promille); *Schneider*/*Frister*/*Olzen*, S. 242; mit Bedenken *Habermeyer*/*Saß*, Der Nervenarzt 2002, 1094, 1096 f.

687 Mot. I, S. 129 = *Mugdan* 1, S. 423; Palandt/*Ellenberger*, § 105, Rn. 2; AK/*Kohl*, § 105, Rn. 7; *Schmidt*, S. 291, Rn. 956.

688 OLG Nürnberg NJW 1977, 1496; Palandt/*Ellenberger*, § 105, Rn. 2.

der hierfür notwendigen Voraussetzungen hat daher derjenige darzulegen und zu beweisen, der sich auf die Sonderregelung beruft.[689]

c) Luzides Intervall

Nach ganz herrschender Ansicht in Judikatur und juristischem Schrifttum werden von § 104 Nr. 2 BGB hingegen nicht die Fälle der sog. *lucida intervalla*, der lichten Zwischenphasen erfasst.[690] Wird eine ansonsten dauerhafte krankhafte Störung der Geistestätigkeit unterbrochen und der die freie Willensbestimmung ausschließende Zustand vorübergehend aufgehoben, ist der Betroffene in diesem Zeitraum als voll geschäftsfähig anzusehen.[691] Denn der Tatbestand der Geschäftsunfähigkeit i. S. d. § 104 Nr. 2 BGB bezieht sich auf die tatsächliche geistige Verfassung des Individuums zum Zeitpunkt der Vornahme des Rechtsgeschäfts.[692] Und in diesem Moment „befindet" es sich realiter – wenn auch nur zeitweilig – gerade nicht in einem die Willensbestimmung ausschließenden Zustand.[693]

Indes lehnen die Vertreter der forensischen Psychiatrie die Figur des luziden Intervalls schon seit langer Zeit ab.[694] Die wissenschaftlichen Erfahrungen der modernen Psychiatrie zeigen, dass überdauernde Störungen der Geistestätigkeit nicht von Zeiträumen plötzli-

689 BGH WM 1970, 1366; OLG Saarbrücken NJW 1999, 871, 872; Bamberger/Roth/*Wendtland*, § 105, Rn. 16, AK/*Kohl*, § 105, Rn. 9; *Czeguhn*, S. 28, Rn. 23.

690 BGH WM 1956, 1184, 1186; PWW/*Völzmann-Stickelbrock*, § 104, Rn. 5; Erman/*Müller*, § 104, Rn. 4; *Flume*, § 13/3, S. 184; *Leipold*, § 11, S. 135, Rn. 15; *Stadler*, § 23, S. 274, Rn. 4.

691 Soergel/*Hefermehl*, § 104, Rn. 6.

692 Staudinger/*Knothe*, 2012, § 104, Rn. 4 und 14.

693 BGH WM 1956, 1184, 1186; MüKo/*Spickhoff*, § 104, Rn. 14; Spickhoff/*Spickhoff*, §§ 104–105a BGB, Rn. 4; *Müller*, S. 14; *Bitter*/*Röder*, § 9, S. 117, Rn. 8.

694 Kröber/Dölling/Leygraf/Saß/*Habermeyer*, S. 68 f.; *v. Oefele*, S. 83; *Binder* R., S. 23 ff., S. 66 ff.; *Wetterling*, S. 201; Müller J./Hajak/*Cording*, S. 48; *ders.*, Fortschr Neurol Psychiat 2004, 147, 156; *Wetterling*, ErbR 2010, 345, 349.

cher geistiger Gesundheit durchbrochen werden.[695] Ein temporäres Abklingen des Zustands sowie ein Rückgang der Symptome (bis hin zur Heilung) sind zwar bei entsprechender Behandlung und günstigen Umständen im Einzelfall als sog. (Teil-)Remission denkbar. Derartige Besserungen treten jedoch nicht schlagartig ein, sondern vollziehen sich allmählich über einen längeren Zeitraum und haben daher nichts mit luziden Intervallen im oben genannten Sinn gemein.[696] Auch wenn es sich hierbei eher um ein Problem der interdisziplinären Zusammenarbeit handelt,[697] ist wohl davon auszugehen, dass lichte Zwischenräume, in denen der Zustand krankhafter Störung der Geistestätigkeit so weit zurücktritt, dass die freie Willensbestimmung temporär nicht ausgeschlossen ist, nur in äußerst seltenen Ausnahmefällen in Betracht kommen.[698] Denn selbst wenn eine derartige Besserung eintritt, wird damit eine für die Motiv- und Urteilsbildung erhebliche Informationslücke einhergehen, die es zunächst zu schließen gilt.[699] Konstellationen, in denen über das Vorliegen eines luziden Intervalls beim Handelnden diskutiert wird, gehen bereits von dessen Geschäftsunfähigkeit aus. Wer sich nun auf ein *lucidum intervallum*, also die Ausnahme von der Ausnahme beruft, hat die hierfür erforderlichen Tatsachen darzulegen und nachzuweisen.[700]

695 Möller/Rohde/*Foerster*, S. 582 f.; Venzlaff/Foerster/*Foerster*/*Habermeyer*, 28.3, S. 489; *Müller*/*Nedopil*, S. 68; *Habermeyer*/*Saß*, Der Nervenarzt 2002, 1094, 1095.

696 OLG München FamRZ 2014, 246, 247; *Müller*/*Nedopil*, S. 68; Müller J./Hajak/*Cording*, S. 48; *ders.*, Fortschr Neurol Psychiat 2004, 147, 157.

697 *Schmoeckel*, NJW 2016, 433, 437.

698 OLG München FamRZ 2014, 246 ff.: im Rahmen einer chronisch-progredienten Demenz ist ein luzides Intervall praktisch ausgeschlossen; *v. Oefele*, S. 83; *Müller R.*, S. 148 ff.; *v. Sachsen Gessaphe*, § 3, S. 52; ebenfalls skeptisch NK/*Baldus*, § 105, Rn. 3 ff.

699 OLG München FamRZ 2014, 246, 247; *Binder R.*, S. 69; *Wetterling*, S. 201; *Cording*, Fortschr Neurol Psychiat 2004, 147, 157.

700 BGH NJW 1988, 3011; Bamberger/Roth/*Wendtland*, § 104, Rn. 13; *Müller*, S. 32; a. A. Baumgärtel/Laumen/Prütting/*Kessen*, § 104, Rn. 7.

d) Zwischenfazit

Während Art. 16 ZGB ausdrücklich auch der Natur nach vorübergehende Zustände wie Rausch oder ähnliches aufzählt, führen diese nach § 104 Nr. 2 Hs. 2 BGB gerade nicht zur Geschäftsunfähigkeit des Betroffenen. Dieser Unterschied ist womöglich auf die eidgenössische Vorstellung einer Relativität der Urteilsfähigkeit zurückzuführen. Das Rechtsgeschäft ist nur nichtig, wenn sich der Schwächezustand und der dadurch bedingte Mangel zur Fähigkeit vernunftgemäßen Handelns in ihrer konkreten Form auf das jeweilige Rechtsgeschäft auswirken. Ob der Zustand dauerhaft oder temporär vorliegt, ist bei dieser punktuellen Betrachtungsweise unerheblich. In Deutschland ist für die Beurteilung der Geschäftsunfähigkeit zwar ebenfalls der Zeitpunkt des Geschäftsschlusses maßgeblich, dennoch erfolgt – wie im Folgenden darzustellen ist – keine Prüfung in Relation zu Art und Inhalt des jeweiligen Rechtsgeschäfts. Es kommt nicht darauf an, dass sich die krankhafte, die freie Willensbestimmung ausschließende Störung der Geistestätigkeit in der Willenserklärung realisiert, sondern einfach alle in diesem Zustand vorgenommenen Rechtsgeschäfte sind nichtig. Im Fall des § 105 Abs. 2 BGB führen vorübergehende Störungen zwar ebenfalls zur Nichtigkeit der jeweiligen Willenserklärung. Qualitativ handelt es sich hierbei jedoch um eine weniger starke Einschränkung der Privatautonomie als bei §§ 104 Nr. 2, 105 Abs. 1 BGB. Es entspricht daher dem Verhältnismäßigkeitsprinzip, wenn ihrer Natur nach lediglich sehr kurz auftretende Störungen nicht die Geschäftsfähigkeit des Handelnden tangieren und aus dem weitreichende Folgen nach sich ziehenden Tatbestand ausgenommen werden.

5. Reichweite der Geschäftsunfähigkeit

a) Absolute Wirkung der Geschäftsunfähigkeit

Ganz wesentlicher und grundlegender Unterschied zwischen dem deutschen und dem schweizerischen Zivilrecht ist – wie soeben bereits angesprochen – das Verständnis der Reichweite der Geschäftsunfähigkeit. In der Schweiz hängt die Beurteilung der rechtsgeschäftlichen Urteilsfähigkeit maßgeblich vom Inhalt, der Bedeutung und der Natur des konkreten Rechtsgeschäfts ab. Diese Relativität der Urteilsfähigkeit führt dazu, dass eine Person für ein Rechtsgeschäft geschäftsunfähig, zugleich aber für ein anderes geschäftsfähig sein kann. Demgegenüber wird die deutsche Rechtsordnung von der Vorstellung beherrscht, dass der Ausschluss der freien Willensbestimmung regelmäßig die gesamte Persönlichkeit betrifft.[701] Eine Relation zwischen dem krankhaften, die freie Willensbestimmung ausschließenden Zustand krankhafter Störung der Geistestätigkeit und dem jeweiligen Rechtsgeschäft wird nicht hergestellt. Vielmehr wirkt die Geschäftsunfähigkeit nach § 104 Nr. 2 BGB absolut und erfasst grundsätzlich alle Rechtsgeschäfte, die der Betroffene im dort beschriebenen Zustand vornimmt, unabhängig von deren Art, Inhalt oder Tragweite.[702] Umgekehrt kann jemand, der zwar geistig beeinträchtigt, aber geschäftsfähig ist, alle Rechtsgeschäfte – sozusagen ungeschützt – wirksam vornehmen. Wie in der Schweiz gilt dabei auch in Deutschland das Alles-oder-Nichts-Prinzip, wonach Erwachsene nur voll geschäftsfähig oder voll geschäftsunfähig sein können.[703] Eine beschränkte Geschäftsfähigkeit ermöglicht das Gesetz nur für die Gruppe der Minderjährigen. Die absolute Wirkungsweise in Verbindung mit dem Alles-oder-Nicht-Prinzip führt dazu, dass die Entscheidung über die Geschäftsunfähigkeit in Deutschland eine sehr harte Entweder-Oder-Entscheidung ist.[704] In Literatur und Rechtsprechung wurden daher Ansätze entwickelt und diskutiert, um diese strenge Härte im Einzelfall abzumildern:

701 BGH NJW 1953, 1342; BGH NJW 1970, 1680, 1681; MüKo/*Spickhoff*, § 104, Rn. 18; jurisPK/*Lange*, § 104, Rn. 17; *Heinsheimer*, Anm. zu RG JW 1922, 1007, 1008.

702 AK/*Kohl*, § 104, Rn. 7; Erman/*Müller*, § 104, Rn. 5; *Brehm*, § 9, S. 169, Rn. 276; *Gebauer*, AcP 153 (1954), 332, 343.

703 *Lipp M.*, § 3, S. 26, Rn. 43; *Schmoeckel*, NJW 2016, 433, 434.

704 *Lipp* M., § 3, S. 26, Rn. 43; *Schmoeckel*, NJW 2016, 433, 434.

b) Partielle Geschäfts(un)fähigkeit

Als unverhältnismäßig und unpassend, da den praktischen Lebensbedürfnissen nicht entsprechend, wird die deutsche Vorstellung von der Reichweite der Geschäftsunfähigkeit vor allem in den Fällen empfunden, in denen sich die Störung effektiv nur partiell äußert.[705] Bereits das gemeine Recht kannte daher die Lehre der partiellen Geschäftsfähigkeit.[706] Diese geht davon aus, dass die krankhafte Störung der Geistestätigkeit die freie Willensbestimmung ausnahmsweise auch nur in einem bestimmten Kreis von Angelegenheiten ausschließen kann, während sie sich in anderen Angelegenheiten nicht auswirkt.[707] In den von der Rechtsprechung entwickelten Einzelfällen beschränkt sich die Geschäftsunfähigkeit auf diesen abstrakt umschreibbaren und abgrenzbaren Lebensbereich.[708] Die Teilgeschäftsunfähigkeit führt dann zur Nichtigkeit lediglich der in diesem Bereich abgegebenen Willenserklärungen.[709] Alle anderen Willenserklärungen des Betroffenen sind hingegen wirksam.[710] Die Geschäftsunfähigkeit ist in solchen Fällen ausnahmsweise gegenständlich beschränkt.[711] Innerhalb des abgrenzbaren Lebensbereichs wirkt sie sich aber wiederum abstrakt-generell aus, so dass alle in diesem bestimmten Kreis von Angelegenheiten geschlossenen Rechtsgeschäfte unabhängig von ihrem konkreten Inhalt nichtig sind.[712] Die Möglichkeit einer Teilgeschäfts(un)fähigkeit entschärft die Reichweite der §§ 104 Nr. 2, 105 Abs. 1 BGB mit Blick auf den Verhältnismäßigkeitsgrundsatz und ist mit dem Wortlaut der Vorschriften

705 *Pöschl*, S. 10; *Gebauer*, AcP 153 (1954), 332, 344.
706 *Heinsheimer*, Anm. zu RG JW 1922, 1007, 1008.
707 Bamberger/Roth/*Wendtland*, § 104, Rn. 11; *Wolf/Neuner*, § 34, S. 385, Rn. 5; *Flume*, § 13/4, S. 186; *Brox/Walker*, § 12, S. 128, Rn. 7; *Wedemann*, Jura 2010, 587, 589.
708 BayObLG NJW 1992, 2100, 2101; HKK/*Thier*, §§ 104–115, Rn. 36; Soergel/*Hefermehl*, § 104, Rn. 7; *Bork*, § 23, S. 384, Rn. 983.
709 MüKo/*Spickhoff*, § 104, Rn. 19; *Czeguhn*, S. 31, Rn. 28; *Brehm*, § 9, S. 169, Rn. 276; *Bitter/Röder*, § 9, S. 119, Rn. 17.
710 HKK/*Thier*, §§ 104–115, Rn. 36; PWW/*Völzmann-Stickelbrock*, § 104, Rn. 6; *Brox/Walker*, § 12, S. 128, Rn. 7; *Schmidt*, S. 288, Rn. 944.
711 NK/*Baldus*, § 104, Rn. 30; Erman/*Müller*, § 104, Rn. 5.
712 *V. Sachsen Gessaphe*, § 10, S. 327; *Gebauer*, AcP 153 (1954), 332, 344.

vereinbar.[713] Schon die gesetzliche Regelung der Testierfähigkeit sowie die Ehegeschäftsfähigkeit sind Ausdruck der Anerkennung einer partiellen Geschäfts(un)fähigkeit.[714] Dem entspricht auch die Formulierung des § 52 ZPO, wonach eine Person insoweit prozessfähig ist, als sie sich durch Verträge verpflichten kann.[715] In der Praxis überwiegt die Konstellation des grundsätzlich Geschäftsfähigen, der für einen gewissen Bereich als geschäftsunfähig angesehen wird.[716] Es kommt jedoch auch durchaus, wenngleich seltener vor, dass eine partielle Geschäftsfähigkeit des ansonsten Geschäftsunfähigen angenommen wird.[717]

aa) Beispiele aus der Rechtsprechung

In folgenden Beispielsfällen hat die Rechtsprechung auf die Lehre der partiellen Geschäfts(un)fähigkeit zurückgegriffen:

(1) Prozessunfähigkeit wegen Querulantenwahns

Fast schon eine eigene Fallgruppe bilden die Fälle des sog. Querulantenwahns, in denen eine partielle Geschäftsunfähigkeit für den Bereich der Prozessführung anerkannt ist.[718]

Eine allgemein gültige Definition des Querulanten gibt es dabei nicht. Typischerweise[719] geht es um Personen, die bei Gerichten, Behör-

713 Becker/Roth/*Spickhoff*, § 6, S. 114, Rn. 22; *ders.*, AcP 208 (2008), 345, 382.

714 *Müller*, S. 19 (Fn. 85); Becker/Roth/*Spickhoff*, § 6, S. 114, Rn. 23; *ders.*, AcP 208 (2008), 345, 382; *Weser*, MittBayNot 1992, 161, 169.

715 RG JW 1922, 1007, 1008.

716 Siehe auch *Gebauer*, AcP 153 (1954), 332, 333.

717 BVerfG NJW 2003, 1382 f.; BayObLG NJWE-FER 1997, 1; jurisPK/*Lange*, § 104, Rn. 17; Palandt/*Ellenberger*, § 104, Rn. 6; *Leipold*, § 11, S. 135, Rn. 16.

718 BVerwG, Urteil v. 24.11.1965 – V C 117.63 – Buchholz, BVerwG 310, § 62 VwGO Nr. 3, S. 3 ff.; OLG Hamm MDR 2014, 1044 f.; BAG AP 1963, Nr. 1 § 104 BGB, 979 ff.; *Flume*, § 13/4, S. 186.

719 Vgl. BVerwG, Urteil v. 24.11.1965 – V C 117.63 – Buchholz, BVerwG 310, § 62 VwGO Nr. 3, S. 6; VGH Kassel NJW 1968, 70; OLG Bremen R&P 2013, 240, 242; ähnlich BGH NJW 2000, 289 ff.

den und anderen öffentlichen Stellen oft über Jahre hinweg und ohne anwaltliche Vertretung eine extrem unverhältnismäßig hohe Anzahl an Verfahren und Vorgängen anstrengen. Seine ihm vermeintlich zustehenden Ansprüche macht der Querulant in sich wiederholenden (teils absurden) Vorwürfen oft gleichzeitig und bei verschiedenen Gerichten und Behörden geltend. Gegen deren ablehnende Entscheidungen werden dann wiederum trotz Aussichtslosigkeit (oft offensichtlich unzulässige) Rechtsbehelfe eingelegt. Das Vorgehen weist dabei eine aggressive und rechthaberische Intensität und ungezügelte Art bis hin zu beleidigenden und verleumderischen Äußerungen auf, die regelmäßig mit unbegründeten Ablehnungen von Richtern und Dienstaufsichtsbeschwerden einhergehen. Nicht selten zeigt sich eine wahnhafte Überzeugung des Betroffenen, dass sich das ganze System gegen ihn verschworen hat. Das Verhalten muss eindeutig die Grenze zum Krankhaften überschreiten, um als die Geschäftsfähigkeit partiell ausschließender querulatorischer Wahn eingestuft werden zu können.[720] Dabei ist der Übergang zwischen einer noch im Bereich des Gesunden liegenden, gesteigerten rechthaberischen Verbohrtheit und Hartnäckigkeit sowie pathologischem Querulieren fließend.[721] Nicht selten wird die querulatorische Entwicklung durch eine tatsächliche Benachteiligung ausgelöst, gegen die dann mit maßlosen Mitteln ein Kampf im Namen der Gerechtigkeit geführt wird, der sich eigendynamisch verselbständigt und bei dem das ursprüngliche Ziel in den Hintergrund tritt.[722] Der Betroffene ist in diesem Zusammenhang nicht mehr in der Lage, alternative Sichtweisen in Betracht zu ziehen und das ihm (vermeintlich) geschehene Unrecht zu überwinden. Lassen die Schriftsätze allerdings eine logische und schlüssige Argumentation des Betroffenen erkennen, so rechtfertigt die Tatsache, dass er

720 Vgl. VGH Kassel NJW 1968, 70; FinG Berlin NJW 1969, 1792.

721 BVerwG, Urteil v. 24.11.1965 – V C 117.63 – Buchholz, BVerwG 310, § 62 VwGO Nr. 3, S. 6; vgl. auch FinG Berlin NJW 1969, 1792.

722 BGH NJW 2000, 289 f.; *Schneider/Frister/Olzen*, S. 254; vgl. Kleists Michael Kohlhaas, hierzu *Singer*, Liber Amicorum Leenen, S. 271.

in jahrelange Rechtsstreitigkeiten verwickelt ist, selbst wenn er diese mit extremer Schärfe und grenzwertigen Mitteln betreibt, nicht die leichtfertige Annahme einer krankhaften Querulanz.[723] Grundsätzlich kann die Frage, ob ein die freie Willensbestimmung ausschließender Zustand krankhafter Störung der Geistestätigkeit vorliegt, nur unter Hinzuziehung eines Sachverständigen beantwortet werden.[724] In vereinzelten Ausnahmefällen, in denen die maßgeblichen Umstände auch einem Laien die eindeutige Schlussfolgerung auf das Vorliegen der medizinischen Tatsachen für die Anwendung des betreffenden Rechtssatzes gestatten, stellt die Beurteilung allein durch den Richter jedoch keinen Verfahrensmangel dar.[725]

Problematisch erscheint diese Fallgruppe der partiellen Geschäftsunfähigkeit vor allem, weil hierdurch wohl in erster Linie nicht – wie von der Rechtsgeschäftslehre intendiert – der zum Teil Geschäftsunfähige, sondern staatliche Stellen geschützt werden.[726] Nichtsdestotrotz ist die Prozessunfähigkeit wegen Querulantenwahns zum Schutz aller Beteiligten allgemein anerkannt.[727]

(2) Prozessunfähigkeit für Ehe- und Scheidungsfolgestreitigkeiten

Eine Geschäfts- sowie Prozessunfähigkeit kann sich auch nur auf mit einem Eheprozess zusammenhängende Angelegenheiten beziehen.[728]

In BGHZ 18, 184 ff. wurde die auf das damals geltende Verschuldensprinzip gestützte Scheidungsklage eines Ehemanns wegen Prozessunfähigkeit seiner Ehefrau als unzulässig abgewiesen. Das Gericht

723 Hierzu insbesondere FinG Berlin NJW 1969, 1792.

724 BVerwG, Urteil v. 24.11.1965 – V C 117.63 – Buchholz, BVerwG 310, § 62 VwGO Nr. 3, S. 5.

725 BVerwG, Urteil v. 24.11.1965 – V C 117.63 – Buchholz, BVerwG 310, § 62 VwGO Nr. 3, S. 4; VGH Kassel NJW 1968, 70.

726 Siehe auch AK/*Kohl*, § 104, Rn. 7.

727 BGH NJW 1953, 1342; VGH Kassel NJW 1968, 70; OLG Bremen R&P 2013, 240, 242.

728 RG JW 1912, Nr. 33.

war überzeugt, dass sich die Beklagte für den abgrenzbaren Lebensbereich, der ihre Ehe, ihre familiären Verhältnisse und den Scheidungsrechtsstreit umfasste, in einem die freie Willensbestimmung ausschließenden Zustand krankhafter Störung der Geistestätigkeit befand. Ein Sachverständigengutachten bestätigte eine erhebliche progrediente abnorme Persönlichkeitsentwicklung der Beklagten, die durch das Schlüsselerlebnis der Trennung und des Scheidungsverlangens ausgelöst worden war. In Bezug auf ihre Ehe und deren Scheidung lebte sie in einer Wunsch- und Vorstellungswelt, die keinerlei Realitätsbezug aufwies, so dass nicht mehr von einer Bestimmbarkeit durch normale Motive, sondern von einer seelischen Störung auszugehen war.

(3) Prozessunfähigkeit wegen eines Schocks nach Fristversäumung

Eine partielle Geschäftsunfähigkeit für die Führung eines Rechtsstreits bejahte der BGH im Jahr 1959 auch beim Schock eines (nicht haftpflichtversicherten) Rechtsanwalts, den dieser nach Versäumung einer Frist erlitten hatte.[729] Dies führte zum Verlust sowohl seiner Prozess- als auch seiner Postulationsfähigkeit[730] für diesen gegenständlich abgegrenzten Kreis von Angelegenheiten. Die (ebenfalls verstrichene) Frist zur Wiedereinsetzung konnte so erneut in Gang gesetzt und (durch einen anderen Anwalt) eingehalten werden.

Auf Basis eines Gutachtens entschied der BGH, dass sich eine altersbedingte Erkenntnis- und Willensschwäche, die bei dem 77-jährigen Anwalt bereits zuvor vorhanden war, durch das Schlüsselerlebnis des Erkennens der Fristversäumung und den dadurch erlittenen psychologischen Schock zu einer völligen Unfähigkeit steigerte, sein Verhalten in der weiteren Prozessführung nach seinen Erkenntnissen

729 BGHZ 30, 112 ff. = BGH NJW 1959, 1587 ff.

730 Insofern schloss sich der Senat der damals herrschenden Lehre an, wonach der Prozessbevollmächtigte selbst prozessfähig sein muss, BVerfGE 37, 67, 78 f.; OLG Hamm MDR 2014, 1044 f.; Stein/Jonas/*Roth*, § 244, Rn. 6; Baumbach/Lauterbach/Albers/Hartmann, § 244, Rn. 8.

zu bestimmen. Die Erkenntnis, dass er seinen Berufsaufgaben geistig nicht mehr gewachsen war, sowie die Scham über sein berufliches Versagen und die Angst vor dem wirtschaftlichen Ruin lösten eine schwerste Gemütsdepression aus und ließen den Anwalt nicht mehr klar denken und handeln. Für den mit der Prozessführung in Zusammenhang stehenden Kreis von Angelegenheiten konnte der Anwalt daher seinen Willen nicht mehr frei bestimmen. Die Krankhaftigkeit der Veränderung führte das Gericht auf die allgemeine Lethargie in der Behandlung dieses Rechtsstreits zurück. Der Umfang der Untätigkeit des Rechtsanwalts in der Zeit nach der Fristversäumung, obwohl gerade diese zu besonderer Umsicht hätte mahnen müssen, insbesondere der magere Inhalt und Umfang der Schriftsätze, das Nichtführen eines Fristenkalenders sowie ein Irrtum des Rechtsanwalts in Bezug auf die Hemmung einer Frist, war mit einer noch so großen Nachlässigkeit nicht mehr zu erklären und wurde daher als krankhaft angesehen.

(4) Prozessunfähigkeit wegen wahnhafter Verarbeitung der Beziehung zu einer Prostituierten

Auch in der folgenden Entscheidung[731] verblieben beim BGH Zweifel an der Prozessfähigkeit des Klägers für die mit einem Streitkomplex zusammenhängenden Verfahren. Dies geht nach ständiger Rechtsprechung zu Lasten der betroffenen Partei.[732]

Der ehemalig als Rechtsanwalt tätige Kläger hatte nähere Beziehungen zu einer Prostituierten gepflegt und ihr nach eigener Behauptung 100.000 DM gegeben, damit sie sich aus dem Milieu und von ihrem als Zuhälter tätigen Ehemann lösen, eine Ausbildung beginnen und zu diesem Zweck eine Immobilie erwerben kann. Angesichts der Tatsache, dass die Bekannte die Prostitution nicht aufgab, verlangte er von

731 BGH NJW 2000, 289 ff.; hierzu auch *Zimmermann*, BWNotZ 2000, 97, 106.

732 BGHZ 18, 184, 188 ff.; BGH NJW 2000, 289, 290; BGH NJW-RR 2011, 284; Erman/*Müller*, § 104, Rn. 8; Baumgärtel/Laumen/Prütting/*Kessen*, § 104, Rn. 12.

den Eheleuten die Rückerstattung des Geldes. In Zusammenhang mit den damit verbundenen Verfahren warf der Kläger den tätig gewordenen Beamten und Richtern Amtspflichtverletzungen vor und nahm das Land als Beklagte auf Schadensersatz in Anspruch. Ein psychiatrisches Sachverständigengutachten konstatierte, dass der Kläger aufgrund einer isolierten themenbezogenen Wahnvorstellung nicht mehr in der Lage war, die Gerichtsverfahren realistisch adäquat wahrzunehmen. Schlüsselerlebnis für die Entwicklung dieser Symptomatik war die Entscheidung des Gerichts in dem Prozess gegen die Eheleute, in der die Darstellung des Sachverhalts als nicht erwiesen angesehen worden war. Wie beim Querulantenwahn nahm der Kampf gegen den Prozessgegner und später gegen die Gerichte den Charakter einer überwertigen Idee an. Alternativen zur eigenen Sichtweise konnte der Kläger in diesem Kontext ebenso wenig in Betracht ziehen wie die Berechtigung der verfahrensmäßigen Behandlung seiner Ansprüche durch die Gerichte. Die endlosen, belehrenden Darstellungen seiner Überzeugung, die Steigerung der Vorwürfe und das Verlassen allgemein üblicher Umgangsformen zeugten davon, dass der Wille, ein schwieriges Verfahren zu gewinnen, erkennbar nicht mehr im Vordergrund stand. Dem Kläger ging es vielmehr darum, den eigenen besseren Sachverstand gegenüber den Richtern deutlich zu machen. Derart unbelehrbares Festhalten an einer Überzeugung in Verbindung mit der Art und Weise der Auseinandersetzung ist Ausdruck eines persönlichkeitsfremden und realitätsfernen Wahns.

(5) Verfahrensunfähigkeit eines ehemaligen GmbH-Geschäftsführers

Für zumindest partiell geschäftsunfähig und daher verfahrensunfähig[733] hielt das BayObLG[734] einen ehemaligen GmbH-Geschäftsführer in Angelegenheiten, die seine frühere Gesellschafterstellung betrafen.

Nachdem die GmbH wegen Vermögenslosigkeit von Amts wegen gelöscht worden war, hatte der Gesellschafter und Geschäftsführer seine Bestellung als Nachtragsliquidator beantragt. Dies begründete er mit umfänglichen Rechtsstreitigkeiten, die er persönlich seit vielen Jahren mit verschiedenen Behörden und Gerichten führte. Einem Gutachten zufolge wurde der Beteiligte offensichtlich von Wahnideen in Bezug auf seine frühere Gesellschaftertätigkeit und hiermit zusammenhängende Rechtsstreitigkeiten beherrscht, die eine vernünftige Willensbildung nicht zuließen. Der Beschwerdeführer unterlag der realitätswidrigen und paranoiden Vorstellung eines umfangreichen, phantastischen Beziehungsgeflechts mit gegen ihn gerichteten Machenschaften und Manipulationen. Seine umfangreichen und weitschweifenden schriftlichen Äußerungen wiesen ganz überwiegend keinen inhaltlichen Zusammenhang zum Verfahrensgegenstand auf und waren denklogisch nicht nachvollziehbar. Sie zeugten vielmehr von einer Sprunghaftigkeit der Gedankenführung sowie formalen Denkstörungen.

(6) Geschäftsunfähigkeit hinsichtlich der Erledigung von Steuerangelegenheiten

Auch im Rahmen eines Rechtsstreits betreffend die Aufhebung der Anordnung einer Gebrechlichkeitspflegschaft zog das BayObLG die Möglichkeit einer teilweisen Geschäftsunfähigkeit der Betroffenen hinsichtlich ihrer Steuerangelegenheiten in Betracht.[735]

---

733 Das damals anwendbare FGG enthielt im Gegensatz zum FamFG (§ 9) keine dem § 52 ZPO entsprechende Vorschrift. Eine analoge Anwendung der ZPO-Bestimmungen war ausgeschlossen, so dass im Rahmen der von Amts wegen zu prüfenden Verfahrensfähigkeit direkt auf die §§ 104 ff. BGB zurückzugreifen war.

734 BayObLG DB 2003, 1565 f.

735 BayObLGZ 1965, 59 ff.

Auf Anregung des Finanzamtes war der Inhaberin eines Einzelhandelsgeschäftes ein Gebrechlichkeitspfleger zur Erledigung ihrer Steuerangelegenheiten bestellt worden. Einem Gutachten zufolge wies die Betroffene eine querulatorische Entwicklung auf, die den Krankheitswert einer Defektpsychose erreicht hatte und mit einem völligen Verlust des Verhältnisses zur Realität verbunden war. Nach Ansicht des Landgerichts war die Betroffene hinsichtlich des Lebensbereichs der Führung des Einzelhandelsgeschäftes sowie der damit verbundenen Steuerangelegenheiten als uneingeschränkt geschäftsfähig anzusehen. Die Aufhebung der Pflegschaftsanordnung stützte es aber vor allem auf das Fehlen eines pflegschaftlichen Fürsorgebedürfnisses, da die Anordnung vielmehr nur dem Interesse der Behörden entsprach. Das BayObLG erläuterte daher in erster Linie, warum die Pflegschaft zumindest auch im Interesse der Betroffenen lag. Es bliebt jedoch nicht unerwähnt, dass das Beschwerdegericht die Folgen, die sich aus dem Geisteszustand der Betroffenen für ihre steuerlichen Rechte und Pflichten ergaben, nicht ausreichend berücksichtigt hatte und die Geschäftsunfähigkeit sich durchaus auf die Steuerangelegenheiten der Betroffenen beschränken kann.

(7) Geschäftsunfähigkeit wegen Abhängigkeit von Telefonsex

In einem weiteren Fall[736] hielt der BGH eine partielle Geschäftsunfähigkeit des Beklagten für mit Telefonsexgesprächen zusammenhängende Rechtsgeschäfte, jedenfalls für möglich.

Der Beklagte hatte in einem Zeitraum von drei Monaten unter Inanspruchnahme der Dienste des klagenden Telefon-Providers über eine kostenpflichtige 0190-Sondernummer Telefonsexgespräche geführt. Die Klägerin verlangte hierfür Zahlung von ca. 108.000,– DM. Der BGH stellte zunächst fest, dass die Leistung des Netzbetreibers nicht, wie von den Vorinstanzen angenommen, von der Sittenwidrigkeit der

736 BGH NJW-RR 2002, 1424.

Telefonsexverträge erfasst wird. Der Beklagte hatte in den Tatsacheninstanzen aber auch vorgetragen, dass er zu einer freien Willensbildung nicht mehr fähig gewesen sei. Als Transsexueller habe er seine Sexualität nicht ausleben können. Er sei von seiner Telefonsexpartnerin sowohl sexuell als auch emotional derart abhängig gewesen, dass er sie zu jeder freien Minute angerufen habe. Mit einer durch dieses Vorbringen nicht von vornherein von der Hand zu weisenden partiellen Geschäftsunfähigkeit des Beklagten hatten sich die Tatsacheninstanzen nicht befasst, weshalb der Senat den Rechtsstreit an die Berufungsinstanz zurückverwies.

(8) Partielle Testier(un)fähigkeit und Testierfähigkeit als partielle Geschäftsfähigkeit

Auch wenn die Regelung der Testierunfähigkeit in § 2229 Abs. 4 BGB ein Unterfall der Geschäftsunfähigkeit ist, kann die Figur der partiellen Geschäfts(un)fähigkeit nach vorherrschender Auffassung nicht auf diese übertragen werden. Die Fähigkeit, ein Testament zu errichten, ändern oder aufzuheben, kann nur ganz oder gar nicht gegeben sein.[737] Sie kann sich hingegen nicht auf gewisse Teile der Verfügung oder bestimmte Arten von Testamenten beschränken.[738] Wirkt sich eine krankhafte Störung der Geistestätigkeit nur in abgrenzbaren Lebensbereichen aus und werden diese im Testament tangiert, kann die Testierunfähigkeit nur für die ganze letztwillige Verfügung in Betracht kommen.[739] Hierfür müssen die Voraussetzungen des

737 Staudinger/*Baumann*, § 2229, Rn. 18 bezogen auf den Nachlass; Venzlaff/Foerster/*Taupitz*/*Weis*, 27.9, S. 464; Kröber/Dölling/Leygraf/Saß/*Kern*, S. 6; *Huber*/*Schmieder*/*Dengler*, BWNotZ 2012, 150, 153.

738 BayObLGZ 1991, 59, 62; Palandt/*Weidlich*, § 2229, Rn. 1; *Weser*, MittBayNot 1992, 161, 169; *Scherer*/*Lehmann*, ZEV 2005, 453, 455; a. A.: AK/*Finger*, § 2229, Rn. 7; MüKo/*Hagena*, § 2229, Rn. 16; Erman/*S. und T. Kappler*, § 2229, Rn. 7; *Muscheler*, § 25, S. 855 f., Rn. 1669 f.

739 BayObLGZ 1991, 59, 62; Soergel/*Mayer*, § 2229, Rn. 12; Kröber/Dölling/Leygraf/Saß/*Kern*, S. 6; *Zimmermann*, BWNotZ 2000, 97, 98; a. A.: MüKo/*Hagena*, § 2229, Rn. 16; Erman/*S. und T. Kappler*, § 2229, Rn. 7; Staudinger/*Baumann*, § 2229, Rn. 18 hält eine partielle Testierunfähigkeit ausnahmsweise für möglich, wenn

§ 2229 Abs. 4 BGB erfüllt sein, wobei grundsätzlich von der Testierfähigkeit auszugehen ist.

In einer Entscheidung des BayObLG[740] wurde die von der Vorinstanz angenommene partielle Testierunfähigkeit verneint. Die Erblasserin hatte aufgrund einer schizophrenen Psychose einen krankhaften Wahn gegen ihre verhasste Schwester entwickelt. Infolge dessen wurde sie von der (falschen) Vorstellung beherrscht, dass diese den Tod der Erblasserin absichtlich herbeiführen wollte. Mit dieser Begründung hatte sie ihre Schwester bei der Erbeinsetzung nicht bedacht. Das Gericht hielt das Testament für wirksam, da § 2229 Abs. 4 BGB nicht einschlägig war. Insbesondere war anzunehmen, dass die Erblasserin eine allgemeine Vorstellung über den Inhalt, die Tragweite und Auswirkungen ihrer letztwilligen Verfügung hatte. Der in Bezug auf den Erbausschluss ihrer Schwester bestehende Irrtum der Erblasserin führte zur Anfechtbarkeit des Testaments, ihre Testierfähigkeit musste deswegen jedoch nicht in Frage gestellt werden. Die Wahnvorstellung, die gegen die Schwester bestand, hat sich zwar in einer Verfügung des Testaments ausgewirkt. Eine diesbezügliche partielle Testierunfähigkeit wurde vom Gericht jedoch abgelehnt.

Eine Parzellierung dieser Selbstbestimmungsfähigkeit ist also nicht möglich, weshalb eigentlich auch nicht von einer partiellen Testierunfähigkeit gesprochen werden kann.[741] Die eigenständige Regelung in § 2229 Abs. 4 BGB bringt vielmehr selbst bereits die Anerkennung einer partiellen Geschäfts(un)fähigkeit für den Lebensbereich „Errichtung, Aufhebung oder Änderung eines Testaments“ zum Ausdruck.[742] Wirkt sich

der Erblasser personen- oder sachbezogen geistesgestört ist; *Muscheler*, § 25, S. 855 f., Rn. 1669 f.

740 BayObLGZ 1991, 59, 62 unter Aufgabe von BayObLG FamRZ 1985, 539, 541.

741 Palandt/*Weidlich*, § 2229, Rn. 1; *Müller*, S. 19 (Fn. 85); *Scherer/Lehmann*, ZEV 2005, 453, 455; a. A.: MüKo/*Hagena*, § 2229, Rn. 16; Erman/*S. und T. Kappler*, § 2229, Rn. 7; Staudinger/*Baumann*, § 2229, Rn. 18; *Muscheler*, § 25, S. 854 ff., Rn. 1665 ff.

742 Soergel/*Mayer*, § 2229, Rn. 12; Becker/Roth/*Spickhoff*, § 6, S. 114, Rn. 23, *ders.*, AcP 208 (2008), 345, 382.

die krankhafte Geistesstörung auf das Testament aus, ist ein im Übrigen möglicherweise Geschäftsfähiger für diese Angelegenheit geschäftsunfähig,[743] und damit insgesamt testierunfähig (und umgekehrt).[744]

(9) Ehegeschäftsfähigkeit als partielle Geschäftsfähigkeit

§ 1304 BGB, wonach die Ehe nicht eingehen kann, wer geschäftsunfähig ist, findet keine Anwendung, wenn der Eheschließende in Bezug auf die Eheschließung partiell geschäftsfähig ist.[745] § 104 Nr. 2 BGB ist insofern im Lichte der von Art. 6 Abs. 1 GG geschützten Eheschließungsfreiheit auszulegen.[746] Maßgeblich ist, ob der Betroffene dazu in der Lage ist, das Wesen der Ehe und ihre Folgen zu verstehen und insoweit seinen Willen frei zu bestimmen.[747] In einer Entscheidung des Bundesverfassungsgerichts[748] hatte der Standesbeamte seine Mitwirkung aufgrund der gutachterlich bestätigten Geschäftsunfähigkeit der Heiratswilligen verweigert. Aufgrund ihrer Fähigkeit, im Rahmen einer natürlichen Willensbildung klare Wünsche in Bezug auf eine Eheschließung mit ihrem langjährigen Partner zu äußern und auf die Erfüllung von Bedürfnissen hinzuwirken, ging das Gericht von einer in Bezug auf die Eingehung der Ehe freien Willensbestimmung aus. Dem Schutz-

743 BayObLG FamRZ 2002, 1066, 1067; BayObLG FamRZ 2005, 555, 556; *Scherer/Lehmann*, ZEV 2005, 453, 454.

744 BayObLGZ 1991, 59, 62; BayObLG FamRZ 2000, 701, 703; *Müller*, S. 19.

745 OLG Brandenburg FamRZ 2017, 1747; OLG Brandenburg FamRZ 2011, 216, 217; jurisPK/*Schiefer*, § 1314, Rn. 10; Palandt/*Brudermüller*, § 1304, Rn. 1; Bamberger/Roth/*Hahn*, § 1304, Rn. 2; *Lipp M.*, § 3, S. 26 f., Rn. 43 f.; *Dethloff*, § 3, S. 41 f., Rn. 24; *Wellenhofer*, § 6, S. 36, Rn. 8.

746 BVerfG NJW 2003, 1382, 1383; BayObLG NJWE-FER 1997, 1; BayObLG FamRZ 2003, 373, 374; Soergel/*Heintzmann*, § 1304, Rn. 2; jurisPK/*Wahlen*, § 1304, Rn. 5; *Meier/Deinert*, S. 464, Rn. 2028.

747 BGH FamRZ 2012, 940, 941; BayObLG FamRZ 2003, 373, 374; OLG Brandenburg FamRZ 2017, 1747; AG Rottweil FamRZ 1990, 626, 627; *Coester-Waltjen*, FamRZ 2012, 1185 f.

748 BVerfG NJW 2003, 1382, 1383.

bedürfnis der im Übrigen Geschäftsunfähigen kann durch die Bestellung eines Betreuers mit Einwilligungsvorbehalt entsprochen werden.

(10) Weitere Einzelfälle

Die Liste der Entscheidungen zur partiellen Geschäfts(un)fähigkeit ließe sich noch fortführen. So wurde eine gegenständlich begrenzte Geschäftsfähigkeit für die Erteilung einer Vorsorgevollmacht im Fall einer beginnenden Demenz bejaht.[749] Im Fall einer Spielsucht wurde der Betroffene für Rechtsgeschäfte, die mit dieser in Zusammenhang stehen, als partiell geschäftsunfähig angesehen.[750] Sehr früh wurde bereits eine partielle Geschäfts- und Prozessunfähigkeit für ein Scheidungsverfahren angenommen, bei dem der Kläger einem krankhaften Eifersuchtswahn unterlag.[751] Eine auf besonders schwierige Rechtsgeschäfte bezogene partielle (eigtl. relative) Geschäftsunfähigkeit wird hingegen abgelehnt, da die Abgrenzung nicht nach bestimmten gegenständlichen Lebensbereichen, sondern nach dem Schwierigkeitsgrad des konkreten Rechtsgeschäfts erfolgen würde.[752]

bb) Stellungnahme

Die Vielfalt der Entscheidungen zeigt bereits, dass die Figur der partiellen Geschäfts(un)fähigkeit von den Gerichten in den Fällen korrigierend eingesetzt wird, in denen die absolute Reichweite der Geschäfts(un)fähigkeit als zu hart empfunden wird. Dies geschieht allerdings auf Kosten der Rechtssicherheit,[753] insbesondere da die ursprüngliche Zurück-

749 OLG München NJW-RR 2009, 1599, 1602; jurisPK/Lange, § 104, Rn. 17; mit Zweifeln Erman/*Müller*, § 104, Rn. 5.

750 BGH NJW 2008, 840, 842; *Schimmel*, NJW 2006, 958 ff.; *Leipold*, § 11, S.135, Rn. 16.

751 RG JW 1912, Nr. 33.

752 BGH NJW 1953, 1342; BGH NJW 1961, 261; BGH WM 1970, 1366; BGH NJW 1970, 1680, 1681; OLG Nürnberg WM 1958, 632; FinG Berlin NJW 1969, 1792; Erman/*Müller*, § 104, Rn. 5; a. A.: RG JW 1938, 1590, 1591; OLG Köln NJW 1960, 1389.

753 NK/*Baldus*, § 104, Rn. 33.

haltung der Gerichte durch die Anerkennung von immer mehr Einzelfällen aufgeweicht wurde.[754] Bisweilen wurde zwar darauf abgestellt, dass die Geschäftsunfähigkeit in einem Lebensbereich auf ein gewisses Schlüsselerlebnis zurückzuführen ist.[755] Insgesamt existieren jedoch keine klaren Abgrenzungskriterien, es geht vielmehr um Einzelfallgerechtigkeit.[756] *Medicus*[757] ist daher zuzustimmen, wenn er die von der Rechtsprechung praktizierte Annahme partieller Geschäftsunfähigkeit als *„zivilrechtlichen Gnadenerweis für Menschen, denen eine bestimmte Situation über den Kopf gewachsen ist"* bezeichnet.[758] Im Fall des Querulantenwahns sowie der ähnlich gelagerten Fälle wird die Gnade freilich nicht dem Betroffenen, sondern der Justiz bzw. anderen öffentlichen Stellen sowie den übrigen Beteiligten zuteil. Insgesamt erweist sich diese allgemein anerkannte Rechtsfigur als recht konturlos, so dass ihr rechtswissenschaftlicher Wert durchaus zweifelhaft ist.[759]

c) Keine Relativität der Geschäfts(un)fähigkeit

Demgegenüber ist die in der eidgenössischen Rechtsordnung selbstverständliche Grundvorstellung einer Relativität der Geschäftsfähigkeit dem deutschen Recht fremd. Rechtsprechung[760] und der Großteil der Literatur[761] lehnen eine Differenzierung nach dem Schwierigkeitsgrad

754 Vgl. BGH NJW 1953, 1342: partielle Geschäftsfähigkeit kommt nur bei den Sondertatbeständen des Querulantenwahns und der krankhaften Eifersucht in Betracht.

755 BGH WM 1970, 1366; NK/*Baldus*, § 104, Rn. 33.

756 Ebenso *Knieper*, S. 41.

757 *Medicus/Petersen*, § 38, S. 241 f., Rn. 542; ebenso AK/*Kohl*, § 104, Rn. 7.

758 A. A. Staudinger/*Klumpp*, § 104, Rn. 22.

759 NK/*Baldus*, § 104, Rn. 31; ähnlich *Knieper*, S. 41.

760 BGH NJW 1953, 1342; BGH NJW 1961, 261; BGH NJW 1970, 1680, 1681; BayObLG NJW 1989, 1678, 1679; a. A.: RG JW 1938, 1590, 1591; OLG Köln NJW 1960, 1389.

761 RGRK/*Krüger-Nieland*, § 104, Rn. 19; NK/*Baldus*, § 104, Rn. 29; Bamberger/Roth/*Wendtland*, § 104, Rn. 10; Soergel/*Hefermehl*, § 104, Rn. 7; *Czeguhn*, S. 31, Rn. 28; *Faust*, § 18, S. 169, Rn. 49; *Wertenbruch*, § 17, S. 242, Rn. 6; *Brehm*, § 9, S. 169, Rn. 276; *Musielak/Hau*, § 5, S. 116, Rn. 324; *Roth* M., AcP 208 (2008), 451, 470 f. Für eine relative Geschäfts(un)fähigkeit hingegen Soergel/*Zimmermann*, § 1896, Rn. 25; MüKo/*Spickhoff*, § 104, Rn. 23 ff.; *Flume*, § 13/5, S. 186 ff.; *Schellhammer*,

bzw. nach Art, Inhalt und Tragweite des jeweiligen Rechtsgeschäfts ab. Dies hat zur Folge, dass eine psychisch oder geistig beeinträchtigte Person, die in der Lage ist, in freier Willensbestimmung einen einfachen Kaufvertrag zu schließen, auch jedes noch so kompliziert ausgestaltete und komplexe Rechtsgeschäft wirksam tätigen kann.[762] Eine relative Geschäfts(un)fähigkeit, bei der es darauf ankommt, ob der die freie Willensbestimmung ausschließende Zustand krankhafter Störung der Geistestätigkeit das konkrete Rechtsgeschäft beeinflusst hat, ist in Deutschland nicht anerkannt.[763] Weder das Rechtsgeschäft noch dessen Relation zum geistigen Zustand des Betroffenen werden bei der Begutachtung der Geschäfts(un)fähigkeit berücksichtigt.[764] Gegenstand der Betrachtung ist ausschließlich die Person des Handelnden zum Zeitpunkt des Rechtsgeschäftsschlusses.[765] Die Skepsis, die einem relativen Verständnis der Geschäfts(un)fähigkeit entgegengebracht wird, ist angesichts der Selbstverständlichkeit, mit der das schweizerische Recht von der Relativität der rechtsgeschäftlichen Urteils(un)fähigkeit ausgeht, zu hinterfragen. Die als Gegenargumente vorgebrachten Ablehnungsgründe sind daher näher zu untersuchen:

aa) Gründe für die Ablehnung einer relativen Geschäftsfähigkeit

(1) Gewichtung auf Einsichtsfähigkeit

Die Rechtsprechung begründet die Ablehnung einer relativen Geschäfts(un)fähigkeit damit, dass deren Anerkennung zu einer Hauptgewichtung auf die Einsichts- statt auf die Willensfähigkeit

---

S. 1164 f., Rn. 2305; *Leipold*, § 11, S. 136, Rn. 17; Kröber/Dölling/Leygraf/Saß/*Kern*, S. 4; *Gebauer*, AcP 153 (1954), 332, 361; *Holzhauer*, Gutachten 57. DJT 1988 I, B 113; *Cypionka*, DNotZ 1991, 571, 576; *Neuhausen*, RNotZ 2003, 158, 161 f.; *Spickhoff*, AcP 208 (2008), 381 ff.; nicht abgeneigt scheint auch *Schwab*, ZBJV 2006, 561, 565.

762 Vgl. *Boemke/ Ulrici*, § 9, S. 161, Rn. 10.

763 *Lipp*, § 5, S. 63 ff., 147.

764 *Gebauer*, AcP 153 (1954), 332, 351.

765 *Lipp*, § 4, S. 68.

führen würde.[766] Für die Beurteilung der Geschäftsfähigkeit kommt es jedoch schon nach dem Wortlaut des § 104 Nr. 2 BGB weniger auf die intellektuellen Fähigkeiten als auf die Freiheit des Willensentschlusses an.[767] Reichen die Fähigkeiten des Verstandes einer Person nicht aus, um komplexe Rechtsverhältnisse und die Tragweite ihrer Willenserklärung zu verstehen, aber vermag sie ihren Willen frei zu bilden, so ist sie nicht geschäftsunfähig.[768] Es liegt vielmehr in ihrer Verantwortung, wie sie mit den Herausforderungen im Geschäftsverkehr umgeht. Allein die Unfähigkeit, schwierige oder komplizierte Rechtsbeziehungen intellektuell zu begreifen, genügt jedenfalls nicht,[769] da sich ansonsten letztlich jeder darauf berufen könnte, dass das jeweilige (für ihn nachteilige) Rechtsgeschäft seine geistigen Fähigkeiten überstieg.[770] Zudem kann mangelnde Intelligenz bis zu einer gewissen Untergrenze (Intelligenzquotient von 60) durch die zumutbare Einholung fachkundigen Rats und Auskunft ausgeglichen werden, ohne dass deswegen ein die Willensfreiheit ausschließender Einfluss eines Dritten anzunehmen wäre.[771] Ist hingegen die freie Willensbestimmung ausgeschlossen, betrifft dies regelmäßig die gesamte Persönlichkeit und – von den Ausnahmefällen der partiellen Geschäfts(un)-fähigkeit abgesehen – nicht nur einzelne Bereiche oder besonders schwierige Rechtsgeschäfte.[772]

§ 104 Nr. 2 BGB stellt nach seinem Wortlaut zwar tatsächlich die freie Willensbestimmung in den Mittelpunkt. Die Formulierung des § 2229 Abs. 4 BGB, der in der Sache nichts anderes als eine besonde-

766 Staudinger/*Knothe*, 2012, § 104, Rn. 15.

767 BGH NJW 1970, 1680, 1681; BayObLG FamRZ 1989, 664, 665; BayObLG NJW-RR 1988, 1416; Bamberger/Roth/*Wendtland*, § 104, Rn. 10; *Boecken*, S. 117, Rn. 219.

768 OLG Nürnberg WM 1958, 632; LAG Köln NZA-RR 1999, 232, 233; Staudinger/*Knothe*, 2012, § 104, Rn. 15; *Schellhammer*, S. 1164 f., Rn. 2305.

769 Bamberger/Roth/*Wendtland*, § 104, Rn. 10.

770 Venzlaff/Foerster/*Diederichsen*, 4. Auflage 2004, 23.12, S. 487; *Wolf/Neuner*, § 34, S. 385, Rn. 7; *Binder R.*, S. 19.

771 BGH NJW 1970, 1680, 1681; juris-PK-BGB/*Lange*, § 104, Rn. 19.

772 BGH NJW 1953, 1342; BGH NJW 1970, 1680, 1681; NK/*Baldus*, § 104, Rn. 29; juris-PK-BGB/*Lange*, § 104, Rn. 19.

re Geschäftsfähigkeit regelt, ist einer relativen Auslegung hingegen durchaus zugänglich.[773] Wie oben bereits ausgeführt, erscheint die Aufspaltung der freien Willensbestimmung in eine Verstandes- und eine Willenskomponente unnatürlich und überflüssig.[774] Eine freie Willensbildung anhand sachlicher Prüfung der in Betracht kommenden Gesichtspunkte und Abwägung des Für und Wider setzt eben auch gewisse kognitive Fähigkeiten voraus. Bei einer relativen Beurteilung der Geschäfts(un)fähigkeit stehen diese jedoch nicht pauschal im Vordergrund. Es kommt darauf an, ob der Zustand des Betroffenen unter Berücksichtigung von Art, Inhalt bzw. Gestaltung und Tragweite des konkreten Rechtsgeschäfts dessen Abschluss beeinflusst hat. Dem Schutzbedürfnis des Betroffenen wird hierdurch angemessen Rechnung getragen. Im Einzelfall kann ein Rechtsgeschäft dann durchaus als zu schwierig für das geistig-willentliche Vermögen des Betroffenen eingestuft werden. Das bedeutet jedoch nicht, dass sich jedermann, der ein Rechtsgeschäft abschließt, das er nicht versteht, auf den Schutz des § 104 Nr. 2 BGB berufen kann. Relevant wird ein relatives Verständnis der Geschäfts(un)fähigkeit vielmehr bei spezifischen Personengruppen, die erwiesenermaßen eine krankhafte Störung der Geistestätigkeit aufweisen – insbesondere geistig Behinderte, Demente oder psychisch Kranke[775] –, aufgrund derer sie Inhalt und Auswirkungen einer komplexen und weitreichenden Willenserklärung nicht durchschauen können, während sie einfache Rechtsgeschäfte mit überschaubaren Folgen durchaus verstehen. Für diese bietet das derzeitige Rechtsverständnis von Geschäftsunfähigkeit – von der Figur der partiellen Geschäfts(un)fähigkeit abgesehen – lediglich die alternativen Extreme des übertriebenen sowie des völlig verwehr-

773 *Flume*, § 13/5, S. 187 f.; *Spickhoff*, AcP 208 (2008), 345, 383 f.; *Schmidt*, RabelsZ 76 (2012), 1022, 1030.

774 Staudinger/*Klumpp*, § 104, Rn. 14; AK/*Kohl*, § 104, Rn. 5; *Flume*, § 13/3, S. 185; auch für Spickhoff/*Spickhoff*, §§ 104–105a BGB, Rn. 4 wirft die Aufspaltung durchaus Fragen auf; von psychiatrischer Seite *v. Oefele*/*Saß*, VersMed 1994, 167, 169.

775 *Schellhammer*, S. 1164 f., Rn. 2305; *Flume*, § 13/5, S. 187; *Spickhoff*, AcP 208 (2008), 345, 381.

ten Schutzes für alle Rechtsgeschäfte.[776] Dass sich der Ausschluss der freien Willensbestimmung in der Regel auf die gesamte Persönlichkeit bezieht,[777] bedeutet jedoch nicht, dass er sich auch bei allen Rechtsgeschäften auswirkt. Es ist nicht nachvollziehbar und erscheint lebensfremd, dass bei der Prüfung der Geschäftsunfähigkeit lediglich die Person des Handelnden im Blickpunkt steht, während das konkrete Rechtsgeschäft, um dessen Nichtigkeit es am Ende geht, völlig außer Betracht bleibt. Im Rahmen einer vernünftigen und freien Willensbildung und -ausübung bezieht der Betroffene das konkrete Rechtsgeschäft und die für ihn entstehenden Folgen als Motive in die Abwägung des Für und Wider mit ein. Die Freiheit der Willensbestimmung bzw. deren Ausschluss durch eine krankhafte Störung der Geistestätigkeit kann daher vernünftigerweise nicht losgelöst vom konkret in Frage stehenden Rechtsakt beurteilt werden. Der Inhalt und die Ausgestaltung des Rechtsgeschäfts sowie die Frage, ob es sich dabei um die Wahrnehmung höchstpersönlicher Rechte handelt, sollten vielmehr zum Zustand des Betroffenen in Verhältnis gesetzt werden können.

(2) Rechtsunsicherheit und Verkehrsschutz

Ein weiteres beliebtes Argument gegen eine Relativität der Geschäfts(un)fähigkeit ist die damit einhergehende, schwer zu ertragende Rechtsunsicherheit für den Geschäftsverkehr.[778] Eine klare Abgrenzung zwischen Geschäftsfähigkeit und Geschäftsunfähigkeit wäre nicht mehr möglich.[779] Schon die Beurteilung der verstandesmäßigen Fähigkei-

---

776 Vgl. *v. Sachsen Gessaphe*, § 10, S. 325; *Lipp M.*, § 3, S. 26, Rn. 43: volle Geschäftsfähigkeit oder Geschäftsunfähigkeit.

777 BGH NJW 1953, 1342; BGH NJW 1970, 1680, 1681; MüKo/*Spickhoff*, § 104, Rn. 18; jurisPK/*Lange*, § 104, Rn. 17; *Heinsheimer*, Anm. zu RG JW 1922, 1007, 1008.

778 BGH NJW 1970, 1680, 1681; NKHK/*Dörner*, § 104, Rn. 4; NK/*Baldus*, § 104, Rn. 29; *Brox/Walker*, § 12, S. 128, Rn. 7; *Köhler*, § 10, S. 140, Rn. 4; *Pöschl*, S. 160; *Jaensch*, S. 44, Rn. 135.

779 BGH NJW 1953, 1341; Erman/*Müller*, § 104, Rn. 5; Palandt/*Ellenberger*, § 104, Rn. 6; *Gottwald/Würdinger*, § 3, S. 104 f., Rn. 107; *Brah*, § 3, S. 34.

ten einer Person würde, abhängig davon, wer hierüber urteilt und welche Anforderungen derjenige stellt, unterschiedlich ausfallen.[780] Auch weisen Rechtsgeschäfte die verschiedensten Schwierigkeitsgrade auf, so dass es kaum gelingen würde, ein allgemeingültiges, für den Geschäftspartner erkennbares Kriterium für die Abgrenzung der leichten von den schwierigen und besonders schwierigen Rechtsgeschäften zu finden.[781] Zudem stellt sich die Frage, wann ein Rechtsgeschäft als (ausreichend) schwierig anzusehen ist, da sich dasselbe Geschäft für das eine Rechtsindividuum als schwierig, für das andere als überschaubar darstellen kann.[782]

Hierzu ist zunächst anzumerken, dass dem Schutzbedürfnis des Geschäftsunfähigen bereits jetzt grundsätzlich Vorrang gegenüber den Interessen des Geschäftsverkehrs eingeräumt wird. Der gute Glaube des Vertragspartners an das Vorliegen von Geschäftsfähigkeit wird nicht geschützt.[783] Schließt er mit einem unerkannt Geschäftsunfähigen einen Vertrag, kann er sich nicht mit Erfolg auf den Verkehrsschutz und seine Gutgläubigkeit berufen, sondern muss die Vertragsnichtigkeit und die damit verbundenen Folgen hinnehmen. Auch die partielle Geschäftsunfähigkeit, das luzide Intervall oder die vorübergehende Störung der Geistestätigkeit nach § 105 Abs. 2 BGB nehmen auf den Verkehrsschutz keine Rücksicht.[784] Dieses bereits jetzt hinzunehmende Maß an Rechtsunsicherheit im Bereich der Geschäftsfähigkeit wird bei einer relativen Betrachtungsweise nicht zwangsläufig ausgedehnt. Die Abgrenzung zwischen Geschäftsfähigkeit und Geschäftsunfähigkeit ist vielmehr schon jetzt oft nicht einfach, da die Voraussetzung des Ausschlusses der freien Willensbestimmung vor allem in den Graubereichen schwierig zu beurteilen ist. Der Bezug

780 juris-PK-BGB/*Lange*, § 104, Rn. 19; *Brah*, § 3, S. 34.

781 Staudinger/*Knothe*, 2012, § 104, Rn. 15; *Bitter/Röder*, § 9, S. 119, Rn. 18.

782 Staudinger/*Knothe*, 2012, § 104, Rn. 15.

783 Vgl. BGHZ 115, 38, 44 f.; Soergel/*Hefermehl*, Vor § 104, Rn. 10; *Müller*, S. 23; *Wolf/Neuner*, § 34, S. 401, Rn. 71; *Wedemann*, AcP 209 (2009), 668, 691.

784 *Flume*, § 13/5, S. 188; *Seibert*, S. 131 f.; *Spickhoff*, AcP 208 (2008), 345, 384; *Janda*, FamRZ 2013, 16, 21.

zu dem konkreten Rechtsgeschäfts ermöglicht hier eine bessere Feinabstimmung der Anforderungen an die Geschäftsfähigkeit.[785] Ein allgemeingültiges, für den Geschäftspartner erkennbares Kriterium für die Abgrenzung der leichten von den schwierigen Rechtsgeschäften gibt es dabei freilich nicht. Es hängt vielmehr von Art und Umfang der krankhaften Geistesstörung im Einzelfall sowie ihrer Auswirkung auf die freie Willensbestimmung in Bezug auf das konkrete Rechtsgeschäft ab. Ist beispielweise eine Erwachsene mit Down-Syndrom, die aufgrund ihrer Behinderung nicht abstrahiert denken und keinen Bezug zu Zahlen oder Mengen herstellen kann, nicht in der Lage, die Risiken eines komplizierten Anlagegeschäfts zu erfassen, ist ihre freie Willensbestimmung diesbezüglich ausgeschlossen. Dabei kann es natürlich nicht darauf ankommen, ob das Rechtsgeschäft für andere überschaubar ist. Möchte dieselbe Person nun einen Gebrauchtwagen in bar erwerben, so kann sie ihren Willen frei bestimmen, da die Betroffene das dem Kaufvertrag innewohnende, einfache Prinzip „Geld gegen Auto“ durchblickt und sich die krankhafte Geistesstörung insofern nicht auf die freie Willensbildung auswirkt.[786]

Das Modell der relativen Geschäfts(un)fähigkeit ermöglicht die methodenehrliche Berücksichtigung und Abwägung aller Umstände des Einzelfalls.[787] Der Rechtsanwender kann seinen großzügigen Ermessensspielraum ausschöpfen und dem individuellen Schutzbedürfnis des Betroffenen optimal entsprechen. Angesichts dessen, dass in Deutschland und in der Schweiz trotz der unterschiedlichen Vorstellung von der Reichweite der Geschäftsunfähigkeit keine nennenswert anderen Ergebnisse erzielt werden,[788] ist auch nicht anzunehmen, dass die bereits bestehende Heterogenität der Entscheidungen über die Geschäfts(un)fähigkeit signifikant zunimmt. Das Argument der

785 *Spickhoff*, AcP 208 (2008), 345, 384.

786 So stellt auch *Schellhammer*, S. 1164 f., Rn. 2305 die Frage, warum nicht zwischen Geschäften, die ein Alter noch versteht und solch ungewöhnlichen, die ihm ein Anlageberater oder Erbschleicher vorlegt, unterschieden werden kann.

787 *Spickhoff*, AcP 208 (2008), 345, 383.

788 *Holzhauer*, Gutachten 57. DJT 1988 I, B 51 f.

zu befürchtenden Rechtsunsicherheit greift zudem nicht, wenn es um die Wirksamkeit von Testamenten und die Frage der Testierfähigkeit geht, da in diesen Fällen kein Verkehrsschutz besteht.[789] Gerade bei den meist im hohen Alter verfassten Testamenten kommt das relative Verständnis der Testierfähigkeit aber zum Tragen.[790] *Spickhoff*[791] weist zudem daraufhin, dass trotz relativer Anknüpfung der Geschäfts(un)-fähigkeit weder aus der Schweiz noch aus Österreich ein Zusammenbruch des Rechtsverkehrs vermeldet wurde. Ohnehin bleibt es bei der Hürde der allgemeinen Beweisregel, wonach derjenige die Geschäftsunfähigkeit zu beweisen hat, der sich hierauf beruft.[792]

(3) Nicht nur vorübergehender Zustand

Ein Teil der Literatur stützt die ablehnende Haltung gegenüber dem Konzept der relativen Geschäfts(un)fähigkeit auf den Umstand, dass der in § 104 Nr. 2 BGB beschriebene Zustand seiner Natur nach nicht vorübergehend sein darf.[793] Im Falle einer Relativität der Geschäfts(un)-fähigkeit reicht es aber aus, wenn dieser Zustand nur zum Zeitpunkt der Vornahme des Rechtsgeschäfts vorgelegen und sich hierauf ausge-

789 Reimann/Bengel/J. Mayer/*Voit*, § 2229, Rn. 12; *Flume*, § 13/5, S. 188; *Seibert*, S. 128; *Grunsky*, S. 11 ff. stellt hingegen darauf ab, dass das Testament erst nach dem Tod des Erblassers Wirkung entfaltet und dieser dann keines Schutzes mehr bedarf, die Testierfähigkeit sei daher von der Geschäftsfähigkeit abzukoppeln und die Erfordernisse für die Wirksamkeit einer letztwilligen Verfügung abzusenken.

790 *Flume*, § 13/5, S. 188, und *Spickhoff*, AcP 208 (2008), 345, 383 f. verweisen richtigerweise auf die Gefahr der „Erbschleicherei" durch Dritte, die den geistig beeinträchtigten Testator zur Errichtung eines komplizierten Testaments veranlassen, das dieser bei einfacher Formulierung verstanden und abgelehnt hätte; ist aufgrund dessen, dass der Erblasser einfache Geschäfte vornehmen kann, von Testierfähigkeit auszugehen, wird nicht der Wille des Testators, sondern derjenige des Dritten anerkannt.

791 AcP 208 (2008), 345, 384.

792 BGH NJW 2014, 1095, 1097; NK/*Baldus*, § 104, Rn. 132; Bamberger/Roth/*Wendtland*, § 104, Rn. 13; *Müller*, S. 31; *Hirsch*, § 27, S. 229, Rn. 599.

793 *Müller*, S. 21; *Gebauer*, AcP 153 (1954), 332, 355.

wirkt hat.[794] Einer derartigen Auslegung sei der Wortlaut der Geschäftsunfähigkeitsregelung hingegen nicht zugänglich. Das eingeschaltete Dauermoment, das sich sowohl auf den krankhaften Zustand der Geistestätigkeit als auch auf den Ausschluss der freien Willensbestimmung bezieht, lässt vielmehr auf den Willen des Gesetzgebers schließen, dem Augenblick der Vornahme der Handlung keine Bedeutung zuzumessen.[795]

Auch diese Bedenken vermögen jedoch nicht durchzugreifen. Die Geschäftsunfähigkeit ist immer nur in Bezug auf den Zeitpunkt des Rechtsgeschäftsschlusses zu beurteilen. Dieser steht im Mittelpunkt der Betrachtung und gibt den zeitlichen Rahmen vor, in dem die Voraussetzungen des § 104 Nr. 2 BGB vorliegen müssen.[796] Die gesetzliche Differenzierung zwischen vorübergehenden und dauerhaften Zuständen der Geistesstörung zeigt nur, dass Störungen von sehr kurzer Dauer nicht gleich zu Geschäftsunfähigkeit führen sollen.[797] Im Fall der vorübergehenden Störung der Geistestätigkeit ist der Handelnde jedoch genauso schutzbedürftig, wenn er eine Willenserklärung abgibt. Die Rechtsfolgen der jeweiligen Zustände unterscheiden sich daher auch nur im Fall des Empfangs einer Willenserklärung, denn von dieser kann der Betroffene nach Abklingen der temporären Geistesstörung Kenntnis nehmen.[798] Es ist zwar richtig, dass vorübergehende Störungen bei einer relativen Anknüpfung auch zu Geschäftsunfähigkeit führen können. Eine § 105 Abs. 2 BGB entsprechende Regelung ist in der Schweiz daher überflüssig. Will man eine relative Interpretation der Geschäftsfähigkeit jedoch aus dem bestehenden Normensystem der Geschäftsunfähigkeitsregelungen ableiten, so steht der Wortlaut der Vorschriften dem nicht entgegen. Vorübergehende Störungen der Geistestätigkeit fallen weiterhin in den Anwendungsbereich des

794 *Gebauer*, AcP 153 (1954), 332, 355.

795 *Gebauer*, AcP 153 (1954), 332, 355.

796 Staudinger/*Knothe*, 2012, § 104, Rn. 4 und 14; *v. Sachsen Gessaphe*, § 10, S. 325; *Schwab/Löhnig*, S. 57, Rn. 136.

797 Staudinger/*Knothe*, 2012, § 104, Rn. 12.

798 *Schmidt*, S. 287 f., Rn. 939.

§ 105 Abs. 2 BGB,[799] während andauernde Störungen zu einer relativen Geschäftsunfähigkeit hinsichtlich eines Rechtsgeschäfts führen können. Zudem ist anzumerken, dass Störungen, bei denen typischerweise über die Anwendung einer relativen Geschäftsunfähigkeit diskutiert wird, wie eine geistige Behinderung oder Demenz, ohnehin nicht vorübergehender Natur sind.

(4) Kollision mit Selbstbestimmungsrecht

Ein Teil der Literatur hält eine relative Geschäfts(un)fähigkeit für unvereinbar mit der Anerkennung des Selbstbestimmungs- bzw. Persönlichkeitsrechts.[800] Der Grundsatz der Privatautonomie führt dazu, dass ein Rechtsgeschäft grundsätzlich keiner Inhaltskontrolle zu unterziehen ist.[801] Geht es um die Geschäftsunfähigkeit, ist daher auch nicht danach zu fragen, ob die Entscheidung vernünftig oder normal ist.[802] Dementsprechend soll es auch weder auf die Schwierigkeit oder die Komplexität des Rechtsgeschäfts noch auf die Kausalität des Zustands des Betroffenen für die konkrete Entscheidung ankommen.[803] Denn dies würde eine unzulässige inhaltliche Beurteilung des Geschäfts voraussetzen, die zwangsläufig nach heterogenen Maßstäben erfolgen würde.[804] Zudem stößt die in jedem Verfahren erforderliche Prüfung der Willensfähigkeit des Einzelnen auf persönlichkeitsrechtliche Bedenken.[805]

Dem ist zunächst entgegenzuhalten, dass auch bei einer relativen Anknüpfung der Geschäftsunfähigkeit vom Normalfall des geschäftsfähigen Erwachsenen auszugehen ist. Eine Prüfung der Voraussetzungen des § 104 Nr. 2 BGB erfolgt – wie jetzt auch – nicht in jedem Ver-

---

799 Anders *Gebauer*, AcP 153 (1954), 332, 363.
800 AK/*Kohl*, § 104, Rn. 8; *Lipp*, § 4, S. 63 ff.; *Brah*, § 3, S. 34; *Wolf C.*, S. 55.
801 *Leenen*, § 1, S. 13 f., Rn. 49 f.
802 *Lipp*, § 4, S. 63; *Brah*, § 3, S. 34.
803 *Lipp*, § 4, S. 63.
804 *Lipp*, § 4, S. 63 ff.; *Brah*, § 3, S. 34.
805 Nach AK/*Kohl*, § 104, Rn. 8 weist dies sogar totalitäre Züge auf.

fahren, sondern nur wenn die Geschäftsfähigkeit streitig ist und/oder Zweifel hieran bestehen. Die in diesen Fällen erforderliche Überprüfung der Einsichts- und Willensfähigkeit des Betroffenen ist als verhältnismäßiger Eingriff in das Persönlichkeitsrecht hinzunehmen und grundsätzlich unbedenklich. Eine gegen die im Rahmen der Privatautonomie garantierte Inhalts- und Gestaltungsfreiheit verstoßende Inhaltskontrolle des Rechtsgeschäfts findet dabei nicht statt. Zwischen dem konkreten Rechtsgeschäft und dem geistigen Zustand des Betroffenen wird lediglich ein Zusammenhang hergestellt und geprüft, ob die freie Willensbestimmung diesbezüglich ausgeschlossen war. Ob das Rechtsgeschäft generell schwierig und komplex ausgestaltet oder sonst inhaltlich zu beanstanden ist, ist dabei unerheblich. Entscheidend ist vielmehr, ob es für den Betroffenen zu schwierig oder komplex ist, da er diesbezüglich aufgrund einer krankhaften Störung der Geistestätigkeit seinen Willen nicht frei bestimmen kann. Zu berücksichtigende Kriterien sind dabei nicht nur die Schwierigkeit und Komplexität des Rechtsgeschäfts, sondern auch die Folgen und Tragweite der Entscheidung oder ob es um die Wahrnehmung höchstpersönlicher Rechte geht wie beispielsweise bei der Testamentserrichtung oder der Eheschließung. Eine Relativität der Geschäfts(un)fähigkeit kollidiert daher nicht mit dem verfassungsrechtlich garantierten Recht auf Selbstbestimmung, sondern stärkt dieses vielmehr. Die derzeitige Rechtslage bietet lediglich die alternativen Extreme des übertriebenen, das Selbstbestimmungsrecht unverhältnismäßig einschränkenden sowie des völlig verwehrten Schutzes für alle Rechtsgeschäfte. Demgegenüber erlaubt ein relatives Verständnis der Geschäfts(un)fähigkeit eine differenziertere und einzelfallgerechtere Betrachtung des Sachverhalts, die den Leitgedanken „*so viel Selbstbestimmung wie möglich, so viel Erwachsenenschutz wie nötig*" bestmöglich umsetzt.

(5) Keine Notwendigkeit, fehlende Gesetzesgrundlage sowie Härte der Rechtsfolge

Schließlich wird oft darauf verwiesen, dass für eine relative Betrachtungsweise der Geschäfts(un)fähigkeit keine Notwendigkeit bestehe. Ein ausreichender und angemessener Schutz geistig beeinträchtigter Erwachsener und deren Möglichkeit zur Teilnahme am Rechtsverkehr werde bereits durch § 105a BGB und das Betreuungsrecht erreicht.[806] Die Regelung des § 105a S. 1 BGB fingiert mit Bewirken der Leistung und ggf. Gegenleistung die Wirksamkeit eines von einem volljährigen Erwachsenen geschlossenen Vertrags, wenn es sich dabei um ein Geschäft des täglichen Lebens handelt, das mit geringwertigen Mitteln bewirkt werden kann. In ähnlicher Weise statuiert § 1903 Abs. 3 BGB, dass ein unter Einwilligungsvorbehalt stehender Betreuter Rechtsgeschäfte ohne Einwilligung seines Betreuers tätigen kann, wenn die Willenserklärung dem Betreuten einen lediglich rechtlichen Vorteil bringt oder, soweit das Gericht nichts anderes anordnet, wenn sie eine geringfügige Angelegenheit des täglichen Lebens betrifft. Abgesehen davon, dass eine relative Geschäftsfähigkeit aufgrund dieser autonomiestärkenden Schutzmechanismen bereits überflüssig sei, bedürfe es für deren Annahme einer ausdrücklichen gesetzlichen Grundlage.[807] Solange diese nicht existiert, sei auf die Alternativen der Betreuung sowie des § 105a BGB zu verweisen. Die Härte der Rechtsfolge, die auf eine rechtliche oder wirtschaftliche Vorteilhaftigkeit des Rechtsgeschäfts keine Rücksicht nimmt, spreche jedoch gegen eine derartige gesetzliche Regelung.[808]

Tatsächlich besteht aber auch nach der Reform des Erwachsenenschutzrechts und Einführung von § 105a BGB Bedarf an einer relativen

806 *Köhler*, § 10, S. 140, Rn. 4; *Bork*, § 23, S. 384, Rn. 984; zu § 105a: *Wolf/Neuner*, § 34, S. 386, Rn. 7; *Schmidt*, S. 288 f., Rn. 945 ist sogar der Ansicht, dass sich der Streit um die relative Geschäfts(un)fähigkeit damit erledigt hat; zum Betreuungsrecht: *Jaensch*, S. 44, Rn. 135; *Bitter/Röder*, § 9, S. 119, Rn. 18; *Brehm*, § 9, S. 169 f., Rn. 276.

807 *Müller*, S. 22 f.; *Pöschl*, S. 11 f.; schon *Gebauer*, AcP 153 (1954), 332, 355, 363 empfahl eine Änderung der Formulierung im Sinne einer relativen Fassung nach dem Vorbild des § 2229 Abs. 4 BGB; *Roth* **M.**, AcP 208 (2008), 451, 470.

808 *Roth M.*, AcP 208 (2008), 451, 470.

Interpretation der Geschäfts(un)fähigkeit. Wie noch aufzuzeigen ist, ist die praktische Bedeutung von § 105a BGB zu vernachlässigen. Die in den Anwendungsbereich fallenden geringfügigen Alltagsgeschäfte bergen regelmäßig nicht das Risiko eines Rechtsstreits in sich.[809] Eine faktische Verbesserung ist für volljährige Geschäftsunfähige hierdurch nicht eingetreten, wurde sich doch bereits vor Aufnahme der Vorschrift damit beholfen, dass der Geschäftsunfähige bei Abschluss eines alltäglichen Rechtsgeschäfts in einem luziden Intervall handelte.[810] Auch das Institut der Betreuung lässt die Notwendigkeit einer relativen Geschäfts(un)fähigkeit nicht entfallen. Die Anordnung einer Betreuung wirkt sich nicht auf die Geschäftsfähigkeit des Betreuten aus.[811] Ist dieser geschäftsunfähig, sind seine Willenserklärungen gem. §§ 104 Nr. 2, 105 Abs. 1 BGB nichtig, auch wenn der Betreuer aufgrund eines Einwilligungsvorbehalts in den Abschluss des Rechtsgeschäfts eingewilligt hat, es seiner Einwilligung nach § 1903 Abs. 3 BGB nicht bedarf oder sich der Vorbehalt nicht auf die Willenserklärung erstreckt (vgl. § 1903 Abs. 2 BGB und Aufgabenkreis des Betreuers).[812] Was die Wirksamkeit eines Rechtsgeschäfts angeht, kommt eine Betreuung mit Einwilligungsvorbehalt also nur bei Geschäftsfähigkeit des Betreuten zum Tragen. Weder § 105a BGB noch § 1903 Abs. 3 BGB erfassen demnach einfache, aber nicht alltägliche Rechtsgeschäfte, durch die sich ein (betreuter) Geschäftsunfähiger verpflichten möchte. Ein Geschäftsunfähiger ist daher – unabhängig von einer bestehenden Betreuung mit Einwilligungsvorbehalt – rechtlich immer noch nicht in der Lage,

809 *Casper*, NJW 2002, 3425, 3428.

810 Jauernig/*Mansel*, § 105a, Rn. 3; *Brehm*, § 9, S. 169, Rn. 276.

811 OLG Frankfurt FamRZ 1996, 635; Jurgeleit/*Kieß*, § 1902, Rn. 15; *Müller*, S. 49; *Czeguhn*, S. 36, Rn. 40; *Stadler*, § 23, S. 304, Rn. 43.

812 Palandt/*Götz*, § 1903, Rn. 10; *Müller*/*Renner*, S. 24, Rn. 74; *Peters*, S. 242; *Schwab*, FS Mikat 1989, S. 894; *Zimmermann W.*, FamRZ 1991, 270, 277; *Wedemann*, AcP 209 (2009), 668, 675; a. A.: Staudinger/*Bienwald*, § 1903, Rn. 71; *Czeguhn*, S. 37; Rn. 42; *Knieper*, S. 92: die Einwilligung des Betreuers ist in eine eigene Willenserklärung umzudeuten; *Lipp*, FamRZ 2003, 721, 723 f.: Zustimmung des Betreuers führt stets zur Wirksamkeit des Rechtsgeschäfts, nicht nur im Rahmen eines Einwilligungsvorbehalts.

selbständig ein Auto zu kaufen, eine Reise zu buchen oder ein einfaches Testament zu errichten, selbst wenn er sein Tun und die damit einhergehenden Folgen trotz gestörter Geistestätigkeit versteht und dies auch will. In diesen von der Theorie der relativen Geschäfts(un)-fähigkeit avisierten Fällen, helfen § 105a BGB und eine Betreuung mit Einwilligungsvorbehalt nicht weiter. Es verbleibt daher durchaus ein Anwendungsbereich für die relative Geschäftsfähigkeit.

Das bestehende Recht ist einer derartigen Interpretation auch zugänglich.[813] § 104 Nr. 2 BGB sagt erst einmal nichts über die Reichweite der Geschäftsunfähigkeit aus. Ein Bezug zu dem konkreten Rechtsgeschäft könnte daher *de lege lata* im Rahmen der Prüfung der freien Willensbestimmung erfolgen. Der auf eine absolute Interpretation ausgerichtete Wille des historischen Gesetzgebers, der die Tendenz der relativen Geschäfts(un)fähigkeit bei Ausarbeitung des BGB stillschweigend überging,[814] kann aufgrund der einleitend dargestellten, nicht absehbaren Entwicklungen seit Beginn des 20. Jahrhunderts nicht mehr maßgebend sein. Vielmehr würde eine relative Anknüpfung der Geschäfts(un)fähigkeit dem Willensmodell des BGB sogar bestmöglich entsprechen.[815] Die Rechtsfolgen wären jedenfalls weniger eingreifend als nach dem vorherrschenden Verständnis von Geschäftsunfähigkeit. Insbesondere könnte die Vorteilhaftigkeit des Rechtsgeschäfts insofern Berücksichtigung finden, als das Schutzbedürfnis des Handelnden, und damit auch die Anforderungen an die freie Willensbestimmung in diesen Fällen geringer ist.

bb) Stellungnahme

Vor diesem Hintergrund bleibt es dabei, dass die in Deutschland verbreitete Skepsis und Zurückhaltung in Bezug auf die Anerkennung einer relativen Geschäftsfähigkeit nicht nachvollziehbar ist. Der Ver-

813 Ebenso *Flume*, § 13/5, S. 186 ff.; *Spickhoff*, AcP 208 (2008), 345, 379, 381 ff.

814 *Holzhauer*, Gutachten 57. DJT 1988 I, B 44.

815 AK/*Kohl*, § 104, Rn. 8.

such der herrschenden Meinung, im Bestreben nach vermeintlicher Rechtssicherheit eine klare Abgrenzung zwischen Geschäftsfähigkeit und Geschäftsunfähigkeit zu ermöglichen, geht an der Lebenswirklichkeit vorbei. Personen, die sich an der Grenze zur Geschäftsunfähigkeit befinden, deren freie Willensbestimmung aufgrund einer krankhaften Störung der Geistestätigkeit jedoch nicht ausgeschlossen, sondern lediglich erheblich beeinträchtigt ist, trifft die Rechtsfolge der uneingeschränkten Geschäftsfähigkeit mit voller Härte.[816] In diesen Fällen wird zwar regelmäßig die Bestellung eines Betreuers mit Einwilligungsvorbehalt angebracht sein. Ist dies allerdings (noch) nicht erfolgt, ist der Betroffene weitestgehend schutzlos gestellt. Liegen keine anderen Nichtigkeits- oder Unwirksamkeitsgründe vor, kann der Handelnde lediglich über die Regeln der Sittenwidrigkeit geschützt werden, die jedoch nur in Extremfällen zur Nichtigkeit des Rechtsgeschäfts führen.[817] Die staatlichen Fürsorge- und Schutzpflichten werden unter Verstoß gegen das verfassungsrechtliche Untermaßverbot unterlaufen. Demgegenüber können Geschäftsunfähige grundsätzlich keine Rechtsgeschäfte selbst wirksam vornehmen, auch wenn deren Einsichts- und Willensfähigkeit in Bezug auf die konkrete Willenserklärung gegeben ist. Wird die Willenserklärung aber in keiner Weise durch die krankhafte Störung der Geistestätigkeit beeinflusst, besteht kein Schutzbedürfnis des Handelnden.[818] Die Anwendung des § 105 Abs. 1 BGB führt in diesen Fällen vielmehr zu einem im Hinblick auf das verfassungsrechtliche Übermaßverbot übertriebenen Schutz.

Um dem verfassungsrechtlich gebotenen Leitbild *„so viel Selbstbestimmung wie möglich, so viel Erwachsenenschutz wie nötig“* bestmöglich zu entsprechen, ist das konkrete Rechtsgeschäft in die Beurteilung der Geschäfts(un)fähigkeit einzubeziehen.[819] Eine Relativität

816 *Schack*, § 7, S. 43, Rn. 143.

817 *Spickhoff*, AcP 208 (2008), 345, 381; NK/*Baldus*, § 104, Rn. 35, 41; hierzu auch *Roth* M., AcP 208 (2008), 451, 472 f.

818 *Gebauer*, AcP 153 (1954), 332, 362.

819 Ebenso *Müller*, S. 29.

der Geschäftsunfähigkeit in zeitlicher Hinsicht ist – wenn auch nicht als solche bezeichnet[820] – allgemein anerkannt. Das Rechtsgeschäft ist natürlich nur nichtig, wenn es zu einem Zeitpunkt vorgenommen wird, in dem sich der Handelnde in einem die freie Willensbestimmung ausschließenden Zustand krankhafter Störung der Geistestätigkeit befindet. Insofern ist es selbstverständlich, dass nicht über die generelle Fähigkeit zu Rechtsgeschäften, sondern über diejenige in Bezug auf das konkrete Rechtsgeschäft zu entscheiden ist.[821] Warum sollte also nicht auch von einer Relativität der Geschäftsfähigkeit in sachlicher Hinsicht ausgegangen werden? Anstatt des Rückgriffs auf die Figur der partiellen Geschäftsfähigkeit, die ebenfalls auf die Auswirkung der krankhaften Störung der Geistestätigkeit abstellt und einen Bezug zu einem Lebensbereich herstellt, sollte methodenehrlicher auf Art, Inhalt und Tragweite des konkreten Rechtsgeschäfts abgestellt werden.[822] Denn schon jetzt kann der konkrete Rechtsakt durch eine geschickte Parzellierung der Geschäfts(un)fähigkeit in die Entscheidung einbezogen werden.[823] Die völlige Loslösung vom Inhalt der Willenserklärung ist in der Sache nicht angemessen und entspricht nicht der Lebenswirklichkeit. Die Richtung, die schon im Betreuungsrecht und beim Einwilligungsvorbehalt sowie – freilich in versteckter Form – bei der partiellen Geschäftsfähigkeit, insbesondere der Ehegeschäftsfähigkeit,[824] eingeschlagen wurde, sollte weiterverfolgt werden. Der Aufgabenkreis des Betreuers und der Einwilligungsvorbehalt

820 Mit Ausnahme von *v. Sachsen Gessaphe*, § 10, S. 325, und *Schwimann*, S. 78.

821 *Lipp*, § 4, S. 64, wenn auch mit der Schlussfolgerung, dass Ausgangspunkt die partielle Geschäftsunfähigkeit sein sollte.

822 *Holzhauer*, Gutachten 57. DJT 1988 I, B 53 f.; *Gebauer*, AcP 153 (1954), 332, 359: das schweizerische Zivilrecht ist von Anfang an den dogmatisch richtigen Weg gegangen, der zur relativen Urteilsunfähigkeit geführt hat; *Spickhoff*, AcP 208 (2008), 345, 383.

823 *Holzhauer*, Gutachten 57. DJT 1988 I, B 53: führen häufig zum gleichen Ergebnis; ähnlich *Gebauer*, AcP 153 (1954), 332, 345; *Spickhoff*, AcP 208 (2008), 345, 382.

824 Auch *Müller*, S. 87 verlangt hierfür die Geschäftsfähigkeit gerade im Hinblick auf die abzugebende Ehewillenserklärung; *Böhmer*, StaZ 1992, 65, 67 erkennt hierin richtigerweise eine relative Geschäftsfähigkeit.

können und müssen im Einzelfall nach der Komplexität der Angelegenheiten oder einzelnen Vorhaben ausgesprochen werden. Zur weitestmöglichen Wahrung seiner Selbstbestimmung darf die Teilnahme des Betreuten am Geschäftsverkehr nur in dem Umfang eingeschränkt werden, der in Ansehung der psychischen Krankheit oder geistigen bzw. seelischen Behinderung notwendig und geboten ist. Die Anwendung einer relativen Geschäfts(un)fähigkeit würde auch bei Personen ohne gesetzlichen Vertreter zu angemessenen Ergebnissen führen und ihrem individuellen Schutzbedürfnis gerecht werden. Auf die Vielfalt der krankhaften Geistesstörungen sowie ihre individuellen Ausprägungen könnte flexibel reagiert werden. So könnten an die kognitiven und affektiven Fähigkeiten des Betroffenen bei höchstpersönlichen oder ausschließlich rechtlich vorteilhaften Geschäften sehr geringe, bei wirtschaftlich günstigen (aber rechtlich nachteiligen) oder sehr einfachen Rechtsgeschäften etwas höhere, aber immer noch geringere Anforderungen als bei komplizierten, schwer zu überblickenden und folgenreichen Geschäften gestellt werden. Dabei ist nochmals zu betonen, dass es dadurch weder zu einer Überprüfung der Geschäftsfähigkeit in jedem Verfahren kommt noch kann sich jeder in den Schutz der Geschäftsunfähigkeit flüchten, der ein Rechtsgeschäft abgeschlossen hat, das er nicht durchschaut. Es bleibt bei der Vermutung der Geschäftsfähigkeit und der Hürde der Beweislast. Nur bei Vorliegen einer krankhaften Störung der Geistestätigkeit, die den Abschluss des konkreten Rechtsgeschäfts beeinflusst und die freie Willensbestimmung diesbezüglich ausgeschlossen hat, kann der Betroffene relativ geschäftsunfähig sein. Vor allem bei geistig Behinderten und Dementen würde dies zu einer tatsächlichen Verbesserung ihrer Rechtsstellung führen.[825] Ein dementsprechender Richtungswechsel der Rechtsprechung wäre daher angebracht.[826] In der Literatur gibt es immer

825 *Holzhauer*, Gutachten 57. DJT 1988 I, B 54 f.

826 *Wolf C.*, S. 159 f., hält dies aus Sicht der BRK für unzulässig, da mit der Anerkennung einer relativen Geschäftsfähigkeit ein Sonderstatus für Menschen mit Behinderung geschaffen würde (nach seinem Dafürhalten negativ i. S. e. Beschrän-

wieder Tendenzen der Befürwortung einer relativen Geschäftsfähigkeit, insbesondere in Zusammenhang mit der Testierfähigkeit,[827] die sich bisher aber noch nicht durchsetzen konnten.[828]

kung der Eigenverantwortlichkeit für schwierige Geschäfte, aber auch wenn dem nicht gefolgt wird, jedenfalls positiv i. S. e. erweiterten Schutzes vor rechtlicher Verantwortung für schwierige Rechtsgeschäfte), der gerade nicht mehr bestehen soll. Es ist zwar richtig, dass eine relative Geschäfts(un)fähigkeit in der Praxis vor allem bei Menschen mit geistiger Behinderung zum Tragen kommen wird. Anknüpfungspunkt bleibt jedoch wie bisher eine krankhafte Störung der Geistestätigkeit. Ein relatives Verständnis der Geschäfts(un)fähigkeit bietet mit der Inbezugnahme des konkreten Rechtsgeschäfts vielmehr ein verhältnismäßiges Mittel zur besseren Feinabstimmung der freien Willensbestimmung in den schwierig zu beurteilenden Grenzfällen. Hierdurch kann sich das Selbstbestimmungsrecht des Einzelnen bei gleichzeitig bestmöglichem Schutz optimal entfalten. Auch hat das Inkrafttreten der BRK in der Schweiz, wo die Konvention Verfassungsrang einnimmt, nicht zu einem Infragestellen des grundlegenden Konzepts der Relativität der Geschäftsfähigkeit geführt.

827 Staudinger/*Baumann*, § 2229, Rn. 19 ff.; Erman/*S. und T. Kappler*, § 2229, Rn. 7; Nieder/Kössinger/*Kössinger*, § 7, Rn. 5, 11 und 15; *Seibert*, S. 114 ff., 132 (lehnt jedoch eine relative Geschäftsfähigkeit ab, S. 120); Reimann/Bengel/J. Mayer/*Voit*, § 2229, Rn. 12; MüKo/*Hagena*, § 2229, Rn. 15; in der Sache nichts anderes verlangt *Grunsky*, S. 14, wenn er die Absenkung der Erfordernisse für die Wirksamkeit einer letztwilligen Verfügung fordert; *Dieckmann*, JZ 1988, 789, 796; *Schmidt*, RabelsZ 76 (2012), 1022, 1030 ff.

828 RG JW 1938, 1590, 1591; OLG Köln NJW 1960, 1389; Soergel/*Zimmermann*, § 1896, Rn. 25; MüKo/*Spickhoff*, § 104, Rn. 23 ff.; *Flume*, § 13/5, S. 186 ff.; *Schellhammer*, S. 1164 f., Rn. 2305; *Leipold*, § 11, S. 136, Rn. 17; *Müller*, S. 22 ff.; Kröber/Dölling/Leygraf/Saß/*Kern*, S. 4; *Gebauer*, AcP 153 (1954), 332, 361 ff.; *Holzhauer*, Gutachten 57. DJT 1988 I, B 113; *Cypionka*, DNotZ 1991, 571, 576; *Neuhausen*, RNotZ 2003, 158, 161 f.; *Spickhoff*, AcP 208 (2008), 345, 379 ff.; nicht abgeneigt scheint auch *Schwab*, ZBJV 2006, 561, 565.

C. Folgen fehlender Geschäftsfähigkeit

I. Grundsatz der Nichtigkeit des Rechtsgeschäfts

Gem. § 105 Abs. 1 BGB ist die Willenserklärung eines Geschäftsunfähigen nichtig, d. h. sie entfaltet von Anfang an keinerlei Rechtswirkungen und ist daher im rechtsgeschäftlichen Sinne bedeutungslos.[829] Bei der Vorschrift handelt es sich um eine sog. Gegennorm, die in ihrer Eigenschaft als rechtshindernde Einwendung einen Anspruch gar nicht erst entstehen lässt und von Amts wegen zu berücksichtigen ist.[830] Ein Geschäftsunfähiger kann also weder für sich selbst noch als Stellvertreter für einen Dritten[831] wirksam eigene Willenserklärungen abgeben.[832] Auch eine Heilung dieser Nichtigkeit durch die Genehmigung des gesetzlichen Vertreters oder des später wieder geschäftsfähig Gewordenen kommt mangels existenter Willenserklärung nicht in Betracht.[833] Daneben sind Geschäftsunfähige auch nicht in der Lage, ihnen gegenüber abgegebene Willenserklärungen entgegenzunehmen. Diese werden nach § 131 Abs. 1 BGB vielmehr erst mit Zugang beim gesetzlichen Vertreter wirksam. Zu seinem eigenen Schutz kann ein Geschäftsunfähiger daher in keiner Weise selbst wirksam am Rechtsverkehr teilnehmen, also weder einen schuldrechtlichen Vertrag abschließen noch wirksam übereignen oder empfangsbedürftige einseitige Rechtsgeschäfte (Kündigung, Anfechtung, Rücktritt)

---

829 BGHZ 107, 268, 270; Palandt/*Ellenberger*, Überbl v § 104, Rn. 27; *Boecken*, S. 112, Rn. 211; *Hirsch*, § 1, S. 36 f., Rn. 11; *Boemke/Ulrici*, § 9, S. 163, Rn. 16.

830 *Schellhammer*, S. 1163, Rn. 2301; *Boemke/Ulrici*, § 19, S. 423, Rn. 7; *Schmidt*, S. 282, Rn. 916.

831 Obwohl der Stellvertreter selbst weder berechtigt noch verpflichtet wird, muss er zumindest beschränkt geschäftsfähig sein, um eine eigene Willenserklärung mit Wirkung für und gegen den Vertretenen abgeben zu können, vgl. § 165 BGB; ein Geschäftsunfähiger kann hingegen lediglich Bote sein und fremde Willenserklärungen übermitteln.

832 *Czeguhn*, S. 31, Rn. 29; *Müller*, S. 25; *Stadler*, § 23, S. 275, Rn. 5.

833 Staudinger/*Klumpp*, § 105, Rn. 3; NK/*Baldus*, § 105, Rn. 15; *Wertenbruch*, § 17, S. 240, Rn. 2; *Peters*, S. 279; *Wedemann*, Jura 2010, 587, 589 f.

entgegennehmen. Er ist rechtlich – von den Fällen einer partiellen Geschäftsfähigkeit abgesehen – insbesondere auch nicht im Stande, eine Ehe einzugehen (§ 1304 BGB), ein Testament zu errichten (§ 2229 Abs. 4 BGB) oder einen Prozess zu führen (§§ 51, 52 ZPO).[834]

Die Nichtigkeitsfolge tritt unabhängig vom Inhalt des beabsichtigten Rechtsgeschäfts ein.[835] Es kommt also weder darauf an, wie schwierig oder kompliziert ein Rechtsgeschäft gestaltet ist, noch ob es für den Geschäftsunfähigen rechtlich oder wirtschaftlich vorteilhaft ist oder seine Interessen vollumfassend gewahrt werden.[836] Nimmt er beispielsweise ein Schenkungsangebot an, so ist dieser Vertrag nichtig.[837] Diese rigide Rechtsfolge der unheilbaren Nichtigkeit kann sich somit im Einzelfall faktisch auch zum Nachteil des Geschäftsunfähigen auswirken.[838] *Canaris*[839] vertrat daher die Ansicht, dass § 105 Abs. 1 BGB die Privatautonomie des Einzelnen über das erforderliche und sachlich gebotene Maß hinaus einschränke und wegen Verstoßes gegen das verfassungsrechtliche Übermaßverbot nichtig sei. Stattdessen wollte er in verfassungskonformer Lückenfüllung die Vorschriften über beschränkt geschäftsfähige Minderjährige nach §§ 107 ff. BGB analog anwenden. Der Geschäftsunfähige könnte dann rechtlich vorteilhafte Rechtsgeschäfte selbst wirksam abschließen und im Fall recht-

834 Das Grundrecht der Menschenwürde in Art. 1 Abs. 1 GG gebietet allerdings, dass ein Erwachsener als prozessfähig anzusehen ist, wenn das Verfahren Maßnahmen aus Anlass des Geisteszustands betrifft oder gegen die unrechtmäßige Behandlung als prozessunfähig in der Vorinstanz Rechtsmittel eingelegt wurde, BVerfGE 10, 302, 306; BGH NJW-RR 2011, 284; KG Berlin NZFam 2014, 422; AK/*Kohl*, § 105, Rn. 4.

835 Staudinger/*Klumpp*, § 105, Rn. 6; AK/*Kohl*, § 105, Rn. 1; PWW/*Völzmann-Stickelbrock*, § 105, Rn. 1; Erman/*Müller*, § 105, Rn. 1; *Bitter/Röder*, § 9, S. 117, Rn. 9.

836 RG JW 1938, 1590, 1591; *Schmidt*, S. 289, Rn. 946; *Stadler*, § 23, S. 275, Rn. 5; *Müller*, S. 26.

837 *Müller*, S. 25 f. Die Nichtigkeitsfolge kann auch nicht durch eine Handschenkung nach § 518 Abs. 2 BGB vermieden werden, da hierdurch nur der Formmangel geheilt wird.

838 Schon *Danz*, JW 1913, 1016 ff. kritisierte das Nichtigkeitsdogma des § 105 BGB; *Wedemann*, AcP 209 (2009), 668, 689 ff.

839 JZ 1987, 993, 996 ff.; in neuerer Zeit HKK/*Thier*, §§ 104–115, Rn. 35.

lich nachteiliger (aber wirtschaftlich günstiger) Geschäfte bestünde die Möglichkeit der vorherigen oder nachträglichen Zustimmung des gesetzlichen Vertreters.[840] Diese These wurde mit Hinweis auf das schutzwürdige Vertrauen des Rechtsverkehrs heftig kritisiert.[841] Im Verhältnis zur Schutzwürdigkeit eines Geschäftsunfähigen ist das Interesse des Geschäftsverkehrs allerdings stets als nachrangig einzustufen.[842] Eine pauschale Analogie der §§ 107 ff. BGB auf das rechtgeschäftliche Handeln geschäftsunfähiger Volljähriger ist heute aber jedenfalls deshalb abzulehnen, weil hierdurch nach Einführung des Betreuungsrechts sowie später des § 105a BGB die Grenzen zulässiger verfassungskonformer Auslegung überschritten würden.[843] Die oben aufgeworfenen Bedenken an der gesetzlichen Regelung der Geschäftsunfähigkeit bleiben indes bestehen.[844] Denn von den in § 105a BGB geregelten alltäglichen Bagatellgeschäften abgesehen, kann ein geschäftsunfähiger Erwachsener auch heute noch nur am rechtsgeschäftlichen Verkehr teilnehmen, wenn er einen Betreuer hat. Über dieses Problem des Vertretermangels hilft der Lösungsansatz

840 Für *Lipp*, § 5, S. 146, und FamRZ 2003, 721, 722 ist vor dem Hintergrund des heutigen Betreuungsrechts die Anwendung der §§ 104 Nr. 2, 105 Abs. 1 BGB das mildere Mittel im Vergleich zur Anwendung der §§ 107 ff. BGB aufgrund der Anordnung eines Einwilligungsvorbehalts. Denn während die Geschäftsunfähigkeit stets nur punktuell einen einzelnen Rechtsakt betrifft, beschränkt der Einwilligungsvorbehalt die Handlungsfähigkeit für alle zukünftigen Rechtsakte in seinem Anwendungsbereich. Gleichzeitig hält er die Rechtsfolge der Nichtigkeit auf S. 147 f. bzw. 722, für verhältnismäßig, da sie verglichen mit der Betreuung nur Extremfälle des völligen Ausschlusses der Eigenverantwortlichkeit betrifft.

841 *Ramm*, JZ 1988, 489, 490 f.; *Wieser*, JZ 1988, 493 ff.; hierzu die Erwiderung von *Canaris*, JZ 1988, 494 ff.

842 Vgl. BGHZ 115, 38, 44 f.; Soergel/*Hefermehl*, Vor § 104, Rn. 10; NK/*Baldus*, § 104, Rn. 46; *Wolf/Neuner*, § 34, S. 401, Rn. 71; *Zimmermann*, BWNotZ 2000, 97, 98.

843 *Spickhoff*, AcP 208 (2008), 345, 373.

844 *Müller*, S. 25 ff.; *Pöschl*, S. 143 ff., 168 f.; in neuerer Zeit wird die Vereinbarkeit von §§ 104 Nr. 2, 105 Abs. 1 BGB mit Art. 12 Abs. 5 BRK abgelehnt, vgl. *Lachwitz*, BtPrax 2008, 143, 147; siehe auch *Wedemann*, AcP 209 (2009), 668, 681; Aichele/*Loytved*/*Frerichs*, S. 128 f. schlagen für die Neuregelung des Rechts der Geschäftsfähigkeit die Einführung des Rechtsinstituts der relativen Geschäftsfähigkeit als zentrales Element vor.

von *Canaris* indes nur bei lediglich rechtlich vorteilhaften Geschäften hinweg, da er im Übrigen gerade auf der Figur der gesetzlichen Vertretung aufbaut.[845]

Nähert man sich dem Problem hingegen nicht über die Rechtsfolgenseite des §105 Abs. 1 BGB, sondern über den Tatbestand der Geschäftsunfähigkeit in §104 Nr. 2 BGB, so liefert die Figur der relativen Geschäfts(un)fähigkeit auch in diesem Zusammenhang einen durchaus tauglichen Lösungsansatz: Der Betroffene ist insofern geschäftsfähig, als sich die krankhafte Störung der Geistestätigkeit nicht auf die Willenserklärung auswirkt und er seinen Willen frei bestimmen kann. Je nach Geisteszustand sowie Art, Bedeutung und Komplexität des Rechtsgeschäfts ist er dann in der Lage, dieses selbst vorzunehmen. Handelt es sich beispielsweise um ein sehr einfach gestaltetes oder die Interessen des Betroffenen umfassend wahrendes Rechtsgeschäft, so bietet die Anknüpfung an die Auswirkung des krankhaften Zustands auf das Rechtsgeschäft und die diesbezügliche freie Willensbestimmung eine mit Blick auf das Selbstbestimmungsrecht verhältnismäßige Lösung. Im Fall der Geschäftsunfähigkeit kommt indes weiterhin §105 Abs. 1 BGB mit seiner vollen Nichtigkeitsanordnung zum Tragen. Diese rigide Rechtsfolge betrifft dann jedoch stets nur das jeweilige Rechtsgeschäft und tangiert nicht die Willenserklärungen, auf die sich die krankhafte Störung der Geistestätigkeit nicht ausgewirkt hat. Bestehen Zweifel an der Geschäftsfähigkeit, ist sie für jedes einzelne Rechtsgeschäft erneut zu überprüfen.[846] Das Modell der relativen Geschäfts(un)fähigkeit ermöglicht die Berücksichtigung und Abwägung aller Umstände des Einzelfalls und erlaubt es dem Richter, in den schwer zu beurteilenden Übergangsbereichen eine gerechte Ermessensentscheidung zu treffen. Bei einfachen und ausschließlich (rechtlich oder wirtschaftlich) vorteilhaften Geschäften können dann geringere Anforderungen an die geistigen

845 *Müller*, S. 27 f.; *Wolf C.*, S. 57; *Holzhauer*, Gutachten 57. DJT 1988 I, B 51.
846 *Gebauer*, AcP 153 (1954), 332, 343.

Fähigkeiten des Betroffenen gestellt werden als bei komplizierten und risikoreichen Geschäften.

II. Ausnahmen von der Nichtigkeitsfolge

Der Grundsatz der Nichtigkeit als Folge der Geschäftsunfähigkeit ist jedoch nicht bei allen Rechtsgeschäften einschlägig.

1. Vertragsfiktion des § 105a BGB

Tätigt ein volljähriger Geschäftsunfähiger ein Geschäft des täglichen Lebens, das mit geringwertigen Mitteln bewirkt werden kann, so gilt der von ihm geschlossene Vertrag in Ansehung von Leistung und, soweit vereinbart, Gegenleistung gem. § 105a S. 1 BGB als wirksam, sobald Leistung und Gegenleistung bewirkt sind. Dies gilt nach S. 2 nicht bei einer erheblichen Gefahr für die Person oder das Vermögen des Geschäftsunfähigen.

Diese Vorschrift wurde durch Art. 25 Abs. 1 Nr. 1 und 2 OLG-VertrÄndG[847] mit Wirkung vom 1. August 2002 als Ausnahmetatbestand zu § 105 Abs. 1 BGB in den Allgemeinen Teil des BGB aufgenommen. Ehrgeiziges rechtspolitisches Ziel der Regelung war es, die Rechtsstellung geschäftsunfähiger Erwachsener zu verbessern, ihre rechtlichen Fähigkeiten zu stärken und ihre soziale Integration und Emanzipation zu begünstigen.[848] Es sollte eine differenziertere Behandlung geis-

847 Gesetz zur Änderung des Rechts der Vertretung durch Rechtsanwälte vor den Oberlandesgerichten v. 23. Juli 2002 (BGBl. I 2002 S. 2850). Bereits im Diskussionsentwurf zu einem Antidiskriminierungsgesetz wurde die Aufnahme des § 105a BGB in ähnlicher Form in Erwägung gezogen, siehe Bundesministerium der Justiz und für Verbraucherschutz, Diskussionsentwurf eines Gesetzes zur Verhinderung von Diskriminierungen im Zivilrecht v. 10. Dezember 2001, S. 2 f., 31 ff.

848 BT-Drucks. 14/9266 S. 43; Palandt/*Ellenberger*, § 105a, Rn. 1; *Wertenbruch*, § 17, S. 254, Rn. 29; *Casper*, NJW 2002, 3425; *Lipp*, FamRZ 2003, 721; *Ludyga*, FPR 2007, 3.

tig beeinträchtigter Menschen ermöglicht werden[849] und die Wahrnehmung ihres verfassungsmäßigen Rechts auf Selbstbestimmung an Effektivität gewinnen. Die bis dahin gänzlich verwehrte Beteiligung am Rechtsverkehr sollte nun in angemessener Weise möglich sein.[850] Zur Erreichung dieses Ziels bediente sich der Gesetzgeber in § 105a S. 1 BGB der Methode der gesetzlichen Fiktion. Bei Vorliegen der Voraussetzungen wird in Ansehung von Leistung und ggf. Gegenleistung ein wirksamer Vertragsschluss fingiert. Damit werden ein Recht zum Besitz nach § 986 Abs. 1 S. 1 BGB sowie ein Rechtsgrund i. S. d. § 812 Abs. 1 S. 1 Alt. 1 BGB geschaffen und der Herausgabeanspruch des Eigentümers sowie die bereicherungsrechtliche Rückabwicklung von bewirkter Leistung und ggf. Gegenleistung ausgeschlossen.[851] Ein wirksamer Vertrag oder ein anderes Schuldverhältnis kommen jedoch gerade nicht zustande, insbesondere können keine Primäransprüche hieraus entstehen.[852] Auch erfasst die Fiktion in § 105a S. 1 BGB ihrem Wortlaut nach lediglich Verträge, also zweiseitige, schuldrechtliche Rechtsgeschäfte.[853] Sie bezieht sich damit nicht auf Verfügungen, so dass hierdurch kein Eigentum durch den Geschäftsunfähigen erlangt werden kann.[854] Ebenso wenig wird die Wirksamkeit einseitiger Rechtsgeschäfte, insbesondere ausgeübter Gestaltungsrechte (z. B. Anfechtung, Rücktritt, Kündigung), fingiert.[855]

---

849 BT-Drucks. 14/9266 S. 43; *Stadler*, § 23, S. 275 f., Rn. 5a; *Heim*, JuS 2003, 141; *Löhnig/Schärtl*, AcP 204 (2004), 25.

850 *Löhnig/Schärtl*, AcP 204 (2004), 25, 27.

851 BT-Drucks. 14/9266 S. 43; MüKo/*Spickhoff*, § 105a, Rn. 19, 22; *Stadler*, § 23, S. 276, Rn. 5a; *Casper*, NJW 2002, 3425, 3427; *Franzen*, JR 2004, 221, 224.

852 BT-Drucks. 14/9266 S. 43; *Löhnig/Schärtl*, AcP 204 (2004), 25, 41, 44.

853 Erman/*Armbrüster*, Vor § 145, Rn. 1; *Brox/Walker*, § 4, S. 43, Rn. 9; *Bitter/Röder*, § 5, S. 26, Rn. 1.

854 *Jaensch*, S. 46, Rn. 140; *Franzen*, JR 2004, 221, 224; *Löhnig/Schärtl*, AcP 204 (2004), 25, 43 f.: durch das Auseinanderfallen von Eigentum und Besitz entstehen dem Geschäftsunfähigen keine erheblichen Nachteile, in vielen Fällen wird der Gegenstand ohnehin verbraucht sein; a. A.: Staudinger/*Klumpp*, § 105a, Rn. 33; Jauernig/*Mansel*, § 105a, Rn. 6; *Schmidt*, S. 291, Rn. 955; *Ludyga*, FPR 2007, 3, 6.

855 *Casper*, NJW 2002, 3425, 3426; *Löhnig/Schärtl*, AcP 204 (2004), 25, 31 f.

a) Geschäft des täglichen Lebens

Voraussetzung für die Anwendung von § 105a S. 1 BGB ist zunächst ein Geschäft des täglichen Lebens. Ein solches muss natürlich nicht wörtlich jeden Tag betrieben werden, sondern ist im Lichte der Verkehrsauffassung als alltäglich zu verstehen.[856] Dabei kommt es auch in diesem Zusammenhang nicht auf den Schwierigkeitsgrad des Rechtsgeschäfts an, sondern darauf, wie oft ein derartiges Geschäft generell im Rechtsverkehr getätigt wird.[857] Der Erwerb von Gegenständen des täglichen Bedarfs (z. B. Lebensmittel, kosmetische Artikel, einfache medizinische Produkte, Presseerzeugnisse, Textilien, etc.) und die Inanspruchnahme einfacher Dienstleistungen (z. B. Friseur, Versendung von Briefen, Museumsbesuch, Fahrten mit dem Personennahverkehr, etc.) fallen eindeutig in den Anwendungsbereich der Vorschrift.[858] Auch kleine Gelegenheitspräsente oder Schenkungen, die der gesellschaftlichen Anstandspflicht entsprechen, sind Geschäfte des täglichen Lebens.[859] Bei der Errichtung eines Testaments und der Eingehung einer Ehe ist dies trotz ihrer Häufigkeit im Rechtsverkehr zu verneinen, handelt es sich dabei doch um Rechtsgeschäfte, die nach der Verkehrsanschauung im individuellen Lebenslauf eher selten vorgenommen werden.[860] Es liegt nahe, sich für die Einordnung eines Rechtsgeschäfts als alltäglich an der Kasuistik zu § 1903 Abs. 3 S. 2 BGB zu orientieren,[861] wonach die Einwilligung des Betreuers

856 BT-Drucks. 14/9266 S. 43; Erman/*Müller*, § 105a, Rn. 4; *Ulrici*, Jura 2003, 520, 521; *Franzen*, JR 2004, 221, 224.

857 *Löhnig/Schärtl*, AcP 204 (2004), 25, 33.

858 BT-Drucks. 14/9266 S. 43; Palandt/*Ellenberger*, § 105a, Rn. 3; *Löhnig/Schärtl*, AcP 204 (2004), 25, 33; *Lipp*, FamRZ 2003, 721, 726; *Ulrici*, Jura 2003, 520, 521.

859 Palandt/*Ellenberger*, § 105a, Rn. 3; *Löhnig/Schärtl*, AcP 204 (2004), 25, 32; a. A. *Lipp*, FamRZ 2003, 721, 727, der § 105a BGB nur auf Schenkungen an den Geschäftsunfähigen, nicht jedoch auf durch diesen vorgenommene Schenkungen anwenden will.

860 Auch wenn der Erblasser sein Testament täglich ändert, wird es hierdurch nicht zu einem Geschäft des täglichen Lebens i. S. d. § 105a BGB.

861 Erman/*Müller*, § 105a, Rn. 4; *Schmidt*, S. 290, Rn. 949; *Casper*, NJW 2002, 3425, 3426; *Lipp*, FamRZ 2003, 721, 725; *Franzen*, JR 2004, 221, 224.

nicht notwendig ist, wenn die Willenserklärung eine geringfügige Angelegenheit des täglichen Lebens betrifft.

b) Möglichkeit der Bewirkung mit geringen Mitteln

Um den Geschäftsunfähigen vor Misswirtschaft und Verschwendung zu schützen,[862] muss das Geschäft mit geringwertigen Mitteln bewirkt werden können. Typische Fallgruppe hierfür sind geringfügige Bargeldgeschäfte des täglichen Lebens,[863] wobei auch unentgeltliche Geschäfte von § 105a S. 1 BGB erfasst werden.[864] Auf die (Existenz-)Notwendigkeit des Rechtsgeschäfts kommt es dabei nicht an.[865] Aus Gründen der Rechtssicherheit orientiert sich das Merkmal der Geringwertigkeit nicht an den ökonomischen Verhältnissen des Geschäftsunfähigen, sondern an dem durchschnittlichen Preis- und Einkommensniveau.[866] Die Grenze für die Ablehnung der Geringwertigkeit wird zwischen 50 € und 100 € angesetzt,[867] wobei wohl in einer Gesamtbetrachtung der Wert des Vertragsschlusses insgesamt zugrundezulegen ist.[868]

862 BT-Drucks. 14/9266 S. 43.

863 Bamberger/Roth/*Wendtland*, § 105a, Rn. 4; *Lipp*, FamRZ 2003, 721, 726; *Roth M.*, AcP 208 (2008), 451, 464 ff.

864 BT-Drucks. 14/9266 S. 43; *Casper*, NJW 2002, 3425, 3426; *Ulrici*, Jura 2003, 520, 521.

865 *Lipp*, FamRZ 2003, 721, 726; *Ulrici*, Jura 2003, 520, 521. Demgegenüber geht es bei den sog. necessaries-Verträgen im anglo-amerikanischen Recht, an die § 105a BGB angelehnt ist, BT-Drucks. 14/9266 S. 43, um zur Lebensführung notwendige Vertragsgegenstände, section 7 (2) Mental Capacity Act 2005 und chapter 54, section 3 (3) Sale of Goods Act 1979, vgl. hierzu auch *Roth* M., AcP 208 (2008), 451, 464 ff.

866 BT-Drucks. 14/9266 S. 43; *Wertenbruch*, § 17, S. 254, Rn. 30; *Lipp*, FamRZ 2003, 721, 726; *Ulrici*, Jura 2003, 520, 521; *Löhnig/Schärtl*, AcP 204 (2004), 25, 34.

867 *Lipp*, FamRZ 2003, 721, 726 orientiert sich an den gesetzlichen Regelungen zum Taschengeld für Untergebrachte; *Ulrici*, Jura 2003, 520, 521 setzt die Grenze mit ca. 30 € sehr niedrig an.

868 BT-Drucks. 14/9266 S. 43; Bamberger/Roth/*Wendtland*, § 105a, Rn. 4.1; *Lipp*, FamRZ 2003, 721, 727; *Ulrici*, Jura 2003, 520, 521; die Gegenansicht will mit guten Argumenten, jedoch entgegen dem eindeutigen Wortlaut, darauf abstellen,

c) Bewirken von Leistung und ggf. Gegenleistung

Die Fiktionswirkung des § 105a S. 1 BGB tritt erst ein, sobald Leistung und, soweit vereinbart, Gegenleistung bewirkt sind. Auch wenn ein Bewirken i. S. e. Erfüllung schon mangels geschuldeter Leistung unmöglich ist, da aus dem fingierten Vertrag keine Primäransprüche erwachsen,[869] orientiert sich dieses Merkmal an § 362 Abs. 1 BGB.[870] Dabei dürfen die für das Bewirken einer Leistung typischerweise erforderlichen Erfüllungsgeschäfte nicht an der Geschäftsunfähigkeit des Handelnden scheitern, da die Norm sonst leerlaufen würde.[871] Bewirkt sind fiktiv geschuldete Leistung und ggf. Gegenleistung daher, wenn sie tatsächlich erbracht wurden und der Leistungserfolg eingetreten ist.[872] Ist die Leistungserbringung mangelhaft, so ist streitig, ob Sekundäransprüche des Geschäftsunfähigen bestehen. Ein Teil der Literatur verneint mit Hinweis auf § 433 Abs. 1 S. 2 BGB, wonach die Mangelfreiheit Teil des geschuldeten Leistungserfolgs ist, bereits ein Bewirken der fiktiv geschuldeten Leistung. Die Fiktionswirkung, die nur über die fehlende Geschäftsfähigkeit hinweghelfen soll, tritt im Fall der mangelhaften Leistung daher nicht ein und die bereicherungsrechtliche Rückabwicklung bleibt möglich.[873] § 105a S. 1 BGB soll jedoch die Rechtsstellung geschäftsunfähiger Erwachsener bei alltäglichen Bargeschäften stärken. Es erscheint wertungswidersprüchlich, dem Geschäftsunfähigen keinen Anspruch auf Nacherfüllung bei der Vornahme von Alltagsgeschäften einzuräumen, während der Käufer bei einem tatsächlich wirksamen Kauf Gewährleistungsrechte gel-

ob der Kauf bzw. der Vorrat an alltäglichen Gegenständen im Rahmen des Üblichen liegt, Palandt/*Ellenberger*, § 105a, Rn. 4; *Casper*, NJW 2002, 3425, 3426; *Löhnig/Schärtl*, AcP 204 (2004), 25, 34.

869 *Heim*, JuS 2003, 141, 143; *Löhnig/Schärtl*, AcP 204 (2004), 25, 39.

870 *Casper*, NJW 2002, 3425, 3426; *Löhnig/Schärtl*, AcP 204 (2004), 25, 56.

871 BT-Drucks. 14/9266 S. 43; *Casper*, NJW 2002, 3425, 3426; *Ulrici*, Jura 2003, 520, 521; *Franzen*, JR 2004, 221, 225.

872 Palandt/*Grüneberg*, § 362, Rn. 2: Leistung i. S. d. § 362 BGB setzt Leistungserfolg voraus; *Löhnig/Schärtl*, AcP 204 (2004), 25, 39 und 55; *Heim* JuS 2003, 141, 143.

873 Erman/*Müller*, § 105a, Rn. 14; Staudinger/*Klumpp*, § 105a, Rn. 34; Jauernig/*Mansel*, § 105a, Rn. 6; *Lipp*, FamRZ 2003, 721, 728; *Roth* M., AcP 208 (2008), 451, 465 f.

tend machen kann. Kauft der Geschäftsunfähige mangelhafte Ware, so entspricht es dem Zweck der Vorschrift, ihm vertragliche Folgeansprüche wie Gewährleistungs-, Widerrufs- oder Anfechtungsrechte zuzugestehen.[874] Für die gerichtliche Geltendmachung bedarf es dann allerdings eines gesetzlichen Vertreters.[875] Demgegenüber kann der Geschäftsunfähige aufgrund des Schutzkonzepts der Geschäftsunfähigkeitsregelungen keinerlei Ansprüchen ausgesetzt sein.[876]

d) Keine erhebliche Gefahr für die Person oder das Vermögen des Geschäftsunfähigen, § 105a S. 2 BGB

Die Vertragsfiktion tritt nach § 105a S. 2 BGB – in Anlehnung an § 1903 Abs. 1 BGB[877] – nicht ein, wenn eine erhebliche Gefahr für die Person oder das Vermögen des Geschäftsunfähigen besteht. Mit dem Erfordernis der Erheblichkeit hat der Gesetzgeber die Schwelle bewusst hoch angesetzt.[878] Der Umfang der Gefahr muss das Wohl des Geschäftsunfähigen in seiner konkreten Lebenssituation wesentlich beeinträchtigen.[879] Im Fall der Vermögensgefährdung sind dabei – anders als beim Merkmal der Geringwertigkeit in S. 1 – die gesamten individuellen ökonomischen Verhältnisse des Betroffenen maßgebend.[880] Zum Schutz des volljährigen Geschäftsunfähigen bleibt es dann bei der Nichtigkeitsfolge des § 105 Abs. 1 BGB und der Möglichkeit der bereicherungsrechtlichen Rückabwicklung.[881] Der Kauf von Alkoholika kann beispielsweise im Einzelfall, man denke an einen trocke-

874 Palandt/*Ellenberger*, § 105a, Rn. 6; MüKo/*Spickhoff*, § 105a, Rn. 24 ff.; *Czeguhn*, S. 44, Rn. 54; *Musielak/Hau*, § 5, S. 117, Rn. 326; *Leipold*, § 11, S. 137 f., Rn. 20.

875 *Lipp*, FamRZ 2003, 721, 728.

876 *Casper*, NJW 2002, 3425, 3427; *Ludyga*, FPR 2007, 3, 4 f.

877 BT-Drucks. 14/9266 S. 43; *Schmidt*, S. 289 f., Rn. 948; *Casper*, NJW 2002, 3425, 3426; *Löhnig/Schärtl*, AcP 204 (2004), 25, 35.

878 BT-Drucks. 14/9266 S. 43.

879 MüKo/*Spickhoff*, § 105a, Rn. 17; *Casper*, NJW 2002, 3425, 3426; *Roth M.*, AcP 208 (2008), 451, 466.

880 *Roth M.*, AcP 208 (2008), 451, 466.

881 BT-Drucks. 14/9266 S. 43; *Lipp*, FamRZ 2003, 721, 728.

nen Alkoholiker, eine erhebliche Gefahr für die Person begründen.[882] Fraglich bleibt freilich, wie dieser Schutz praktikabel vollzogen werden kann.[883] Bei erheblich vermögensgefährdenden Rechtsgeschäften wird meist schon kein alltägliches Geschäft vorliegen.[884]

e) Stellungnahme

Insgesamt ist der Vorschrift wohl mehr ein symbolischer Charakter[885] als eine hohe praktische Relevanz zuzusprechen.[886] Es ist davon auszugehen, dass auch vor dem 1. August 2002 getätigte geringfügige Alltagsgeschäfte trotz ihrer Nichtigkeit nicht zu enormen Klagefluten und zahlreichen Rechtsstreitigkeiten geführt haben.[887] Mit Verweis auf die für diese Konstellationen ausreichende Figur des luziden Intervalls wird die Regelung vereinzelt gar als überflüssig und funktionslos empfunden.[888] Auch wenn § 105a BGB keine faktische Besserung für volljährige Geschäftsunfähige herbeigeführt hat, zeigt sich hierdurch die gesetzliche Anerkennung der Tatsache, dass der Lebensmitteleinkauf nicht mit dem Kauf einer Immobilie gleichzusetzen ist. Einige Autoren sprechen in diesem Zusammenhang daher von einer sachlich auf bestimmte Geschäfte beschränkten und deshalb

882 BT-Drucks. 11/4528 S. 139; Erman/*Müller*, § 105a, Rn. 10; *Wertenbruch*, § 17, S. 255, Rn. 31; *Schmidt*, S. 290, Rn. 948; *Wedemann*, Jura 2010, 587, 590.

883 Jauernig/*Mansel*, § 105a, Rn. 7: die tatsächliche Gefahr wird nicht verhindert; *Lipp*, FamRZ 2003, 721, 728.

884 Bamberger/Roth/*Wendtland*, § 105a, Rn. 6.1; Erman/*Müller*, § 105a, Rn. 11; *Löhnig/Schärtl*, AcP 204 (2004), 25, 35 f.

885 Jauernig/*Mansel*, § 105a, Rn. 3: Akt symbolischer Gesetzgebung, da bei geringfügigen Alltagsgeschäften ein luzides Intervall anzunehmen ist; *Roth* M., AcP 208 (2008), 451, 464; positiver: *Löhnig/Schärtl*, AcP 204 (2004), 25, 58; *Wedemann*, AcP 209 (2009), 668, 700.

886 *Stadler*, § 23, S. 276, Rn. 5a; *Casper*, NJW 2002, 3425, 3428; *Heim* JuS 2003, 141, 144.

887 *Casper*, NJW 2002, 3425, 3428; *Kohler*, JZ 2004, 348.

888 Jauernig/*Mansel*, § 105a, Rn. 3; *Stadler*, § 23, S. 276, Rn. 5a; *Brehm* § 9, S. 169, Rn. 276; Kröber/Dölling/Leygraf/Saß/*Kern*, S. 5; a. A. *Jaensch*, S. 47, Rn. 141.

in gewissem Sinne relativen Geschäftsfähigkeit.[889] Diese Terminologie ist schon deshalb abzulehnen, weil es sich bei § 105a S. 1 BGB um eine Fiktion handelt, die auch im Falle des völligen Fehlens der Einsichts- und Willensfähigkeit eingreift. Die Zielsetzung des Gesetzgebers, die Rechtsstellung geistig beeinträchtigter Erwachsener im Hinblick auf ihr verfassungsmäßig garantiertes Recht auf Selbstbestimmung zu stärken, könnte jedoch tatsächlich durch die Anerkennung einer relativen Geschäfts(un)fähigkeit erreicht werden. Die Betroffenen wären dann insoweit in der Lage, Rechtsgeschäfte vorzunehmen und am Geschäftsverkehr teilzunehmen, als sich ihre geistige Beeinträchtigung nicht auf die Willenserklärung auswirkt und sie in ihren Willen diesbezüglich frei bestimmen können. Privatautonomes Handeln wäre für sie nicht nur im Bereich der Alltagsgeschäfte möglich, sondern bei allen Rechtsgeschäften, auf die die geistige Störung keinen Einfluss hat (z. B. einfaches Testament, Kfz-Kauf, Beauftragung von Handwerkern). Eine Streichung des § 105a BGB müsste damit nicht einhergehen, auch wenn mit dieser Vorschrift zahlreiche dogmatische Probleme und Unklarheiten verbunden sind, auf die hier nicht detailliert eingegangen wurde.[890]

2. § 4 Abs. 2 WBVG[891]

Eine weitere Ausnahme zum Grundsatz der vollen Nichtigkeit der Willenserklärung eines Geschäftsunfähigen bildet seit 1. Oktober 2009

889 *Lipp*, FamRZ 2003, 721, 729, aber Richtungswechsel in Beck S./*Lipp*, S. 182; ähnlich in Bezug auf § 1903 Abs. 3 S. 2: Kröber/Dölling/Leygraf/Saß/*Kern*, S. 4; *Pawlowski*, § 2, S. 105, Rn. 198; *ders.*, JZ 2003, 66, 69 f., 72 f.; *ders.*, JZ 2004, 13, 18.

890 Insbesondere kommt es entgegen dem Trennungsprinzip zu einer Vermischung der schuldrechtlichen und der dinglichen Ebene, *Löhnig/Schärtl* AcP 204 (2004), 25 f.; ebenso *Heim* JuS 2003, 141, 143 f.; siehe auch *Casper*, NJW 2002, 3425, 3427 ff.; *Franzen*, JR 2004, 221, 226.

891 Gesetz zur Regelung von Verträgen über Wohnraum mit Pflege- oder Betreuungsleistungen (Wohn- und Betreuungsvertragsgesetz) v. 29. Juli 2009 (BGBl. I S. 2319) m. W. v. 1. Oktober 2009. Siehe hierzu BT-Drucks. 16/12409 S. 18; Stau-

§ 4 Abs. 2 S. 1 und 2 WBVG. Danach ist ein zwischen einem Unternehmer und einem volljährigen Verbraucher geschlossener Vertrag über die Überlassung von Wohnraum verbunden mit der Erbringung von Pflege- und Betreuungsleistungen im Fall der Geschäftsunfähigkeit des letzteren nicht von Anfang an nichtig. Anders als bei § 105a BGB kommt hier ein echter Vertrag zustande.[892] Dieser ist zunächst schwebend unwirksam und kann durch einen Bevollmächtigten oder einen Betreuer genehmigt werden. Um den unsicheren Schwebezustand zu beenden, kann der Unternehmer den Vertreter in analoger Anwendung des § 108 Abs. 2 BGB zur nachträglichen Zustimmung auffordern und damit die diesbezügliche zweiwöchige Frist in Gang setzen. Hier nähert sich der Erwachsenenschutz an das Recht der beschränkt Geschäftsfähigen an.[893] Solange der Vertrag nicht wirksam geschlossen wurde, kann der Unternehmer den Vertrag nach § 4 Abs. 2 S. 4 WBVG nur aus wichtigem Grund für gelöst erklären. S. 3 fingiert einen wirksamen Vertragsschluss in Ansehung einer bereits bewirkten Leistung und deren Gegenleistung und erinnert damit an § 105a BGB.[894]

3. § 138 Abs. 5 SGB IX[895]

Der Nichtigkeitsgrundsatz des § 105 Abs. 1 BGB wird zudem durch § 138 Abs. 5 SGB IX durchbrochen, der auf behinderte Volljährige anwendbar ist, die arbeitnehmerähnlich in einer Werkstätte für behinderte

dinger/*Klumpp*, § 105a, Rn. 46 ff.; *Wedemann*, AcP 209 (2009), 668, 679 ff.; *dies.*, Jura 2010, 587, 591 f.

892 *Wolf C.*, S. 65 f.; *Wedemann*, Jura 2010, 587, 591.

893 *Wedemann*, AcP 209 (2009), 668, 669.

894 § 5 Abs. 12 HeimG a. F., der Vorläufer von § 4 Abs. 2 S. 3 WBVG, wurde zeitgleich mit § 105a BGB durch Art. 31 Nr. 1 OLG-VertrÄndG eingeführt, BT-Drucks. 14/9266 S. 29, 53.

895 Sozialgesetzbuch Neuntes Buch – Rehabilitation und Teilhabe behinderter Menschen (BGBl. I S. 1046) m. W. v. 1. Juli 2001. Siehe hierzu Staudinger/*Klumpp*, § 105a, Rn. 45; *Lipp*, FamRZ 2003, 721, 729; *Wedemann*, AcP 209 (2009), 668, 676 ff.

Menschen beschäftigt sind. Danach gilt der Werkstattvertrag im Fall der Geschäftsunfähigkeit des Behinderten in Ansehung einer bereits bewirkten Leistung und deren Gegenleistung als wirksam, soweit diese in einem angemessenen Verhältnis zueinander stehen. Wie in der zeitgleich[896] eingeführten Regelung des § 105a BGB wird die Wirksamkeit des Vertrags gesetzlich fingiert. § 138 Abs. 6 SGB IX stellt den Geschäftsunfähigen mit den Geschäftsfähigen insofern gleich, als der Träger der Werkstatt das Werkstattverhältnis nur unter den Voraussetzungen für gelöst erklären kann, die für die Kündigung eines wirksamen Vertrags zu erfüllen sind.

4. Aufhebbarkeit der Ehe

Wie in der Schweiz ist eine von einem Geschäftsunfähigen geschlossene Ehe nicht von Anfang an nichtig. § 105 Abs. 1 BGB wird insofern durch die Sonderregelungen der §§ 1313 ff. BGB verdrängt.[897] Gem. § 1314 Abs. 1 Nr. 2 BGB kann eine Ehe, die entgegen der Vorschrift des § 1304 BGB geschlossen wurde, mit Wirkung für die Zukunft[898] aufgehoben werden.[899] Mit Rechtskraft des rechtsgestaltenden Beschlusses ist die Ehe aufgelöst, § 1313 BGB. Bis dahin ist die Ehe zwar fehlerhaft, aber voll gültig.[900] Den Antrag hierfür können gem. § 1316 Abs. 1 Nr. 1 BGB nur die beiden Ehegatten und die zuständige Verwaltungsbehörde stellen. Ein geschäftsunfähiger Ehegatte ist dabei nach Abs. 2 S. 1 durch seinen gesetzlichen Vertreter zu vertreten. Ob die Verwaltungsbehörde einen Aufhebungsantrag gegen beide Ehegatten (§ 129

896 Art. 30 OLG-VertrÄndG; BT-Drucks. 14/9266 S. 28, 53.
897 Palandt/*Brudermüller*, § 1313, Rn. 1.
898 JurisPK/*Schiefer*, § 1313, Rn. 9; Palandt/*Brudermüller*, Einf v § 1313, Rn. 3.
899 Parallel zu § 105 Abs. 2 BGB regelt § 1314 Abs. 2 Nr. 1 BGB, dass eine Ehe ferner aufgehoben werden kann, wenn sich ein Ehegatte bei der Eheschließung im Zustand der Bewusstlosigkeit oder vorübergehender Störung der Geistestätigkeit befand.
900 Bamberger/Roth/*Hahn*, § 1313, Rn. 7; jurisPK/*Wahlen*, § 1304, Rn. 7; *Czeguhn*, S. 34, Rn. 35; *Coester-Waltjen*, FamRZ 2012, 1185, 1186.

Abs. 1 FamFG[901]) stellt, ist grundsätzlich eine an Art. 6 Abs. 1 GG ausgerichtete Ermessensentscheidung.[902] Nach Abs. 3 soll sie ihn stellen, wenn nicht die Aufhebung der Ehe für einen Ehegatten oder für die aus der Ehe hervorgegangenen Kinder eine so schwere Härte darstellen würde, dass die Aufrechterhaltung ausnahmsweise geboten erscheint. Dies ist der Fall, wenn dem öffentlichen Ordnungsinteresse an der Aufhebung kein wesentliches Gewicht zukommt[903] und das Eheerhaltungsinteresse der Ehegatten oder Kinder überwiegt.[904] Bei Verstoß gegen §1304 BGB kann der Aufhebungsantrag jederzeit gestellt werden; eine Antragsfrist besteht nicht.[905] Die Aufhebung der Ehe ist gem. §1315 Abs. 1 S. 1 Nr. 2 BGB allerdings ausgeschlossen, wenn der bei Eheschließung geschäftsunfähige Ehegatte nach Wegfall der Geschäftsunfähigkeit zu erkennen gegeben hat, dass er die Ehe fortsetzen will (Bestätigung).[906] §1315 Abs. 1 S. 2 BGB stellt jedoch klar, dass die Bestätigung eines Geschäftsunfähigen unwirksam ist. Die Folgen der Eheaufhebung wegen Geschäftsunfähigkeit zum Zeitpunkt des Eheschlusses richten sich nach §§1318 Abs. 1, Abs. 2 Nr. 1, 1304 BGB. Danach finden die Vorschriften über die Scheidung nur zugunsten des bei der Eheeingehung Geschäftsunfähigen entsprechende Anwendung. Unabhängig von der Einleitung eines Aufhebungsverfahrens statuiert §1318 Abs. 5 BGB, dass ein bösgläubiger Ehegat-

901 Gesetz über das Verfahren in Familiensachen und in den Angelegenheiten der freiwilligen Gerichtsbarkeit v. 17. Dezember 2008 (BGBl. I S. 2586) m. W. v. 29. Mai 2009 bzw. 1. September 2009.

902 BGH FamRZ 2012, 940, 941; Palandt/*Brudermüller*, §1316, Rn. 9; *Coester-Waltjen*, FamRZ 2012, 1185, 1187.

903 BGH FamRZ 2001, 685, 686; BGH FamRZ 2012, 940, 941; MüKo/*Wellenhofer*, §1316, Rn. 12.

904 BGH FamRZ 2012, 940, 941.

905 AG Pankow-Weißensee FamRZ 2009, 1325.

906 Im Fall von Bewusstlosigkeit oder vorübergehender Störung der Geistestätigkeit zum Zeitpunkt der Eheschließung ist die Aufhebung der Ehe nach §1315 Abs. 1 S. 1 Nr. 3 BGB ebenfalls ausgeschlossen, wenn der Betroffene nach Wegfall des vorübergehenden Zustands zu erkennen gibt, dass er die Ehe fortsetzen will (Bestätigung).

te, der die Aufhebbarkeit der Ehe bei der Eheschließung kannte, nicht in den Genuss des gesetzlichen Erbrechts nach § 1931 BGB kommt.

5. Zwischenfazit

Für mit § 105a BGB, § 4 Abs. 2 WBVG und § 138 Abs. 5 SGB IX vergleichbare Regelungen besteht in der Schweiz aufgrund der Relativität der Urteilsfähigkeit kein Bedürfnis. In Bezug auf geringwertige, alltägliche Rechtsgeschäfte wird stets Urteilsfähigkeit vorliegen und ein wirksamer Vertrag zustande kommen. Mit Anerkennung einer relativen Geschäftsfähigkeit könnten derartige – der Rechtssicherheit ebenfalls nicht eben zuträgliche[907] – Einzelvorschriften vermieden werden. In beiden Rechtsordnungen wird die Ehe als derart persönlich anerkannt, dass das ihr zugrundeliegende Rechtsgeschäft, die Eheschließung, nicht aufgrund einer unerkannten Ehegeschäftsunfähigkeit eines oder beider Eheschließenden von Anfang nichtig sein soll. Sie hat vielmehr Bestand und kann nur mit Wirkung *ex nunc* aufgehoben werden, wenn ein – in beiden Rechtsordnungen freilich unterschiedlich ausgestaltetes – Verfahren eingeleitet wird. Während das schweizerische Recht die Verfügungen von Todes wegen als höchstpersönliche Rechtsgeschäfte ebenso bis zur Erhebung einer Ungültigkeitsklage als wirksam ansieht, ist das von einem Testierunfähigen errichtete Testament in Deutschland nichtig. Aufgrund der grundsätzlichen Vermutung der Testierfähigkeit ist die regelmäßig nach dem Tod des Erblassers geltend gemachte Nichtigkeit wegen Testierunfähigkeit jedoch ebenfalls nur im Wege eines Verfahrens durchzusetzen.[908]

907 Auch *Wedemann*, AcP 209 (2009), 668, 688, kritisiert das für die Rechtsfolgen der Geschäftsunfähigkeit Volljähriger bestehende Potpourri aus Nichtigkeit (§ 105 Abs. 1 BGB), schwebender Uniwirksamkeit (§ 4 Abs. 1 S 1 WBVG) und Wirksamkeitsfiktionen (§ 105a BGB, § 4 Abs. 2 S. 3 WBVG, § 138 Abs. 5 SGB IX); *dies.*, Jura 2010, 587, 594.

908 Vgl. AK/*Finger*, § 2229, Rn. 20; NK/*Kroiß*, § 2229, Rn. 24; jurisPK/*Bauermeister*, § 2229, Rn. 18.

III. Handeln durch einen Vertreter

Grundsätzlich ist die Willenserklärung eines Geschäftsunfähigen nach § 105 Abs. 1 BGB nichtig. Er kann daher nur am Rechtsverkehr teilnehmen, wenn ein Geschäftsfähiger mit Vollmacht oder als gesetzlicher Vertreter für ihn handelt, § 164 Abs. 1 S. 1 BGB.[909] Höchstpersönliche Rechte wie die Testier- oder Eheschließungsfreiheit können dabei aufgrund ihrer Vertretungsfeindlichkeit nicht durch einen Vertreter ausgeübt werden.[910]

1. Rechtsgeschäftlicher Vertreter

Während eine Vollmacht in der Schweiz gem. Art. 35 Abs. 1 OR grundsätzlich mit Verlust der Handlungsfähigkeit des Vollmachtgebers erlischt, ist es nach § 130 Abs. 2 BGB auf die Wirksamkeit der Willenserklärung ohne Einfluss, wenn der Erklärende nach der Abgabe geschäftsunfähig wird. Gem. § 168 S. 1 BGB bestimmt sich das Erlöschen einer Vollmacht vielmehr nach dem ihr zugrundliegenden Innenverhältnis (z. B. Auftrag, §§ 662 ff. BGB). Ein Geschäftsfähiger kann insbesondere auch eine Vollmacht für den Fall seiner zukünftigen Geschäftsunfähigkeit erteilen, eine sog. (Alters-)Vorsorgevollmacht.[911] Rechtstechnisch handelt es sich dabei um eine aufschiebende Bedingung.[912] Eine partielle Geschäftsfähigkeit des Vollmachtgebers

---

909 Staudinger/*Klumpp*, § 105, Rn. 11; *Boemke/Ulrici*, § 9, S. 163, Rn. 16; *Zimmer*, NJW 2007, 1713.

910 NK/*Baldus*, § 105, Rn. 19; *Müller/Renner*, S. 143, Rn. 411; *Grunsky*, S. 8; *Faust*, § 18, S. 148, Rn. 12.

911 Palandt/*Götz*, Einf v § 1896, Rn. 4 f.; *Müller*, S. 141; *Lipp*, § 7, S. 194; *Diederichsen*, FS Schreiber 2003, 635, 646; siehe hierzu insbesondere *Müller-Freienfels*, FS Coing 1982, S. 395 ff.; Löhnig/Schwab/Henrich/Gottwald/Kroppenberg/*Löhnig*, S. 16 ff. bevorzugt demgegenüber die Terminologie „Fürsorgetreuhand".

912 *Kretz/Albrecht/Wittkämper*, V.1., S. 440, Anm. 1; *Müller/Renner*, S. 94, Rn. 275; *Seichter*, S. 22. Dies ist im Rechtsverkehr jedoch wenig praktikabel, da dem Vertragspartner eine Vergewisserung über den tatsächlichen Eintritt der Bedingung regelmäßig nicht möglich und zumutbar ist; ratsam ist daher die Erteilung ei-

reicht aus, so dass die Vorsorgevollmacht wirksam erteilt werden kann, auch wenn der Betroffene zu komplizierten Rechtsgeschäften nicht mehr in der Lage wäre.[913] Es ist leicht zu erkennen, dass es sich hierbei um eine versteckte relative Geschäftsfähigkeit handelt. Nach dem Prinzip der Formfreiheit ist die Erteilung einer Vorsorgevollmacht grundsätzlich formlos möglich.[914] Insbesondere bedarf die Erklärung nicht der Form, welche für das Rechtsgeschäft bestimmt ist, auf das sich die Vollmacht bezieht, § 167 Abs. 2 BGB.[915] Selbstverständlich ist aber aus Beweisgründen Schriftlichkeit oder notarielle Beurkundung angebracht. Empfehlenswert ist weiterhin die Registrierung der Vorsorgevollmacht im elektronischen Zentralen Vorsorgeregister, vgl. § 78a BNotO[916]. Auf diese Möglichkeit soll der Notar nach § 20a BeurkG[917] bei der Beurkundung hinweisen.[918] Der Umfang der Vertretungsmacht richtet sich nach dem Inhalt der Erklärung, bei deren Ausgestaltung der Vollmachtgeber weitestgehend frei ist.[919] Eine Grenze ist bei den höchstpersönlichen Rechtsgeschäften zu ziehen, die nicht durch einen Vertreter vorgenommen werden können, so dass

ner unbedingten, sofort wirkenden Vollmacht verbunden mit der Weisung, erst bei Bedarf, also bei Hilflosigkeit des Vollmachtgebers tätig zu werden, *Walter*, FamRZ 1999, 685, 686 f.

913 OLG München NJW-RR 2009, 1599, 1602; Palandt/*Götz*, Einf v § 1896, Rn. 5; hierzu auch *Walter*, S. 47 ff.

914 *Kretz/Albrecht/Wittkämper*, V.1., S. 440, Anm. 2; *Meier/Deinert*, S. 98, Rn. 417; *Walter*, S. 89; *Müller*, S. 140; *Seichter*, S. 27; *Weser*, MittBayNot 1992, 161, 170; kritisch hierzu: Löhnig/Schwab/Henrich/Gottwald/Kroppenberg/*Löhnig*, S. 17 und 26.

915 Soll die Vollmacht die Vornahme von Grundstücksgeschäften und die hierfür erforderlichen Eintragungen in das Grundbuch erfassen, so verlangt § 29 GBO eine nach § 129 BGB öffentlich beglaubigte Vollmachtsurkunde. Bei Vollmachten für gesellschaftsrechtliches Handeln sind die besonderen Formvorschriften des Aktiengesetzes sowie des GmbH-Gesetzes zu beachten.

916 Bundesnotarordnung v. 24. Februar 1961 (BGBl. I S. 97).

917 Beurkundungsgesetz v. 28. August 1969 (BGBl. I S. 1513).

918 Zudem hat er gem. § 11 BeurkG die Geschäftsfähigkeit des Vollmachtgebers zu prüfen, hierzu ausführlich *Müller/Renner*, S. 79 ff., Rn. 242 ff.

919 *v. Sachsen Gessaphe*, § 9, S. 256; Beck S./*Lipp*, S. 178.

eine Bevollmächtigung insofern unwirksam ist.[920] Wird ein Widerruf der Vorsorgevollmacht erforderlich, setzt dieser die Geschäftsfähigkeit des Vollmachtgebers voraus.[921] In der Regel wird diese nicht vorliegen, da die Wirksamkeit der Vorsorgevollmacht gerade vom Eintritt der Geschäftsunfähigkeit abhängt. Das Gesetz bietet hier die Möglichkeit, einen Vollmachtsüberwachungsbetreuer zu bestellen und als Aufgabenkreis die Geltendmachung von Rechten des Betreuten gegenüber seinem Bevollmächtigten zu bestimmen, § 1896 Abs. 3 BGB. Dies kann ggf. den Widerruf der Vorsorgevollmacht erfassen.[922]

Von der Vorsorgeverfügung ist schließlich noch die Betreuungsverfügung zu unterscheiden. Eine solche beinhaltet keine Bevollmächtigung, sondern Vorsorgeregelungen des Verfassers für den Fall der zukünftigen Anordnung einer Betreuung.[923] Diese können sich beispielsweise auf die Person des Betreuers (vgl. §§ 1897 Abs. 4, 1901c BGB), die Übertragung bestimmter Aufgabenkreise, die Lebensgestaltung (vgl. § 1901 Abs. 3 S. 2 BGB) und die Wohnung oder Unterbringung beziehen. Im Gesetz sind die Vorsorgevollmacht und die Betreuungsverfügung lediglich in § 1901c BGB ausdrücklich geregelt. Danach hat derjenige, der eine schriftliche Betreuungsverfügung besitzt, diese unverzüglich an das Betreuungsgericht abzuliefern, nachdem er von der Einleitung eines Betreuungsverfahrens Kenntnis erlangt hat. Im Fall einer schriftlichen Vorsorgevollmacht reicht die Unterrichtung des Betreuungsgerichts aus, wobei die Vorlage einer Abschrift verlangt werden kann.

920 *Boemke/Ulrici*, § 13, S. 301, Rn. 5.

921 *Müller/Renner*, S. 234, Rn. 687; *Walter*, S. 142; *Cypionka*, DNotZ 1991, 571, 574.

922 Palandt/*Götz*, § 1896, Rn. 23; *Walter*, S. 144 ff.; *Seichter*, S. 28; *Cypionka*, DNotZ 1991, 571, 574; *ders.*, NJW 1992, 207, 208.

923 *Müller/Renner*, S. 145, Rn. 416; *Seichter*, S. 24.

2. Gesetzlicher Vertreter

Die Teilnahme am Rechtsgeschäftsverkehr ist einem geschäftsunfähigen Erwachsenen im Übrigen nur durch einen gesetzlichen Vertreter, d. h. einen Betreuer möglich.[924] Mit dem Betreuungsgesetz wurden die Rechtsinstitute der Entmündigung, der Vormundschaft über Volljährige und der Gebrechlichkeitspflegschaft mit Wirkung vom 1. Januar 1992 abgeschafft und in dem einheitlichen Institut der rechtlichen Betreuung in §§ 1896 ff. BGB zusammengefasst.[925] Wie im neuen Recht der Beistandschaften in der Schweiz soll auch das deutsche Betreuungsrecht maßgeschneiderten Schutz und Rechtsfürsorge bei gleichzeitiger Förderung der verbliebenen Selbstbestimmung bieten.[926] Der Grundsatz der Erforderlichkeit in § 1896 Abs. 2 S. 1 BGB gebietet es, dass ein Betreuer nur für Aufgabenkreise bestellt werden darf, in denen die rechtliche Betreuung erforderlich ist. Das verfassungsrechtlich garantierte Selbstbestimmungsrecht des Betroffenen soll so weit wie möglich erhalten bleiben und seinem Willen umfassend Rechnung getragen werden.[927] Nach § 1902 BGB vertritt der Betreuer den Betreuten in seinem Aufgabenbereich gerichtlich und außergerichtlich. Auf die Geschäftsfähigkeit des Betreuten hat die Anordnung einer Betreuung hingegen keinen Einfluss.[928] Ebenso wenig ist

---

924 Palandt/*Götz*, § 1902, Rn. 4; *Peters*, S. 241; *Czeguhn*, S. 37, Rn. 40; *Boecken*, S. 120, Rn. 224; *Schwab/Löhnig*, S. 59, Rn. 144; *Wertenbruch*, § 17, S. 241, Rn. 4.

925 BT-Drucks. 11/4528 S. 60 ff.; hierzu *Müller*, S. 33 ff., sowie *Coester M.*, Jura 1991, 1 ff., und *Schwab*, FS Mikat 1989, S. 881 ff.

926 *Meier/Deinert*, S. 124, Rn. 515; Beck S./*Lipp*, S. 175; vgl. *Coester* M., Jura 1991, 1, 3.

927 Palandt/*Götz*, Einf v § 1896, Rn. 2; *Schwab*, FamRZ 1992, 493, 502; Coester-Waltjen/Lipp/Schumann/Veit/*Schmahl*, S. 24; *Neuhausen*, RNotZ 2003, 158.

928 BayObLG FamRZ 1990, 318, 320 (zur Gebrechlichkeitspflegschaft); OLG Frankfurt FamRZ 1996, 635; Jurgeleit/*Kieß*, § 1902, Rn. 15; *Stadler*, § 23, S. 304, Rn. 43. Demgegenüber ermöglicht das Erwachsenenschutzrecht der Schweiz im Fall der Anordnung bestimmter Beistandschaften die (teilweise) Einschränkung der Handlungsfähigkeit, vgl. Art. 394 Abs. 2 ZGB, bzw. ordnet diese gesetzlich an, vgl. Art. 396 Abs. 2 ZGB; bei umfassender Beistandschaft entfällt die Handlungsfähigkeit sogar von Gesetzes wegen nach Art. 398 Abs. 3 ZGB.

Geschäftsunfähigkeit Voraussetzung hierfür.[929] Die Rechtsinstitute der Betreuung und der Geschäftsunfähigkeit bestehen vielmehr unabhängig von- und nebeneinander.[930] Damit führt auch ein mit der Betreuungsanordnung verbundener Einwilligungsvorbehalt gem. § 1903 BGB nicht zu einer gewissermaßen beschränkten Geschäftsfähigkeit von geschäftsunfähigen Betreuten.[931] Deren Willenserklärungen bleiben vielmehr auch bei Einwilligung des Betreuers nichtig gem. §§ 104 Nr. 2, 105 Abs. 1 BGB.[932] § 1903 BGB ist weder im Verhältnis zu § 105 BGB noch zu § 105a BGB *lex specialis*.[933] Obwohl dem Gesetzgeber der sich hieraus ergebende Abstimmungsbedarf zwischen Geschäftsfähigkeit und Betreuung durchaus bewusst war,[934] erließ er diesbezüglich keine Regelungen und nahm die mit dem Nebeneinander der beiden Rechtsinstitute verbundene Irreführung des Geschäftsverkehrs offenbar in Kauf.[935]

---

929 Palandt/*Götz*, Einf v § 1896, Rn. 13; *Lipp*, § 3, S. 20; *Schwab*, FamRZ 1992, 493; *Weser*, MittBayNot 1992, 161, 163.

930 *Hirsch*, § 27, S. 229, Rn. 602; *Spickhoff*, AcP 208 (2008), 345, 369 bezeichnet dies zu Recht als unglücklich; *Schwab*, § 99, S. 498, Rn. 1125 spricht von „beziehungslosem Nebeneinander"; *Coester M.*, Jura 1991, 1, 6; *Janda*, FamRZ 2013, 16, 20 empfindet das Betreuungsrecht als „Fremdkörper im System des BGB".

931 Spickhoff/*Spickhoff*, § 1903 BGB, Rn. 4; *Meier/Deinert*, S. 194, Rn. 844; *Wedemann*, Jura 2010, 587, 588; *Janda*, FamRZ 2013, 16, 19; a. A.: Staudinger/*Bienwald*, § 1903, Rn. 71; Lipp/*Lipp*, § 2, Rn. 57; *ders.*, § 6, S. 174 ff.

932 Palandt/*Götz*, § 1903, Rn. 10; *Müller/Renner*, S. 24, Rn. 74; *Peters*, S. 242; *Zimmermann W.*, FamRZ 1991, 270, 277; a. A.: *Czeguhn*, S. 37; Rn. 42; *Knieper*, S. 92: die Einwilligung des Betreuers ist in eine eigene Willenserklärung umzudeuten; *Lipp*, FamRZ 2003, 721, 723 f.: Zustimmung des Betreuers führt stets zur Wirksamkeit des Rechtsgeschäfts, nicht nur im Rahmen eines Einwilligungsvorbehalts.

933 Jurgeleit/*Kieß*, § 1903, Rn. 3, 51; Becker/Roth/*Spickhoff*, § 11, S. 249, Rn. 6, S. 259, Rn. 33, 35; *Pöschl*, S. 142; *Schwab*, FamRZ 1992, 493, 505; a. A.: *Knieper*, S. 118 f.; Kröber/Dölling/Leygraf/Saß/*Kern*, S. 5; *Lipp*, § 6, S. 175; *ders.*, FamRZ 2003, 721, 723: Zustimmung des Betreuers verdrängt §§ 104 Nr. 2, 105 BGB; *Enderlein*, JR 1998, 485 ff.

934 BT-Drucks. 11/4528 S. 137 f.

935 Spickhoff/*Spickhoff*, § 1896 BGB, Rn. 8; Becker/Roth/*Spickhoff*, § 11, S. 248 f., Rn. 6; *ders.*, AcP 208 (2008), 345, 369; *Lipp*, FamRZ 2003, 721, 723.

a) Voraussetzungen einer Betreuerbestellung

Kann ein Volljähriger aufgrund einer psychischen Krankheit oder einer körperlichen, geistigen oder seelischen Behinderung seine Angelegenheiten ganz oder teilweise nicht besorgen, so bestellt das Betreuungsgericht gem. § 1896 Abs. 1 S. 1 BGB auf seinen Antrag – für den Geschäftsunfähigkeit nach S. 2 unschädlich ist – oder von Amts wegen für ihn einen Betreuer. Die aufgezählten Zustände, die eine Betreuungsbedürftigkeit bedingen können, fallen allesamt – mit Ausnahme der körperlichen Behinderung – unter das Tatbestandsmerkmal der krankhaften Störung der Geistestätigkeit in § 104 Nr. 2 BGB.[936] Ist der Betroffene geschäftsunfähig, liegt daher auch eine psychische Krankheit oder eine geistige oder seelische Behinderung vor. Nichtsdestotrotz hängt das Betreuungsverfahren nicht von einer bestehenden Geschäftsunfähigkeit ab.[937] Im Tenor des Beschlusses zur Betreuerbestellung ist daher auch nicht auf die Geschäftsunfähigkeit des Betreuten hinzuweisen.[938] Betreuungsbedürftigkeit ist vielmehr anzunehmen, wenn die Krankheit bzw. Behinderung kausal[939] dazu führt, dass der Betroffene seine Angelegenheiten ganz oder teilweise nicht mehr besorgen kann. Maßgeblich ist also, ob der Volljährige in seiner konkreten, aktuellen Lebenssituation bei Angelegenheiten, die er üblicherweise selbst vornehmen würde, auf entsprechende rechtliche Hilfe angewiesen ist.[940] Demgegenüber ist der in § 104 Nr. 2 BGB geforderte Ausschluss der freien Willensbestimmung höheren Anforderungen ausgesetzt und erst bei einer hinreichenden Intensität der geistigen Störung anzunehmen. Nach § 1896 Abs. 1a BGB darf ein Betreuer nicht gegen den freien Willen des Volljährigen bestellt wer-

936 *Müller/Renner*, S. 20, Rn. 55; *Müller*, S. 125.

937 BT-Drucks. 11/4528 S. 122; Palandt/*Götz*, Einf v § 1896, Rn. 13; *Lipp*, § 3, S. 20; *Schwab*, FamRZ 1992, 493.

938 Palandt/*Götz*, Einf v § 1896, Rn. 13; *Czeguhn*, S. 36, Rn. 41.

939 Jürgens/*Jürgens*, § 1896, Rn. 11; Bienwald/Sonnenfeld/Harm/*Bienwald*, § 1896 BGB, Rn. 32; *Pöschl*, S. 44; *Neuhausen*, RNotZ 2003, 158, 159; *Janda*, FamRZ 2013, 16.

940 BGH BtPrax 2011, 210; jurisPK/*Bieg*, § 1896, Rn. 31; *Meier/Deinert*, S. 124, Rn. 514; *Knieper*, S. 19; Venzlaff/Foerster/*Taupitz/Weis*, 27.4, S. 439 f.

den. Aufgrund der völligen Abkoppelung des Geschäftsfähigkeitsrechts vom Betreuungsrecht kann damit nicht die freie Willensbestimmung i. S. v. § 104 Nr. 2 BGB und die Zulässigkeit einer Zwangsbetreuung in jedem Fall von Geschäftsunfähigkeit gemeint sein.[941] Maßgeblich ist vielmehr der natürliche Wille, also die Fähigkeit zur Einsicht in die Bedeutung einer Betreuung, zur Abwägung der dafür und dagegen sprechenden Argumente sowie dieser Einsicht entsprechend zu handeln.[942] Den Grundsätzen der Erforderlichkeit und Verhältnismäßigkeit entsprechend ist der Betreuer für einzelne Aufgaben, verschiedene Tätigkeiten umfassende Aufgabenbereiche oder für alle Aufgaben der Personensorge und/oder der Vermögenssorge zu bestellen.[943] Dies ist im Bestellungsbeschluss ausdrücklich und klar festzulegen, vgl. § 286 Abs. 1 Nr. 1 FamFG.[944] Im höchstpersönlichen Bereich, insbesondere bezüglich der Eheschließung und Testamentserrichtung, können dem Betreuer hingegen keine Aufgaben übertragen werden, da aufgrund der generellen Vertretungsfeindlichkeit derartiger Willenserklärungen auch eine gesetzliche Vertretung generell ausgeschlossen ist.[945] Auch wenn die Bestellung eines gesetzlichen Vertreters losgelöst von der Geschäfts(un)fähigkeit zu erfolgen hat, wird der Aufgabenkreis bei einem dauerhaft geschäftsunfähigen Betreuten regelmäßig sämtliche Aufgaben der Vermögenssorge einschließen, die auf den Abschluss von Rechtsgeschäften gerichtet sind. Für jeden einzelnen Aufgabenbereich, der dem Betreuer übertragen werden soll, ist sodann die Erforderlichkeit nach § 1896 Abs. 2 S. 1 BGB zu prü-

941 Spickhoff/*Spickhoff*, § 1896 BGB, Rn. 10; Palandt/*Götz*, § 1896, Rn. 4; Becker/Roth/*Spickhoff*, § 11, S. 249 f., Rn. 9; a. A.: BGH NJW-RR 2016, 579; *v. Oefele*, S. 90: Schnittstelle zur Prüfung der Geschäftsfähigkeit; *Knittel*, FS Bienwald 2006, S. 149 f.; *Pawlowski*, JZ 2004, 13, 14, 17 f.; *Sonnenfeld*, FamRZ 2005, 941; *Dodegge*, NJW 2005, 1896, 1897.

942 Bamberger/Roth/*Müller-Engels*, § 1896, Rn. 35; Becker/Roth/*Spickhoff*, § 11, S. 250, Rn. 10; *Pöschl*, S. 73 ff.; *Janda*, FamRZ 2013, 16, 17; a. A. jurisPK/*Bieg*, § 1896, Rn. 37.

943 Venzlaff/Foerster/*Taupitz*/*Weis*, 27.4, S. 441; Becker/Roth/*Spickhoff*, § 11, S. 251, Rn. 12.

944 Venzlaff/Foerster/*Taupitz*/*Weis*, 27.4, S. 441.

945 Jürgens/*Jürgens*, § 1896, Rn. 27; *Müller*/*Renner*, S. 39, Rn. 126.

fen.[946] Weniger einschneidende Maßnahmen dürfen ausgehend von der gegenwärtigen, individuellen Lebenssituation des Betroffenen nicht in Betracht kommen. Insbesondere ist eine Betreuung nicht erforderlich bzw. subsidiär, wenn die Angelegenheiten durch einen Bevollmächtigten besorgt werden können.[947] Die Bevollmächtigung setzt freilich Geschäftsfähigkeit des Vollmachtgebers voraus, so dass im Rahmen der hier behandelten Folgen der Geschäftsunfähigkeit nur eine vor dem Eintritt der Geschäftsunfähigkeit wirksam erteilte (Vorsorge)Vollmacht in Betracht kommt, um die Erforderlichkeit der Betreuung entfallen zu lassen.

b) Einwilligungsvorbehalt, § 1903 BGB

Im rechtsgeschäftlichen Kontext ist vor allem § 1903 Abs. 1 BGB von Interesse, wonach das Betreuungsgericht, soweit dies zur Abwendung einer erheblichen Gefahr für die Person oder das Vermögen erforderlich ist, anordnen kann, dass der Betreute zu einer Willenserklärung, die den Aufgabenkreis des Betreuers betrifft, dessen Einwilligung bedarf. Das (Nicht)Verhältnis von Betreuung und Geschäftsfähigkeit führt dazu, dass die Anordnung eines solchen Einwilligungsvorbehalts im Fall der Betreuung eines Geschäftsunfähigen ins Leere zu gehen scheint.[948] Die Nichtigkeit seiner Willenserklärungen folgt allein aus §§ 104 Nr. 2, 105 Abs. 1 BGB, so dass es auf eine Einwilligung des Betreuers nicht ankommt.[949] Nichtsdestotrotz kann die Anordnung eines Einwilligungsvorbehalts im Interesse des Geschäftsunfähigen

946 KG FamRZ 2008, 919, 920; BT-Drucks. 11/4528 S. 58; *Meier/Deinert*, S. 124, Rn. 515; *Knittel*, FS Bienwald 2006, S. 153 f.

947 BT-Drucks. 11/4528 S. 52, 122; *Lipp*, § 7, S. 194 f.; *Roth* M., AcP 208 (2008), 451, 461; Coester-Waltjen/Lipp/Schumann/Veit/*Schmahl*, S. 24; *Cypionka*, DNotZ 1991, 571, 572 f.

948 *Meier/Deinert*, S. 194, Rn. 844; *Wertenbruch*, § 17, S. 257, Rn. 38; *Schwab*, FS Mikat 1989, S. 894; *ders.*, FamRZ 1992, 493, 505; *Wedemann*, Jura 2010, 587, 588.

949 BT-Drucks. 11/4528 S. 137; *Stadler*, § 23, S. 305, Rn. 46; *Spickhoff*, AcP 208 (2008), 345, 369; a. A.: *Czeguhn*, S. 37, Rn. 42; *Lipp*, § 6, S. 174 ff.

dienlich und gerechtfertigt sein, um Unsicherheiten zu vermeiden.[950] Beruft sich der Betreute auf die Nichtigkeit eines Rechtsgeschäfts wegen Geschäftsunfähigkeit, so hat er das Vorliegen der Voraussetzungen des § 104 Nr. 2 BGB zum Zeitpunkt des Geschäftsschlusses zu beweisen. Dies ist nicht immer einfach, da mit dem völligen Ausschluss der freien Willensbestimmung hohe Anforderungen gestellt werden, die retrospektiv schwierig nachzuweisen und zu beurteilen sind. Die Mannigfaltigkeit der Krankheitsbilder und ihre individuelle Ausprägung lassen die Grenzen zwischen Geschäftsunfähigkeit und Geschäftsfähigkeit verfließen und erschweren die Beweisführung.[951] Besteht nun für den betreuten Geschäftsunfähigen ein Einwilligungsvorbehalt und hat der gesetzliche Vertreter die Einwilligung zu dem in seinen Aufgabenbereich fallenden Rechtsgeschäft verweigert, so folgt die Nichtigkeit des Rechtsgeschäfts zwar aus §§ 104 Nr. 2, 105 Abs. 1 BGB. Der Beweis der Geschäftsunfähigkeit des Betreuten ist dann jedoch überflüssig, da das Rechtsgeschäft auch im Fall seiner Geschäftsfähigkeit mangels Einwilligung des Betreuers unwirksam ist, §§ 1903 Abs. 1 S. 2, 108 Abs. 1 BGB. Ein Einwilligungsvorbehalt kann daher in gewissen Konstellationen eine Prüfung und Begutachtung der Geschäftsunfähigkeit des Betreuten und den damit verbundenen Eingriff in das Persönlichkeitsrecht vermeiden und gleichzeitig die Beweislage erleichtern.[952] Im umgekehrten Fall, in dem der Betreuer in das Rechtsgeschäft des Geschäftsunfähigen eingewil-

950 Jurgeleit/*Kieß*, § 1903, Rn. 3; Palandt/*Götz*, § 1903, Rn. 10; *Schwab*, FamRZ 1992, 493, 505; a. A.: *Peters*, S. 278 ff.; *Zimmermann W.*, FamRZ 1991, 270, 277, der die Anordnung eines Einwilligungsvorbehalts bei Geschäftsunfähigen mangels Erforderlichkeit als unzulässig erachtet, da diese bereits über §§ 104 Nr. 2, 105 Abs. 1 BGB geschützt sind. Die Frage der Geschäftsfähigkeit ist daher – entgegen dem Willen des Gesetzgebers – im Rahmen der Anordnung nach § 1903 BGB zu prüfen.

951 BayObLG NJWE-FER 2000, 152; Jurgeleit/*Kieß*, § 1903, Rn. 3; Palandt/*Götz*, § 1903, Rn. 10.

952 Bienwald/Sonnenfeld/Harm/*Bienwald*, § 1903 BGB, Rn. 3 ff.; Becker/Roth/*Spickhoff*, § 11, S. 259, Rn. 34; *Pöschl*, S. 90 f.; a. A. *Peters*, S. 278 ff., lehnt die Anordnung eines Einwilligungsvorbehalts bei Geschäftsunfähigkeit des Betreuten ab.

ligt hat, kommt es freilich auf die Geschäftsunfähigkeit des Betroffenen an und es bleibt bei den üblichen Beweisschwierigkeiten. Dasselbe gilt, wenn es um die Eingehung einer Ehe bzw. Begründung einer Lebenspartnerschaft oder die Errichtung einer Verfügung von Todes wegen geht. Denn auf diese vertretungsfeindlichen höchstpersönlichen Rechtsgeschäfte kann sich ein Einwilligungsvorbehalt gem. § 1903 Abs. 2 BGB nicht erstrecken.

3. Zwischenfazit

Beide Rechtsordnungen bieten die Möglichkeit, im geschäftsfähigen Zustand Vorsorge für den Fall der zukünftigen Geschäftsunfähigkeit zu treffen. So setzt sich das Selbstbestimmungsrecht des Betroffenen optimal durch und die Behörden werden entlastet.[953] Während eine solche auf den Eintritt von Geschäftsunfähigkeit bedingte Vollmacht in Deutschland schon im Rahmen der allgemeinen Stellvertretungsregeln formlos erteilt werden kann, wurde in der Schweiz hierfür eine gesonderte Regelung geschaffen. Für die Wirksamkeit des Vorsorgeauftrags stellt sie das Formerfordernis der eigenhändigen Errichtung oder öffentlichen Beurkundung auf, das auch bei letztwilligen Verfügungen besteht. Eine eigene, der Betreuungsverfügung entsprechende Beistandschaftsverfügung kennt das schweizerische Erwachsenenschutzrecht zwar nicht, eine solche kann jedoch in den Vorsorgeauftrag aufgenommen werden.

In Bezug auf die gesetzliche Vertretung eines Geschäftsunfähigen wurde eine Vertretungsbefugnis nächster Angehöriger – wie sie in der Schweiz für Ehegatten besteht – aufgrund der Missbrauchsgefahr bisher explizit abgelehnt.[954] Mit der Reform des Erwachsenenschutz-

953 BT-Drucks. 11/4528 S. 122; *v. Sachsen Gessaphe*, § 9, S. 251; *Müller*, S. 140; *Cypionka*, DNotZ 1991, 571, 574.

954 BT-Drucks. 15/2494 S. 15 ff.; Coester-Waltjen/Lipp/Schumann/Veit/*Ganner*, S. 54; hierzu ausführlich *Pohlenz*, Gesetzliche Vertretungsmacht für nahe Angehörige, 2007; *Chiusi*, ZRP 2004, 119 ff. Aktuell ist ein Vertretungsrecht für Ehegatten in Bezug auf Untersuchungen, Behandlungen und Operationen für den Fall, dass

rechts in der Schweiz erfolgte eine Annäherung an das deutsche Institut der rechtlichen Betreuung. Zur weitestmöglichen Wahrung des Selbstbestimmungsrechts des Betroffenen sind der Schutz und die Rechtsfürsorge nun maßgeschneidert an den individuellen Bedürfnissen des Betroffenen auszurichten. Wesentlicher Unterschied ist jedoch, dass sich das eidgenössische Recht nicht für eine vollständige Entkoppelung der rechtsgeschäftlichen Selbstbestimmungsfähigkeit vom Erwachsenenschutzrecht entschieden hat. Die Handlungsfähigkeit kann durch eine Maßnahme des Erwachsenenschutzes eingeschränkt werden, Art. 19d ZGB. Im Fall der Anordnung einer umfassenden Beistandschaft als *ultima ratio* entfällt die Handlungsfähigkeit des Verbeiständeten sogar von Gesetzes wegen.

der jeweils andere Ehegatte aufgrund einer psychischen Erkrankung oder einer körperlichen, geistigen oder seelischen Behinderung diese Angelegenheiten nicht besorgen kann, im Gespräch.

Kapitel 4: Rechtsvergleichende Schlussbetrachtung und Fazit

Betrachtet man die Problematik des rechtlichen Umgangs mit geistig beeinträchtigten Erwachsenen zunächst aus einer makrovergleichenden Perspektive, scheinen die deutsche und die schweizerische Rechtsordnungen diese Herausforderung ähnlich zu lösen. Erreicht die Störung zum Zeitpunkt der Vornahme des Rechtsgeschäfts eine gewisse Intensität, greift in beiden Systemen der gesetzliche Schutzmechanismus der Geschäftsunfähigkeit. Die Willenserklärungen des Betroffenen sind grundsätzlich nichtig und die Ausübung seiner rechtsgeschäftlichen Privatautonomie durch selbständige Teilnahme am Geschäftsverkehr bleibt ihm versagt. Der Schutz des Geschäftsunfähigen nimmt dabei sowohl in der Schweiz als auch in Deutschland einen derart hohen Stellenwert ein, dass die Interessen des Rechtsverkehrs und (sogar) gutgläubiger Dritter stets nachrangig sind. Beide Länder ermöglichen schließlich eine Beteiligung am Rechtsverkehr und die Vornahme von Rechtsgeschäften durch Einschaltung eines gewillkürten oder gesetzlichen Vertreters.

Nach einem Wechsel in die mikrovergleichende Ebene und einer näheren Untersuchung der jeweiligen Voraussetzungen erweisen sich die in den beiden Rechtsordnungen vorherrschenden Grundkonzeptionen von Rechtsgeschäftsunfähigkeit allerdings als wesentlich unterschiedlich: Während die rechtsgeschäftliche Selbstbestimmungsfähigkeit des Einzelnen in der Schweiz ganz selbstverständlich zu dem konkreten Rechtsgeschäft in Beziehung gesetzt und anhand dessen beurteilt wird, ist der konkrete Rechtsakt in Deutschland nur für die Eingrenzung des Beurteilungszeitpunkts von Interesse. Eine Relativität der Geschäfts(un)fähigkeit im Sinne einer Differenzierung nach dem Schwierigkeitsgrad bzw. nach Art, Inhalt und Tragweite des jeweiligen Rechtsgeschäfts wird fälschlicherweise abgelehnt. Es wurde aufgezeigt, dass die hiergegen vorgebrachten Argumente nicht erfolgreich durchzugreifen vermögen und es sich bei der relativen Interpretation vielmehr um die methodenehrlichere und passendere Lösung handelt. Führen wir uns den eingangs herausgearbeiteten gesellschaftlichen Interessenkonflikt und die in diesem Zusammenhang aufgeworfenen Fragen vor Augen, ist festzustellen, dass das schweizerische Privatrecht hierfür eine Optimallösung bietet, während das deutsche Recht sich allenfalls mit Konstrukten wie der partiellen Geschäfts(un)fähigkeit oder dem luziden Intervall behelfen kann. Der von der Schweiz eingeschlagene Weg war daher von vornherein der richtige.[955] Mittels einer relativen Anknüpfung der rechtsgeschäftlichen Selbstbestimmungsfähigkeit kann dem Betroffenen so viel Autonomie wie möglich zugebilligt und gleichzeitig zu seinem Schutz das notwendige Maß an Heteronomie erreicht werden. Das Spannungsverhältnis zwischen Selbst- und Fremdbestimmung wird bestmöglich und vor allem einzelfallgerecht entzerrt. So ist das Recht in der Lage, flexibel auf die Lebenswirklichkeit zu reagieren und beispielweise dem schleichenden bzw. schubweisen Verlauf einer Krankheit oder der individuellen Ausprägung einer geistigen Beeinträchtigung angemessen Rechnung zu tragen.

Ein letztes Mal ist zu betonen, dass hierdurch weder eine unzulässige Inhalts- bzw. Vernunftskontrolle des Rechtsgeschäfts eingeführt wird noch zu befürchten ist, dass sich jeder, der ein Rechtsgeschäft abschließt, das er im Nachhinein nicht will, in den Schutz der relativen Geschäftsunfähigkeit flüchten kann. Denn auch hierfür ist

955 *Gebauer*, AcP 153 (1954), 332, 359.

zunächst das Vorliegen eines die freie Willensbestimmung ausschließenden Zustands krankhafter Störung der Geistestätigkeit zu beweisen. Aus diesem Grund ist auch nicht von einem signifikanten Anstieg an Rechtsunsicherheit auszugehen. In den meisten Fällen werden die Entscheidungen wohl nicht anders ausfallen als bei Zugrundelegung einer absoluten Reichweite der Geschäftsunfähigkeit. Für schwierig zu beurteilende Grenzfälle wie z. B. denen der Altersdemenz[956] oder der kognitiv geistigen Behinderung, die zwangsläufig bereits jetzt uneinheitlich entschieden werden, bietet die relative Anknüpfung allerdings eine bessere Möglichkeit der Feinabstimmung. Insbesondere vor dem Hintergrund der einleitend beschriebenen gesellschaftlichen Entwicklungen ist die deutsche Skepsis und ablehnende Haltung gegenüber einer relativen Interpretation der Geschäfts(un)fähigkeit zu überdenken. Im Rahmen der Einwilligungsfähigkeit – und faktisch auch der Ehegeschäfts- sowie der Testierfähigkeit als partielle Geschäftsfähigkeiten – wird bereits ein Bezug zu der konkreten Handlung hergestellt. Die in der Literatur immer wieder aufkommenden Tendenzen der Befürwortung einer relativen Geschäftsfähigkeit, insbesondere in Zusammenhang mit der Testierfähigkeit,[957] sollten von der Rechtsprechung aufgegriffen werden, um generell im rechtsgeschäftslichen Bereich einen dementsprechenden Richtungswechsel einzuleiten. Ein solcher erweist sich vor dem verfassungsrechtlichen Leitgedanken *„so viel Selbstbestimmung wie möglich, so viel Fremdbestimmung wie nötig“* als unumgänglich.

956 Vgl. hierzu OLG Düsseldorf FamRZ 1998, 1064, 1065 f.

957 Zur Testierfähigkeit: Staudinger/*Baumann*, § 2229, Rn. 19 ff.; Erman/*S. und T. Kappler*, § 2229, Rn. 7; MüKo/*Hagena*, § 2229, Rn. 15; Nieder/Kössinger/*Kössinger*, § 7, Rn. 5, 11 und 15; *Seibert*, S. 114 ff., 132; Reimann/Bengel/J. Mayer/*Voit*, § 2229, Rn. 12; *Grunsky*, S. 14, *Dieckmann*, JZ 1988, 789, 796; *Schmidt*, RabelsZ 76 (2012), 1022, 1030 ff.; zur natürlichen Geschäftsfähigkeit: *Gebauer*, AcP 153 (1954), 332, 361 ff.; *Spickhoff*, AcP 208 (2008), 381 ff.; *Wedemann*, AcP 209 (2009), 668, 690.

Kolibri 360 GmbH
Ferdinand-Jühlke-Straße 7
99095 Erfurt, Deutschland
produktsicherheit@kolibri360.de